DEMON SLAYER

KIMETSU NO YAIBA

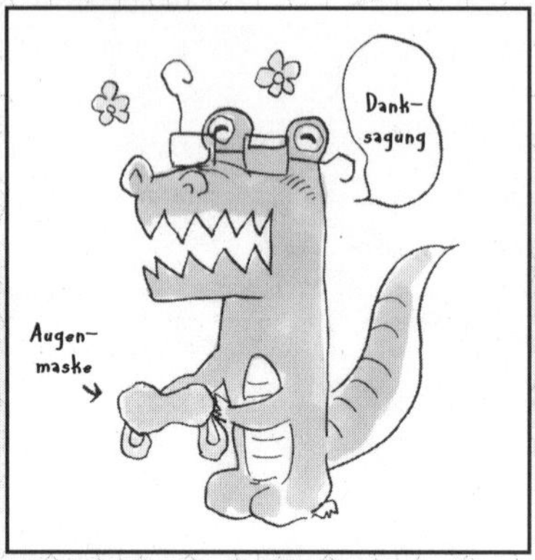

KOYOHARU GOTOUGE

Hallo zusammen, hier ist Gotouge. Der neunte Band ist erschienen, und ich bedanke mich herzlich bei allen, die mich ermutigt und unterstützt haben. Ein Manga, der nicht gelesen wird, ist einfach nur totes Papier, und dass tatsächlich Menschen die Bände aufschlagen und lesen, ehrt mich sehr. Ich wünsche allen nur das Beste und entzünde ein Feuerwerk der Dankbarkeit! Der Autor, dessen Brille immer verrutscht, betet für das Wohlergehen aller Menschen, die immer so nett zu ihm sind!

DEMON SLAYER

KIMETSU NO YAIBA

9

INFILTRATION DES FREUDENVIERTELS

Koyoharu Gotouge

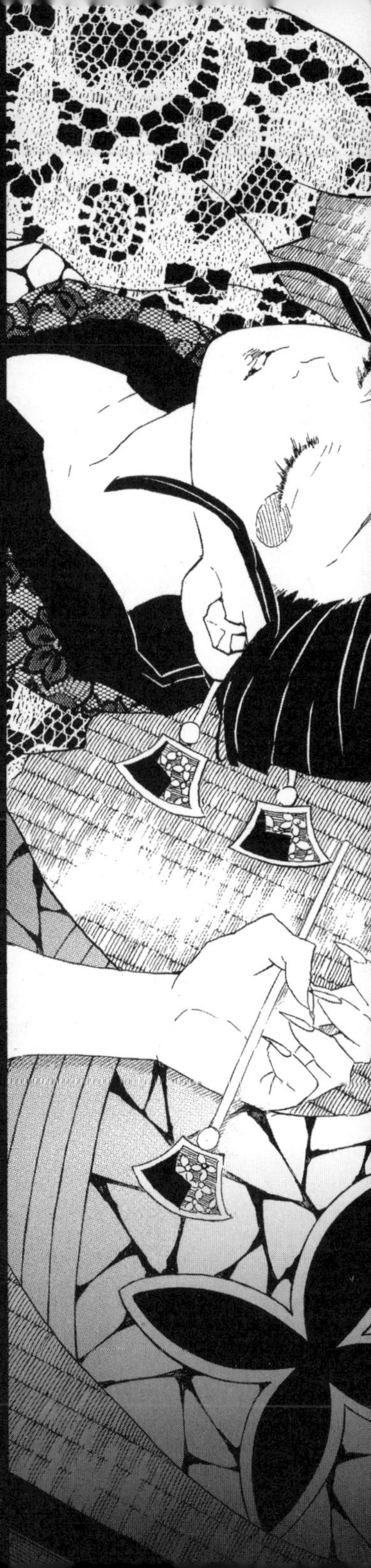

Die Charaktere

Tanjiro Kamado

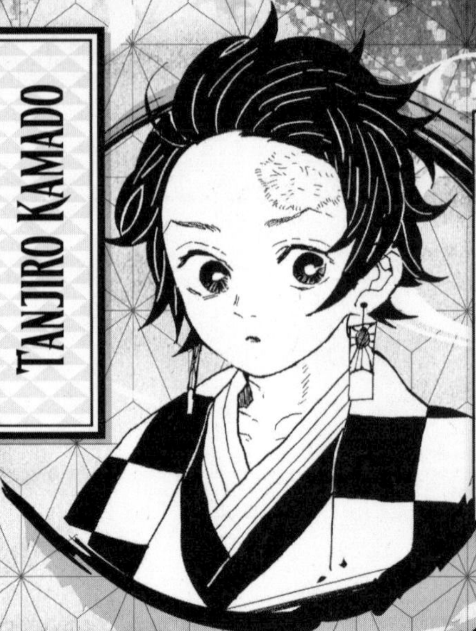

Ein lieber Junge, der seine Schwester retten und seine getötete Familie rächen will. Er kann die Schwachstellen von Dämonen und anderen Feinden am Geruch erkennen.

Nezuko Kamado

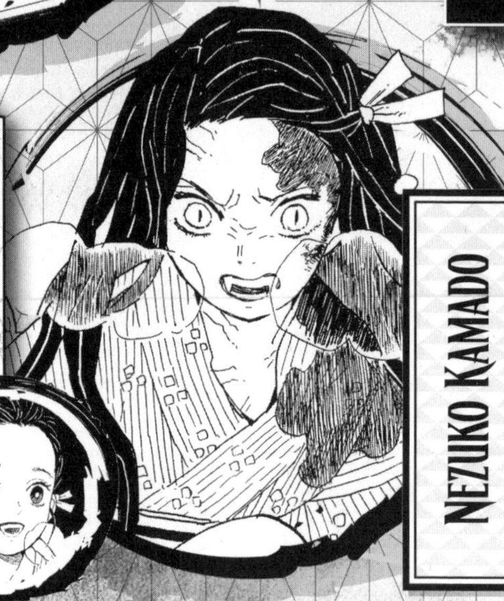

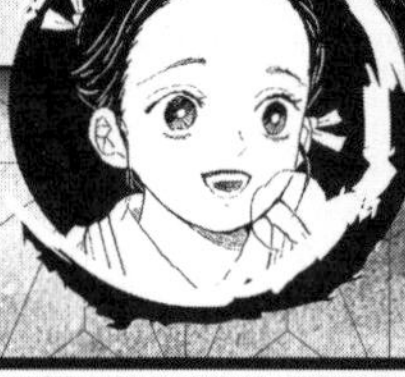

Tanjiros jüngere Schwester wurde von einem Dämon angefallen und selbst zu einem Dämon gemacht, doch sie beschützt Tanjiro, was ein normaler Dämon nie tun würde.

Was bisher geschah

Die Geschichte spielt im Japan der Taisho-Zeit (1912-1926). Der junge Tanjiro verkauft Kohlen, doch eines Tages wird seine Familie von einem Dämon umgebracht und seine Schwester Nezuko in einen Dämon verwandelt. Er will nun Nezuko in einen Menschen zurückverwandeln und den Dämon finden, der seine Familie auf dem Gewissen hat. Um diese Ziele zu erreichen, geht er mit Nezuko auf Reisen.

Als Demon Slayer bekommt er seinen ersten Auftrag und zieht mit Nezuko zusammen los. Unterwegs erhält er von Frau Tamayo und Yushiro, die Kibutsuji feindlich gegenüberstehen, Hinweise, wie seine Schwester wieder zu einem Menschen werden kann.

Ihre nächste Mission führt Tanjiro und seine Kameraden gemeinsam mit Rengoku, der Säule der Flammen, an Bord des Mugen Trains. Dort werden sie vom Dämon Enmu (der Abnehmenden Eins) überfallen, doch es gelingt ihnen, diesen zu verjagen und so die Fahrgäste zu retten. Rengoku wird jedoch von dem in der Folge erschienenen hochrangigen Dämon Akaza getötet. Nachdem Tanjiro Rengokus Tod überwunden hat, folgt er Uzui, der Säule des Klangs, zur nächsten Mission ...

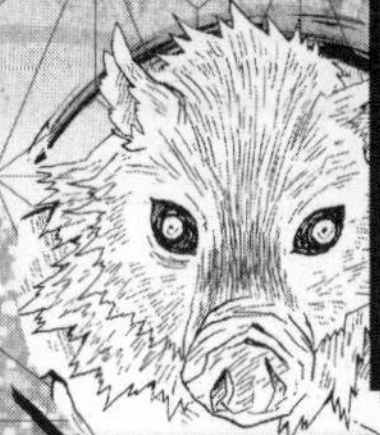

Inosuke Hashibira

Auch er ist in Tanjiros Alter. Er umhüllt sich mit einem Wildschweinfell und ist sehr kampflustig.

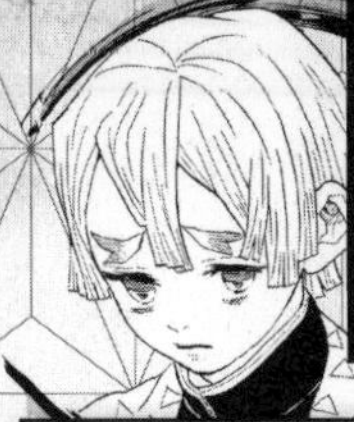

Zenitsu Agatsuma

Er ist im gleichen Alter wie Tanjiro. Im Wachzustand ist er feige und weinerlich. Erst im Schlaf entfaltet er seine wahre Kraft.

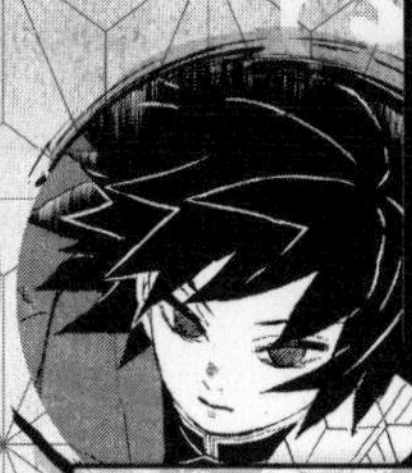

Giyu Tomioka

Als eine der Säulen der Demon-Slayer-Truppe hat er Tanjiro zur Truppe geführt, und seitdem kümmert er sich um ihn.

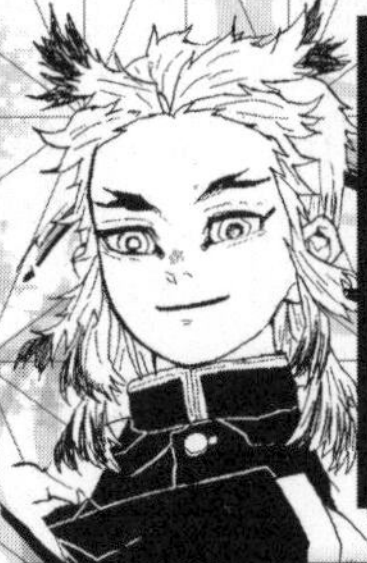

Kyojuro Rengoku

Als eine der Säulen der Demon-Slayer-Truppe vernichtete er Dämonen mit seiner Flammenatmung.

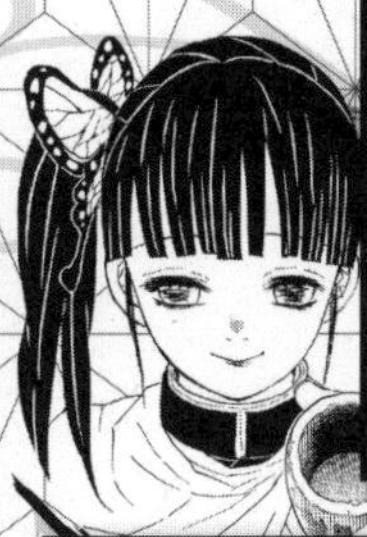

Kanao Tsuyuri

Shinobus „Tsuguko“ ist sehr wortkarg und tut sich schwer, selbstständig Entscheidungen zu treffen.

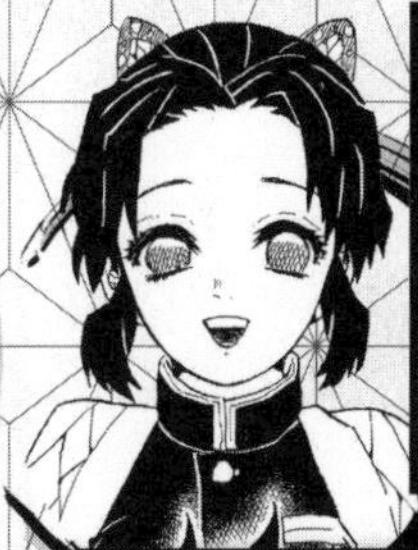

Shinobu Kocho

Auch sie ist eine der Säulen der Demon-Slayer-Truppe. Das Fachgebiet dieser Schwertkämpferin ist die Pharmazie, und sie braut Gifte, die Dämonen töten können.

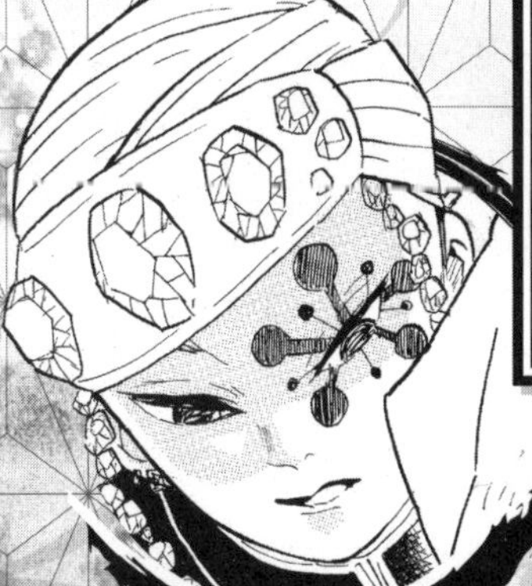

Tengen Uzui

Er ist die Säule des Klangs, und als ehemaliger Shinobi* tritt er gerne laut und effektvoll auf. Mit Tanjiro und den anderen schleicht er sich in ein Freudenviertel ein, in dem ein Dämon haust.

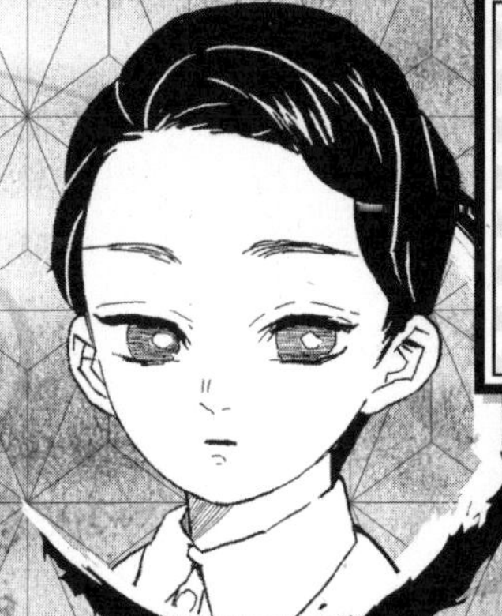

Muzan Kibutsuji

Er hat Nezuko zu einem Dämon gemacht und ist dadurch zu Tanjiros Erzfeind geworden. Er lebt als normaler Mensch getarnt.

* hochrangiger Ninja

INHALT

DEMON SLAYER

KIMETSU NO YAIBA

9

INFILTRATION DES FREUDENVIERTELS

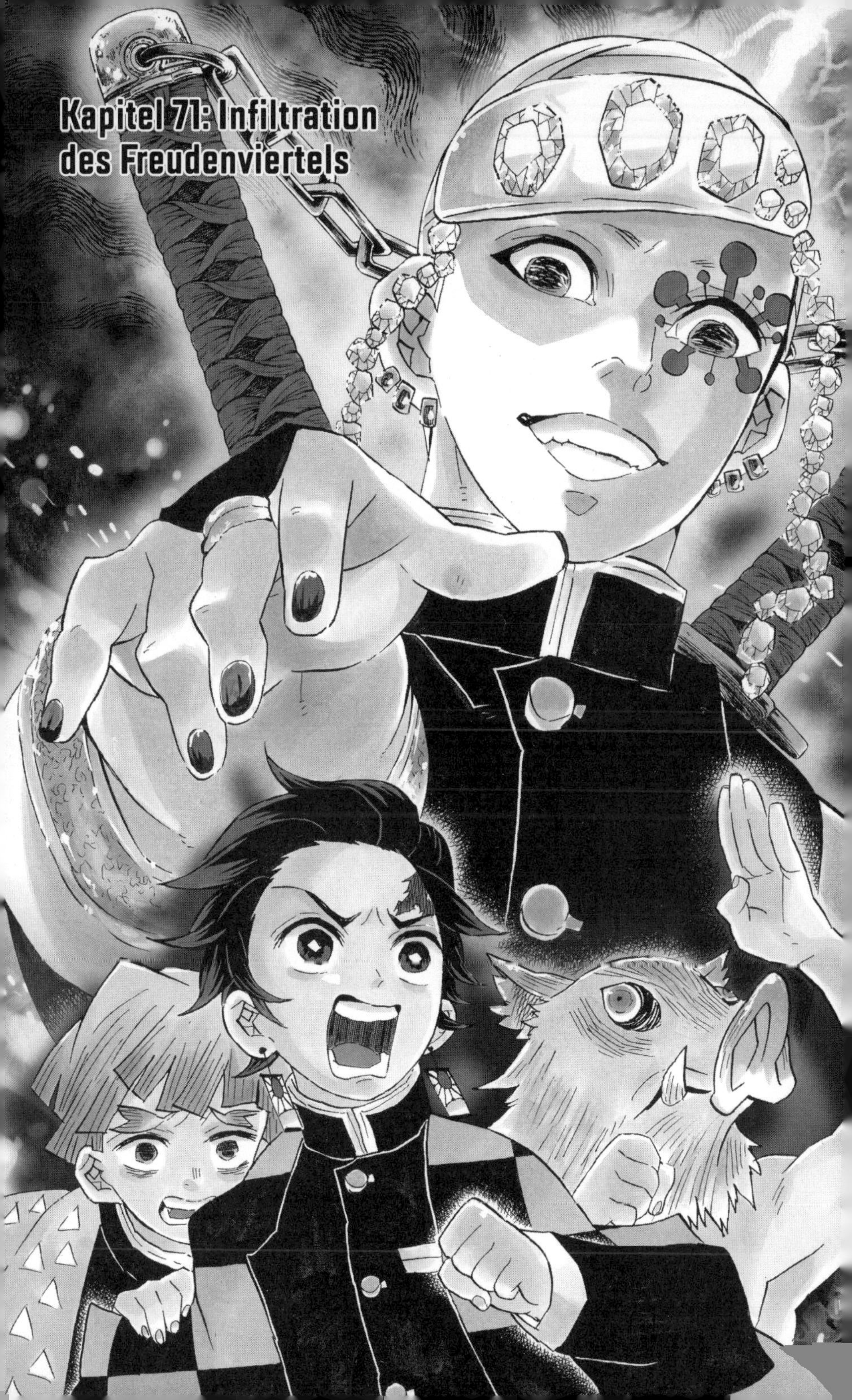
Kapitel 71: Infiltration des Freudenviertels

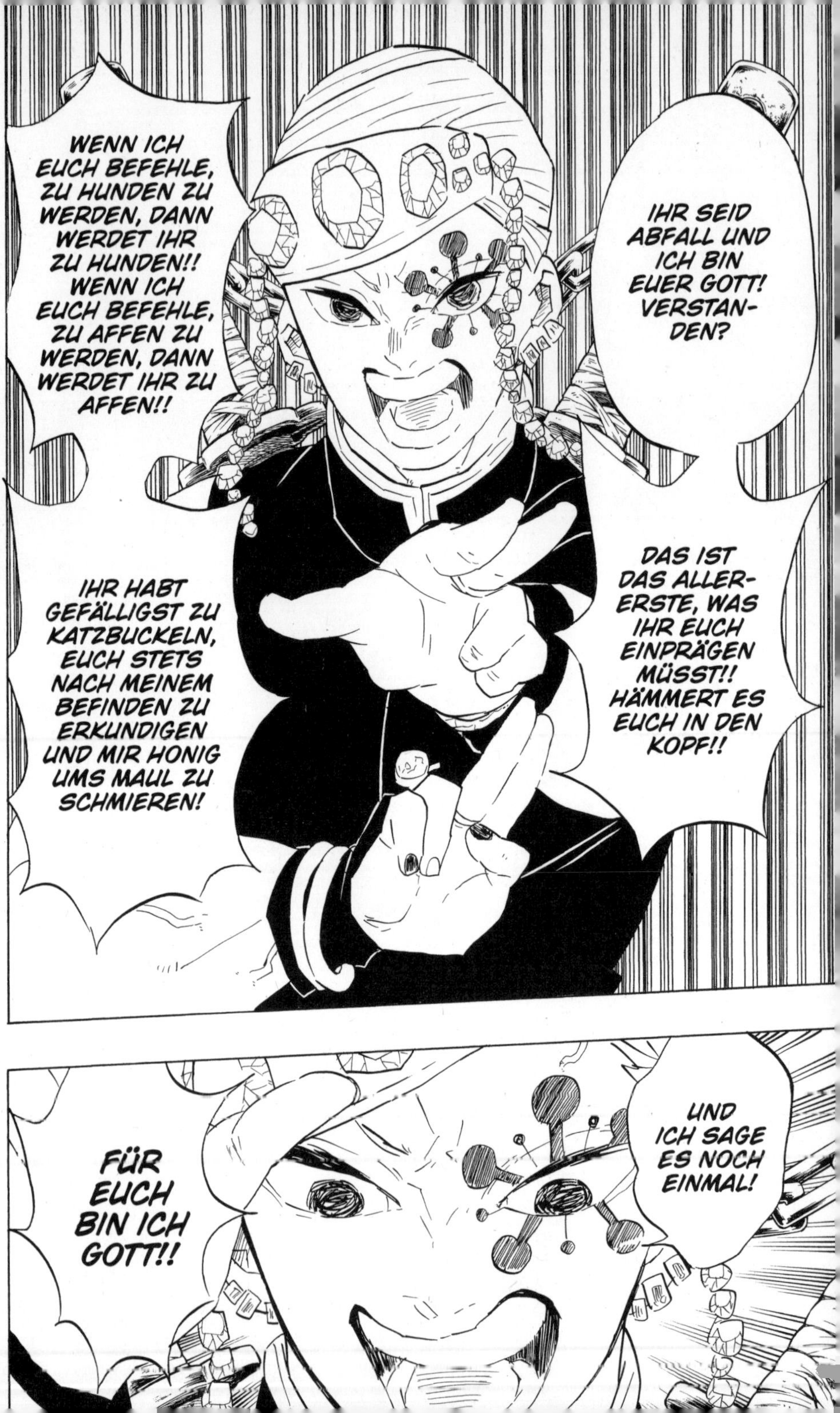
IHR SEID ABFALL UND ICH BIN EUER GOTT! VERSTAN-DEN?
WENN ICH EUCH BEFEHLE, ZU HUNDEN ZU WERDEN, DANN WERDET IHR ZU HUNDEN!! WENN ICH EUCH BEFEHLE, ZU AFFEN ZU WERDEN, DANN WERDET IHR ZU AFFEN!!
DAS IST DAS ALLER-ERSTE, WAS IHR EUCH EINPRÄGEN MÜSST!! HÄMMERT ES EUCH IN DEN KOPF!!
IHR HABT GEFÄLLIGST ZU KATZBUCKELN, EUCH STETS NACH MEINEM BEFINDEN ZU ERKUNDIGEN UND MIR HONIG UMS MAUL ZU SCHMIEREN!
UND ICH SAGE ES NOCH EINMAL!
FÜR EUCH BIN ICH GOTT!!

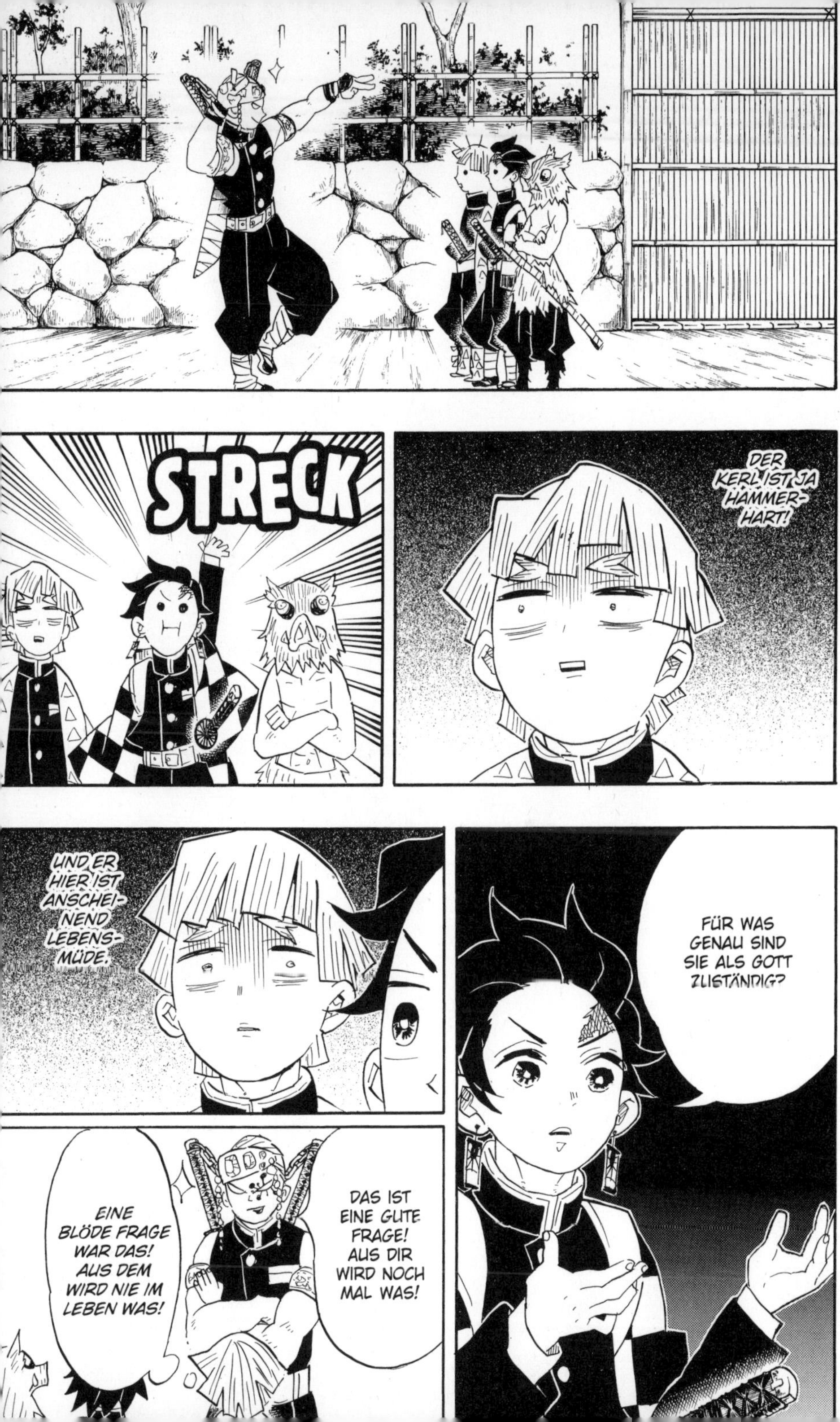
STRECK
DER KERL IST JA HAMMER-HART!
UND ER HIER IST ANSCHEI-NEND LEBENS-MÜDE.
FÜR WAS GENAU SIND SIE ALS GOTT ZUSTÄNDIG?
DAS IST EINE GUTE FRAGE! AUS DIR WIRD NOCH MAL WAS!
EINE BLÖDE FRAGE WAR DAS! AUS DEM WIRD NIE IM LEBEN WAS!

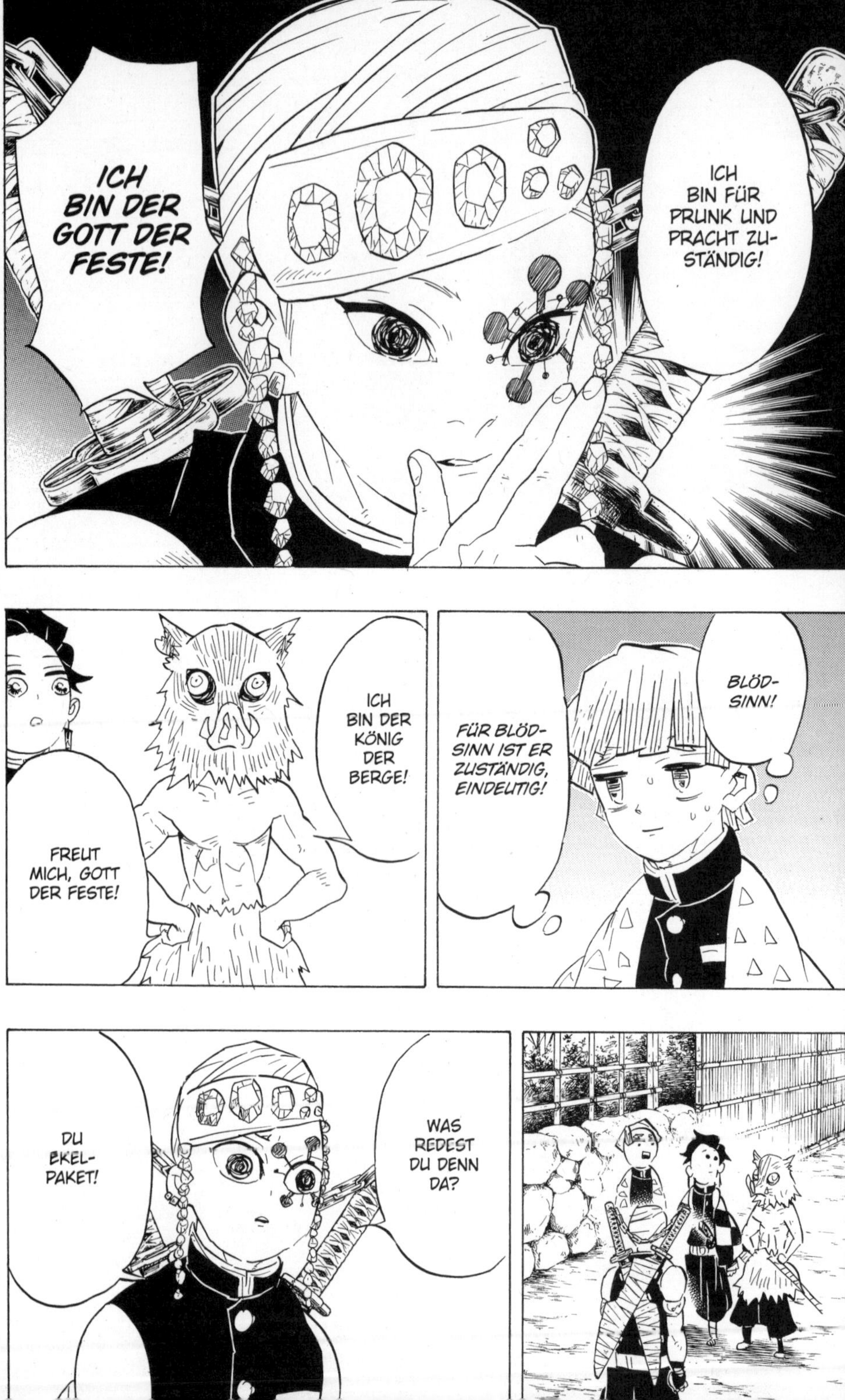
ICH BIN FÜR PRUNK UND PRACHT ZU-STÄNDIG!
ICH BIN DER GOTT DER FESTE!
BLÖD-SINN!
FÜR BLÖD-SINN IST ER ZUSTÄNDIG, EINDEUTIG!
ICH BIN DER KÖNIG DER BERGE!
FREUT MICH, GOTT DER FESTE!
WAS REDEST DU DENN DA?
DU EKEL-PAKET!

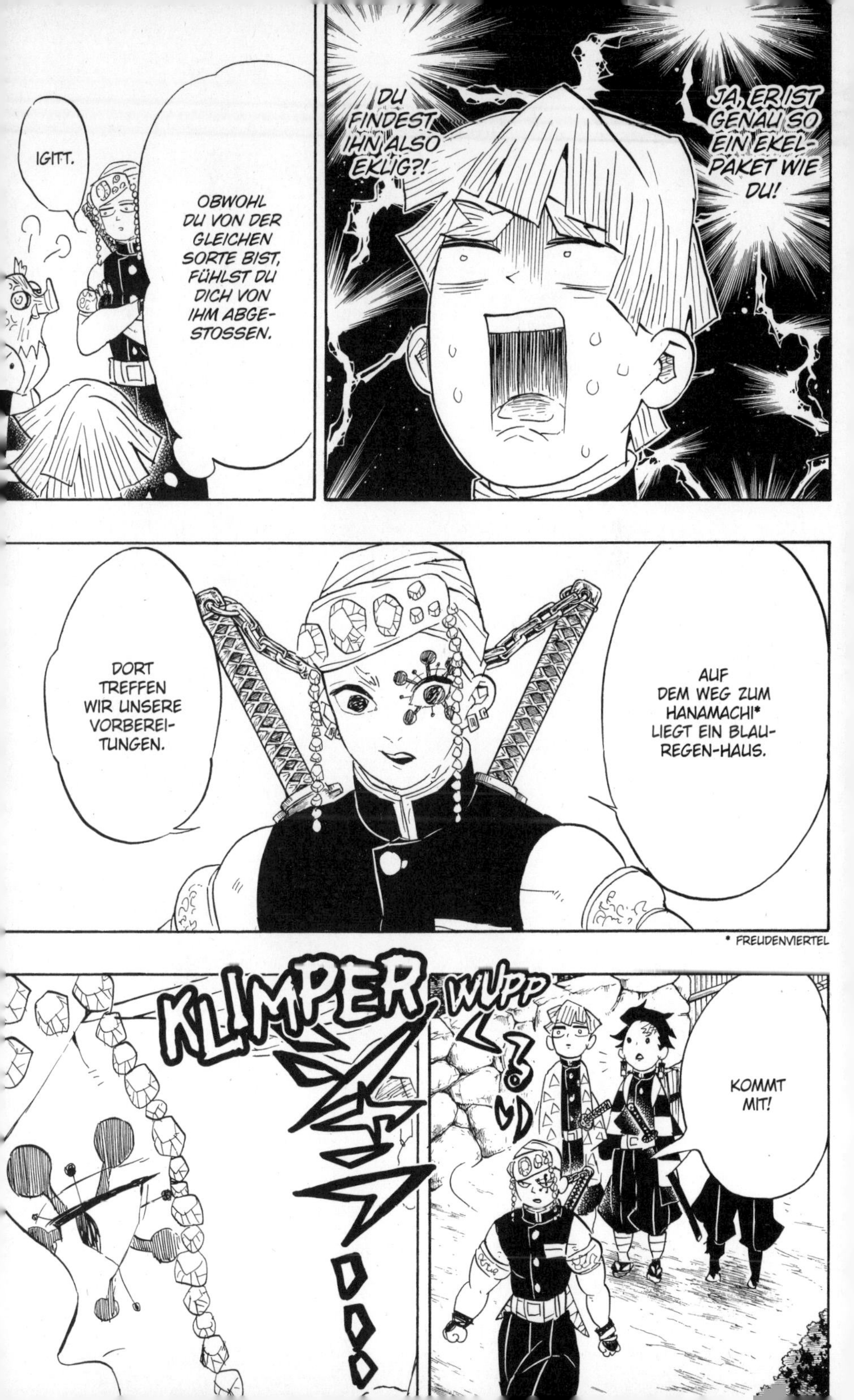
IGITT.
OBWOHL DU VON DER GLEICHEN SORTE BIST, FÜHLST DU DICH VON IHM ABGESTOSSEN.
DU FINDEST IHN ALSO EKLIG?!
JA, ER IST GENAU SO EIN EKEL-PAKET WIE DU!
AUF DEM WEG ZUM HANAMACHI* LIEGT EIN BLAU-REGEN-HAUS.
DORT TREFFEN WIR UNSERE VORBEREI-TUNGEN.
* FREUDENVIERTEL
KLIMPER
WUPP
KOMMT MIT!

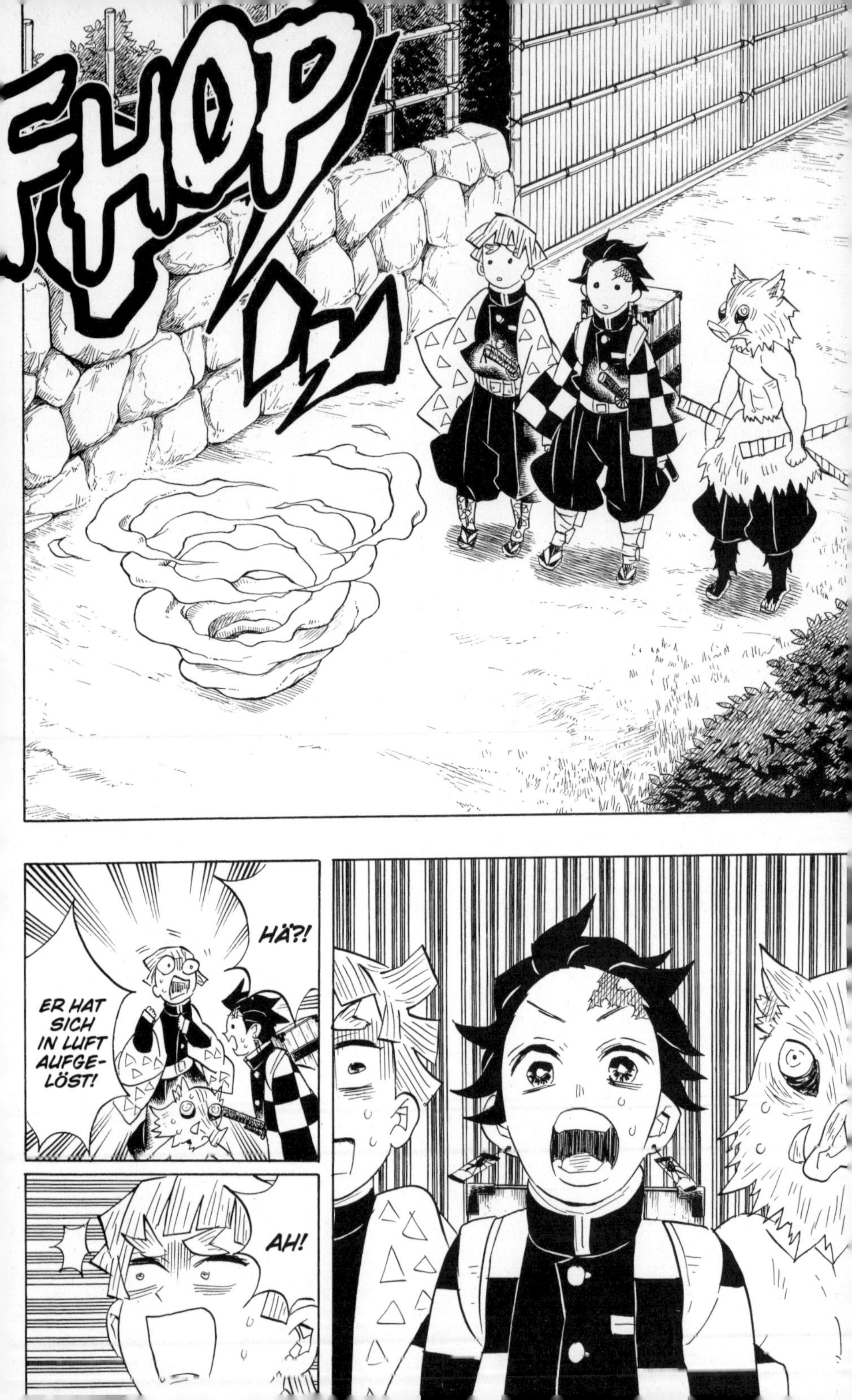
HOP
HÄ?!
ER HAT SICH IN LUFT AUFGE-LÖST!
AH!

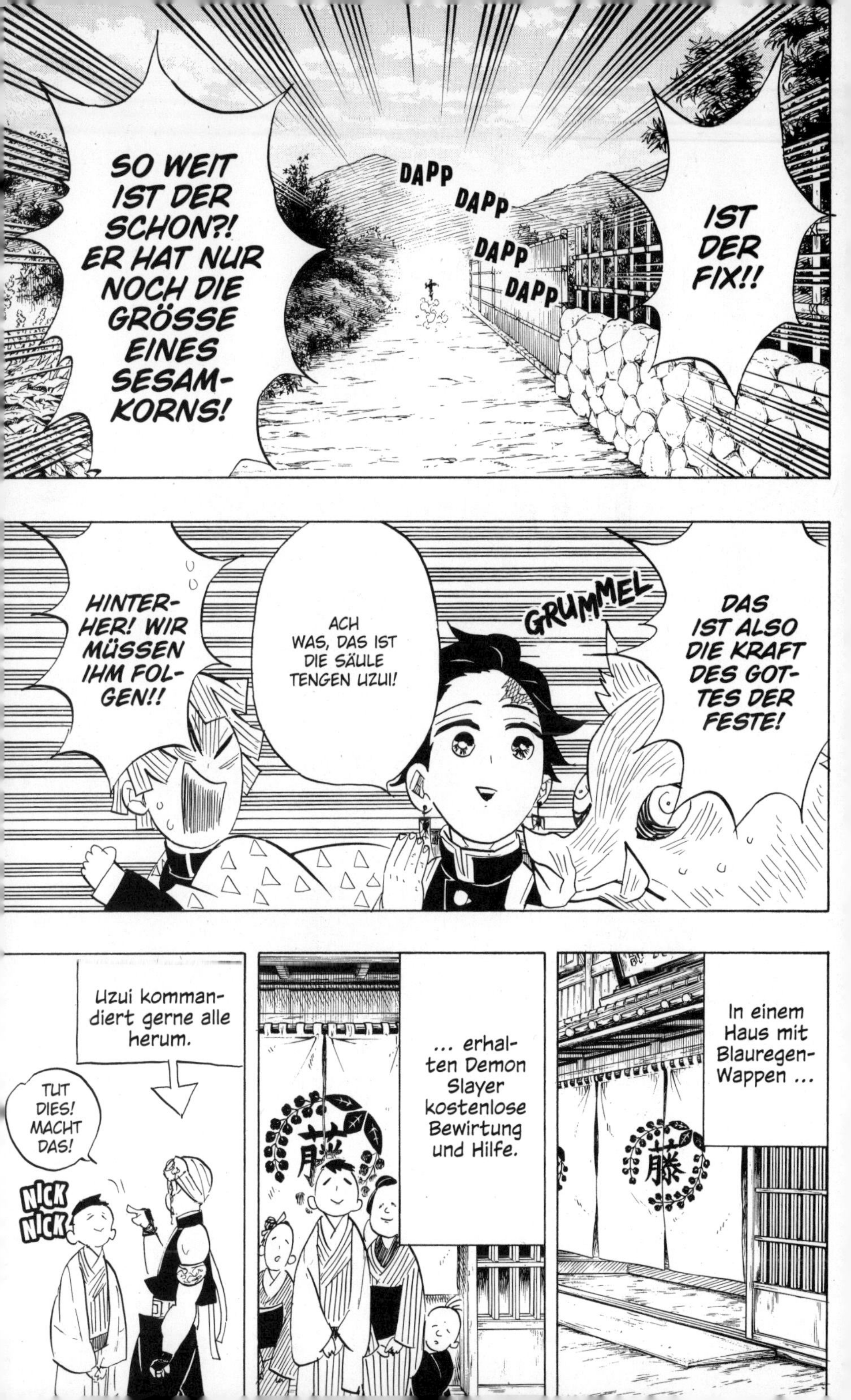
IST DER FIX!!
DAPP DAPP DAPP DAPP
SO WEIT IST DER SCHON?! ER HAT NUR NOCH DIE GRÖSSE EINES SESAM-KORNS!
DAS IST ALSO DIE KRAFT DES GOT-TES DER FESTE!
GRUMMEL
ACH WAS, DAS IST DIE SÄULE TENGEN UZUI!
HINTER-HER! WIR MÜSSEN IHM FOL-GEN!!
In einem Haus mit Blauregen-Wappen ...
藤
... erhal-ten Demon Slayer kostenlose Bewirtung und Hilfe.
藤
Uzui komman-diert gerne alle herum.
TUT DIES! MACHT DAS!
NICK NICK

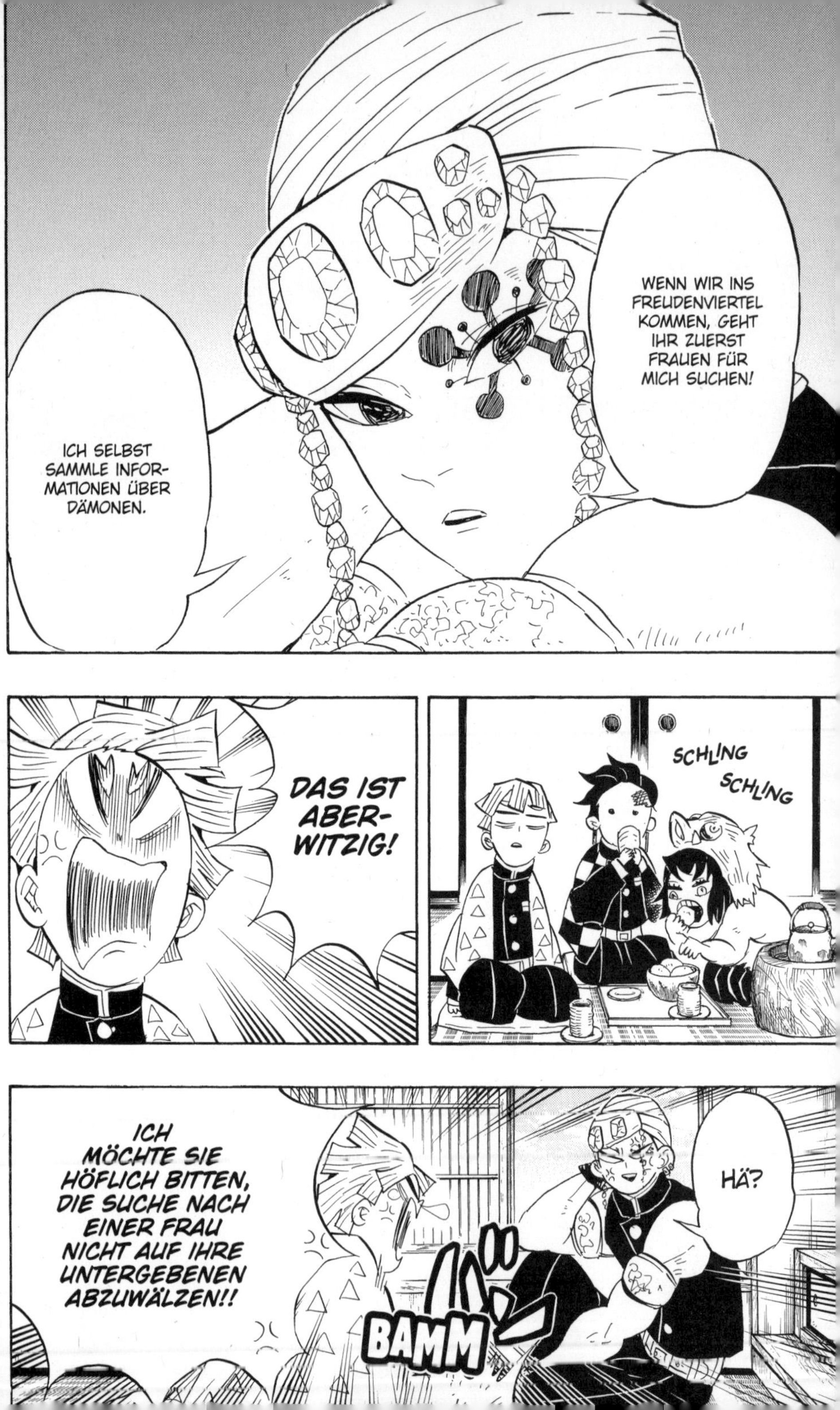
WENN WIR INS FREUDENVIERTEL KOMMEN, GEHT IHR ZUERST FRAUEN FÜR MICH SUCHEN!
ICH SELBST SAMMLE INFOR-MATIONEN ÜBER DÄMONEN.
SCHLING
SCHLING
DAS IST ABER-WITZIG!
HÄ?
ICH MÖCHTE SIE HÖFLICH BITTEN, DIE SUCHE NACH EINER FRAU NICHT AUF IHRE UNTERGEBENEN ABZUWÄLZEN!!
BAMM

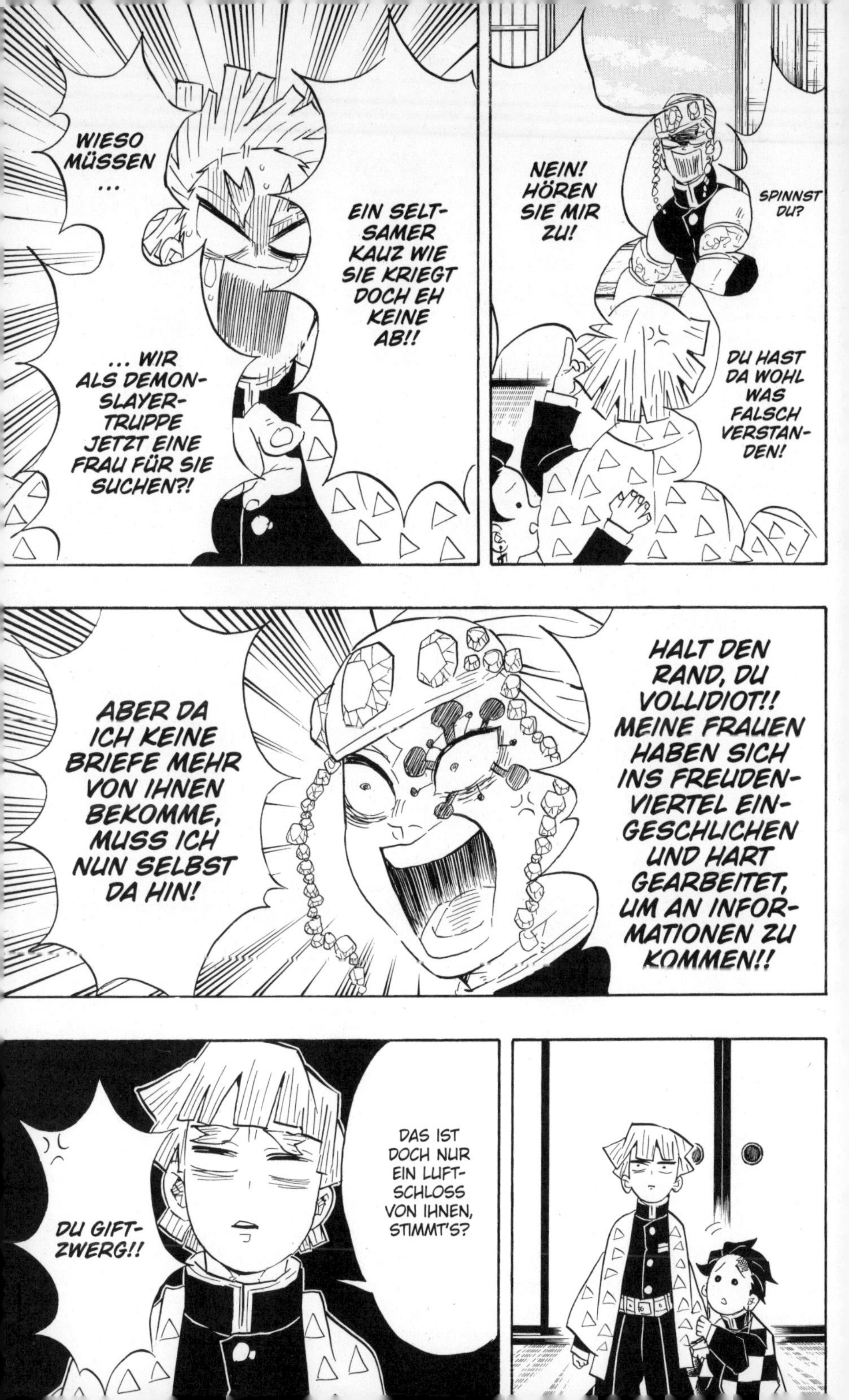
NEIN! HÖREN SIE MIR ZU!
SPINNST DU?
DU HAST DA WOHL WAS FALSCH VERSTANDEN!
EIN SELT-SAMER KAUZ WIE SIE KRIEGT DOCH EH KEINE AB!!
WIESO MÜSSEN ...
... WIR ALS DEMON-SLAYER-TRUPPE JETZT EINE FRAU FÜR SIE SUCHEN?!
HALT DEN RAND, DU VOLLIDIOT!! MEINE FRAUEN HABEN SICH INS FREUDEN-VIERTEL EIN-GESCHLICHEN UND HART GEARBEITET, UM AN INFOR-MATIONEN ZU KOMMEN!!
ABER DA ICH KEINE BRIEFE MEHR VON IHNEN BEKOMME, MUSS ICH NUN SELBST DA HIN!
DAS IST DOCH NUR EIN LUFT-SCHLOSS VON IHNEN, STIMMT'S?
DU GIFT-ZWERG!!

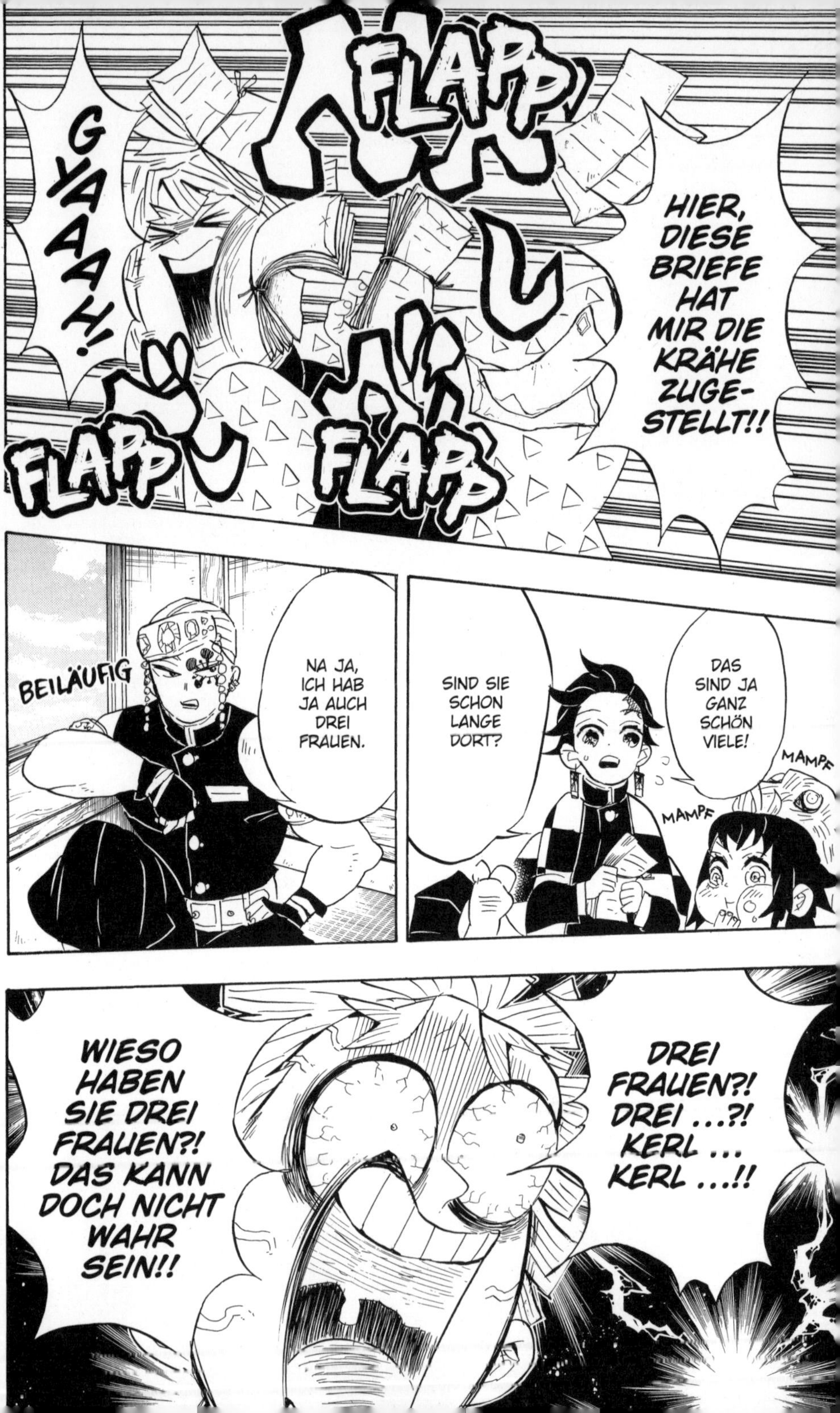
HIER, DIESE BRIEFE HAT MIR DIE KRÄHE ZUGE-STELLT!!
FLAPP
GYAAAH!!
FLAPP
FLAPP
DAS SIND JA GANZ SCHÖN VIELE!
MAMPF
MAMPF
SIND SIE SCHON LANGE DORT?
NA JA, ICH HAB JA AUCH DREI FRAUEN.
BEILÄUFIG
DREI FRAUEN?! DREI ...?! KERL ... KERL ...!!
WIESO HABEN SIE DREI FRAUEN?! DAS KANN DOCH NICHT WAHR SEIN!!

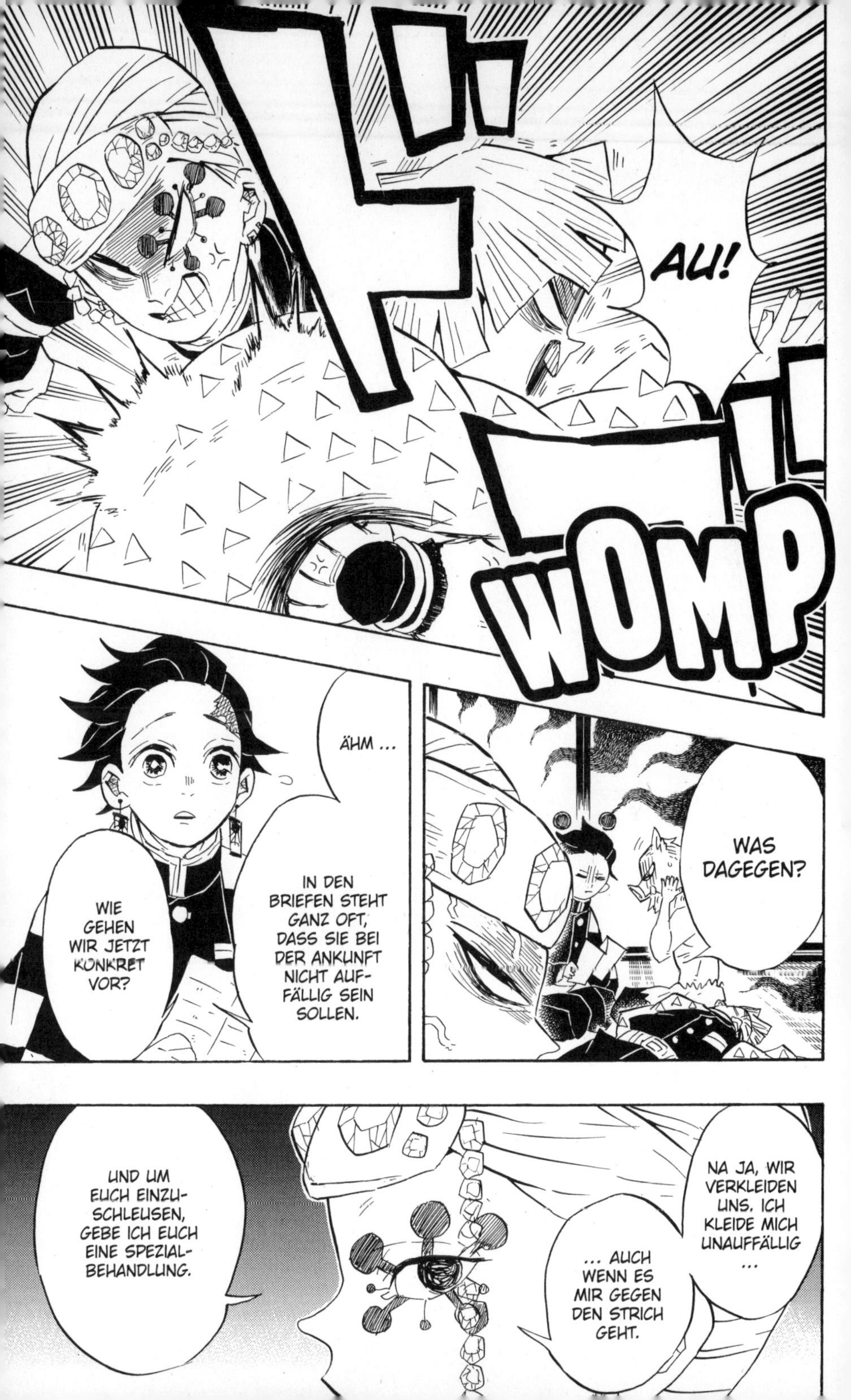
AU!
WOMP
WAS DAGEGEN?
ÄHM ...
IN DEN BRIEFEN STEHT GANZ OFT, DASS SIE BEI DER ANKUNFT NICHT AUFFÄLLIG SEIN SOLLEN.
WIE GEHEN WIR JETZT KONKRET VOR?
NA JA, WIR VERKLEIDEN UNS. ICH KLEIDE MICH UNAUFFÄLLIG ...
... AUCH WENN ES MIR GEGEN DEN STRICH GEHT.
UND UM EUCH EINZUSCHLEUSEN, GEBE ICH EUCH EINE SPEZIALBEHANDLUNG.

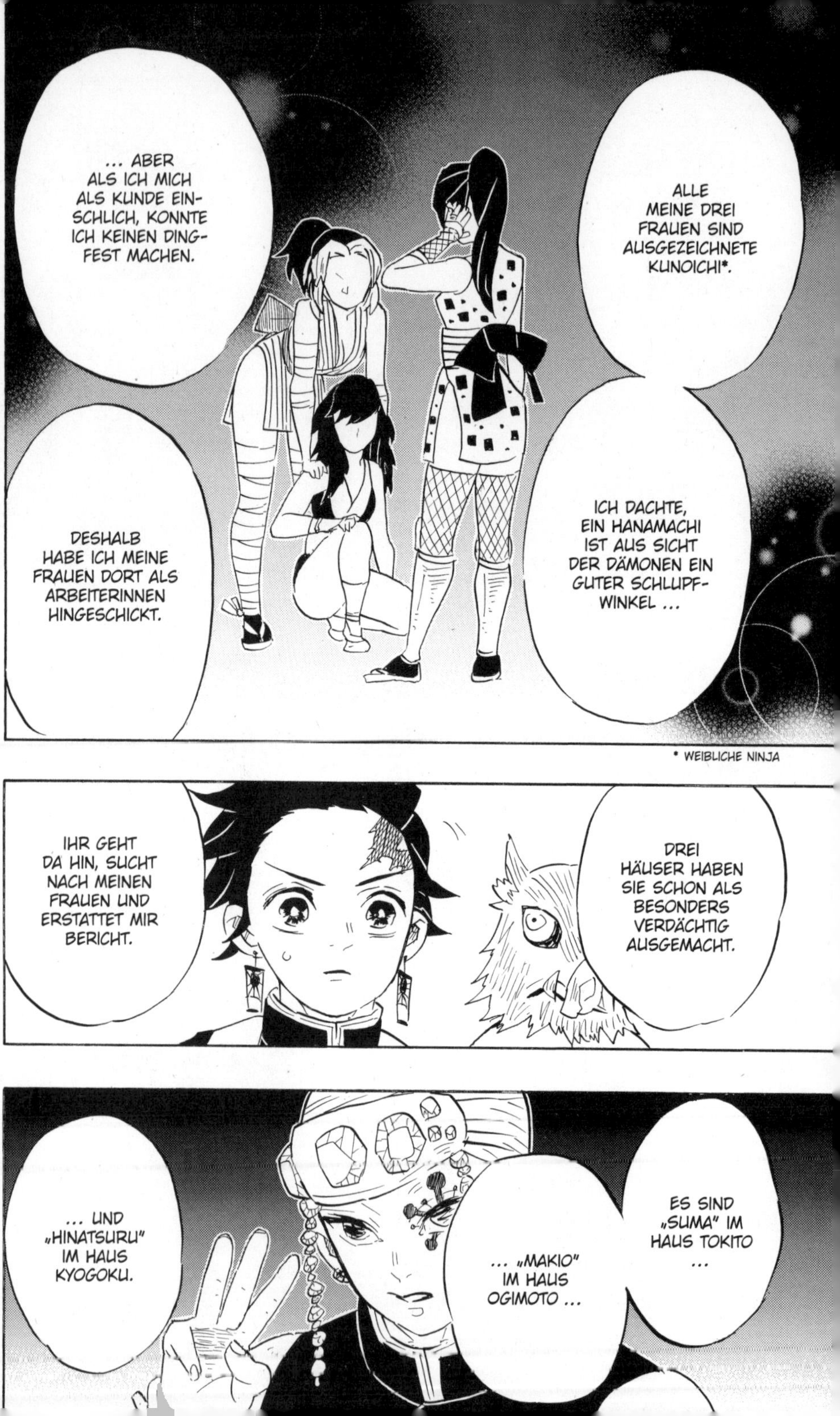
ALLE MEINE DREI FRAUEN SIND AUSGEZEICHNETE KUNOICHI*.
ICH DACHTE, EIN HANAMACHI IST AUS SICHT DER DÄMONEN EIN GUTER SCHLUPF-WINKEL …
… ABER ALS ICH MICH ALS KUNDE EIN-SCHLICH, KONNTE ICH KEINEN DING-FEST MACHEN.
DESHALB HABE ICH MEINE FRAUEN DORT ALS ARBEITERINNEN HINGESCHICKT.
* WEIBLICHE NINJA
DREI HÄUSER HABEN SIE SCHON ALS BESONDERS VERDÄCHTIG AUSGEMACHT.
IHR GEHT DA HIN, SUCHT NACH MEINEN FRAUEN UND ERSTATTET MIR BERICHT.
ES SIND „SUMA" IM HAUS TOKITO …
… „MAKIO" IM HAUS OGIMOTO …
… UND „HINATSURU" IM HAUS KYOGOKU.

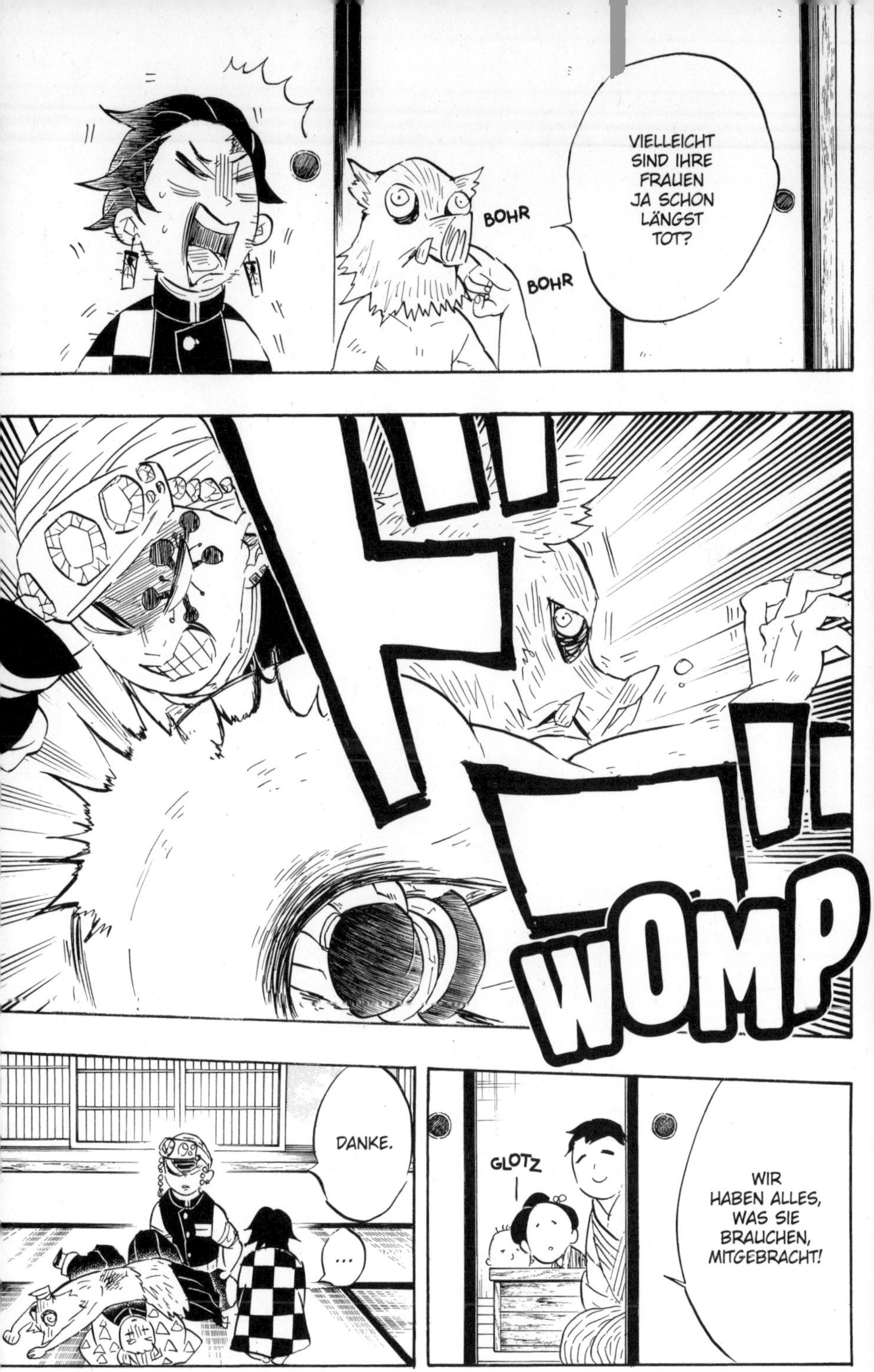
VIELLEICHT SIND IHRE FRAUEN JA SCHON LÄNGST TOT?
BOHR
BOHR
WOMP
WIR HABEN ALLES, WAS SIE BRAUCHEN, MITGEBRACHT!
GLOTZ
DANKE.
...

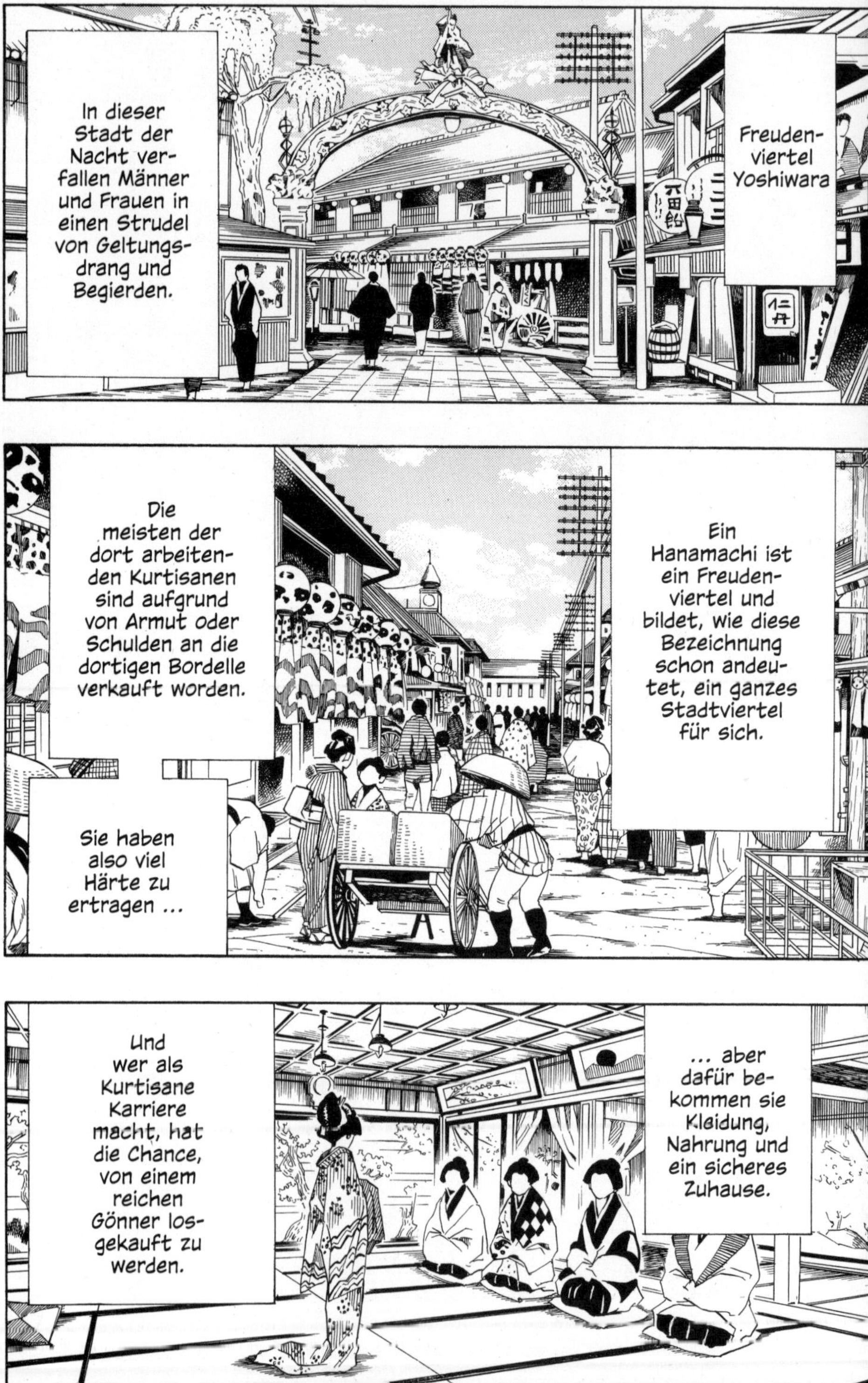
Freudenviertel Yoshiwara
In dieser Stadt der Nacht verfallen Männer und Frauen in einen Strudel von Geltungsdrang und Begierden.
Ein Hanamachi ist ein Freudenviertel und bildet, wie diese Bezeichnung schon andeutet, ein ganzes Stadtviertel für sich.
Die meisten der dort arbeitenden Kurtisanen sind aufgrund von Armut oder Schulden an die dortigen Bordelle verkauft worden.
Sie haben also viel Härte zu ertragen ...
... aber dafür bekommen sie Kleidung, Nahrung und ein sicheres Zuhause.
Und wer als Kurtisane Karriere macht, hat die Chance, von einem reichen Gönner losgekauft zu werden.

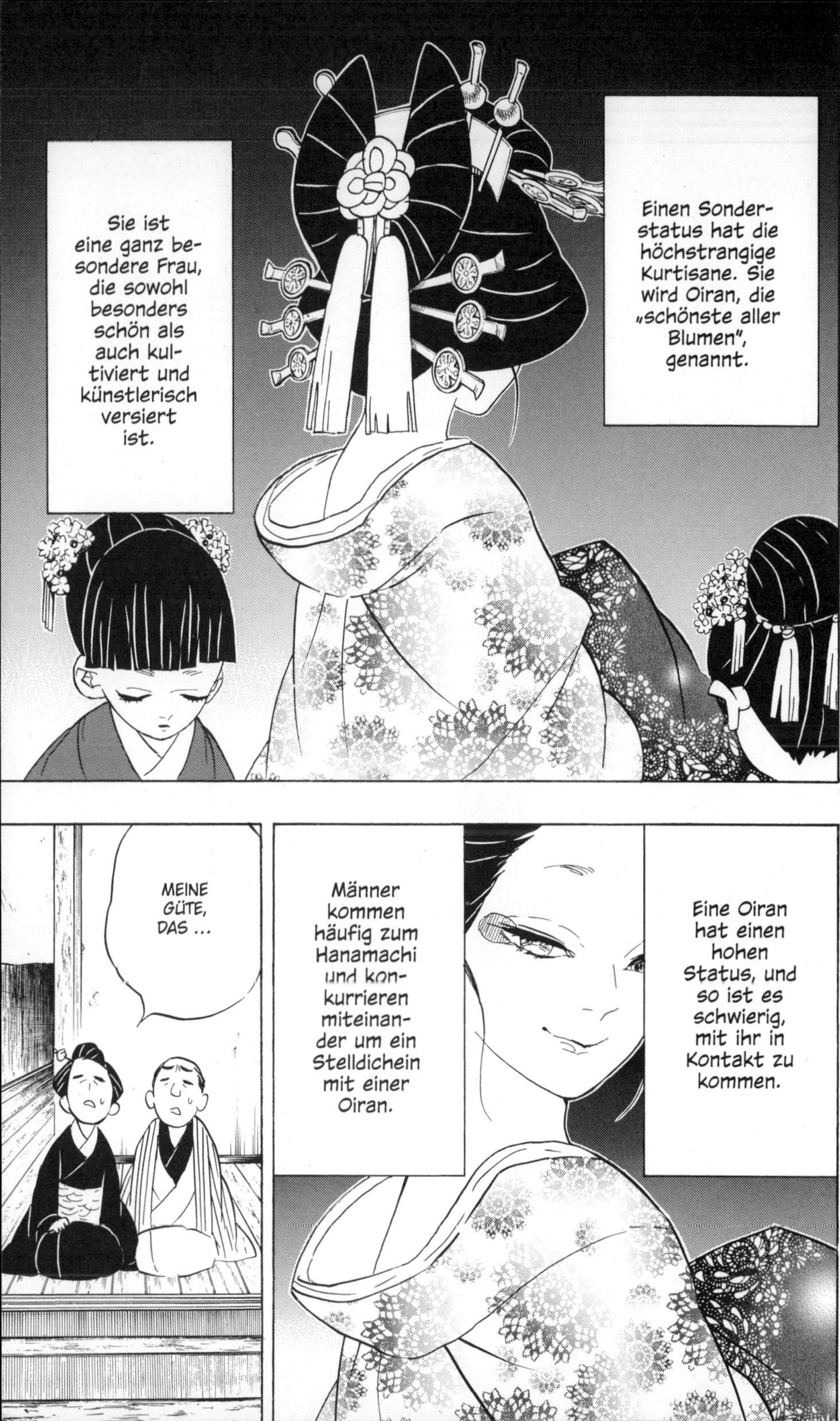
Einen Sonder-status hat die höchstrangige Kurtisane. Sie wird Oiran, die „schönste aller Blumen", genannt.
Sie ist eine ganz be-sondere Frau, die sowohl besonders schön als auch kul-tiviert und künstlerisch versiert ist.
Eine Oiran hat einen hohen Status, und so ist es schwierig, mit ihr in Kontakt zu kommen.
Männer kommen häufig zum Hanamachi und kon-kurrieren miteinan-der um ein Stelldichein mit einer Oiran.
MEINE GÜTE, DAS …

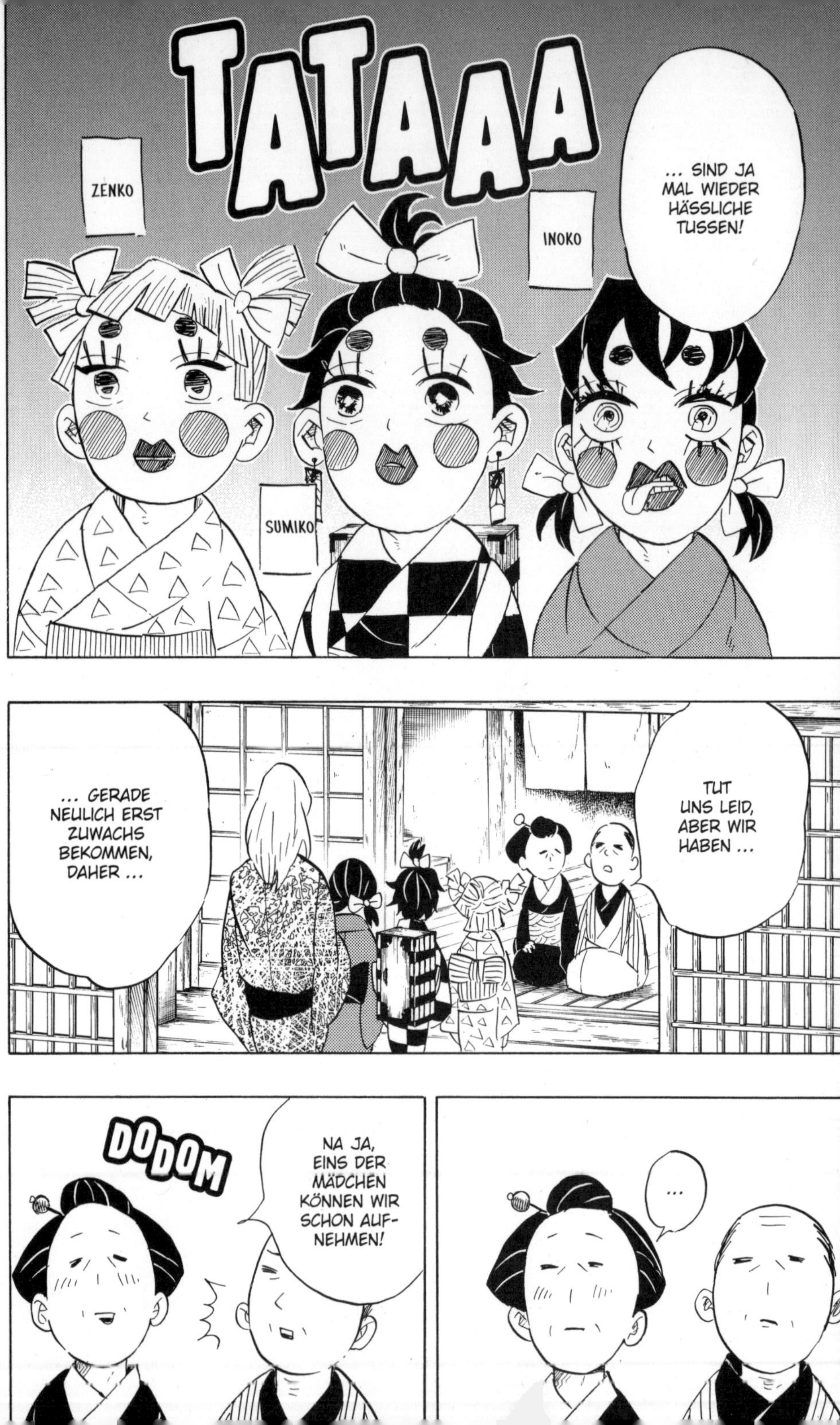
TATAAA
INOKO
... SIND JA MAL WIEDER HÄSSLICHE TUSSEN!
SUMIKO
ZENKO
TUT UNS LEID, ABER WIR HABEN ...
... GERADE NEULICH ERST ZUWACHS BEKOMMEN, DAHER ...
...
DODOM
NA JA, EINS DER MÄDCHEN KÖNNEN WIR SCHON AUF-NEHMEN!

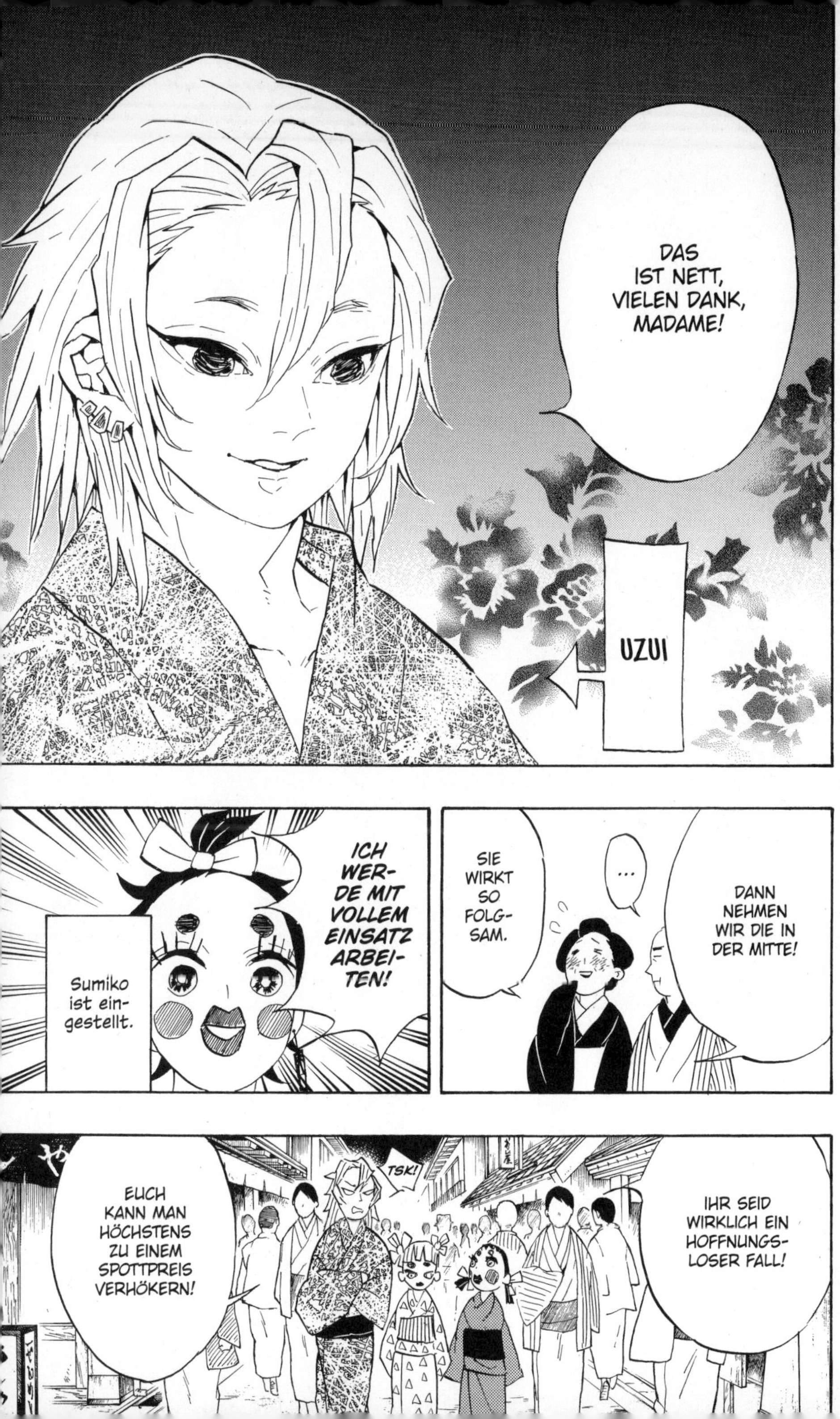
DAS IST NETT, VIELEN DANK, MADAME!
UZUI
DANN NEHMEN WIR DIE IN DER MITTE!
…
SIE WIRKT SO FOLG-SAM.
ICH WER-DE MIT VOLLEM EINSATZ ARBEI-TEN!
Sumiko ist ein-gestellt.
IHR SEID WIRKLICH EIN HOFFNUNGS-LOSER FALL!
TSK!
EUCH KANN MAN HÖCHSTENS ZU EINEM SPOTTPREIS VERHÖKERN!

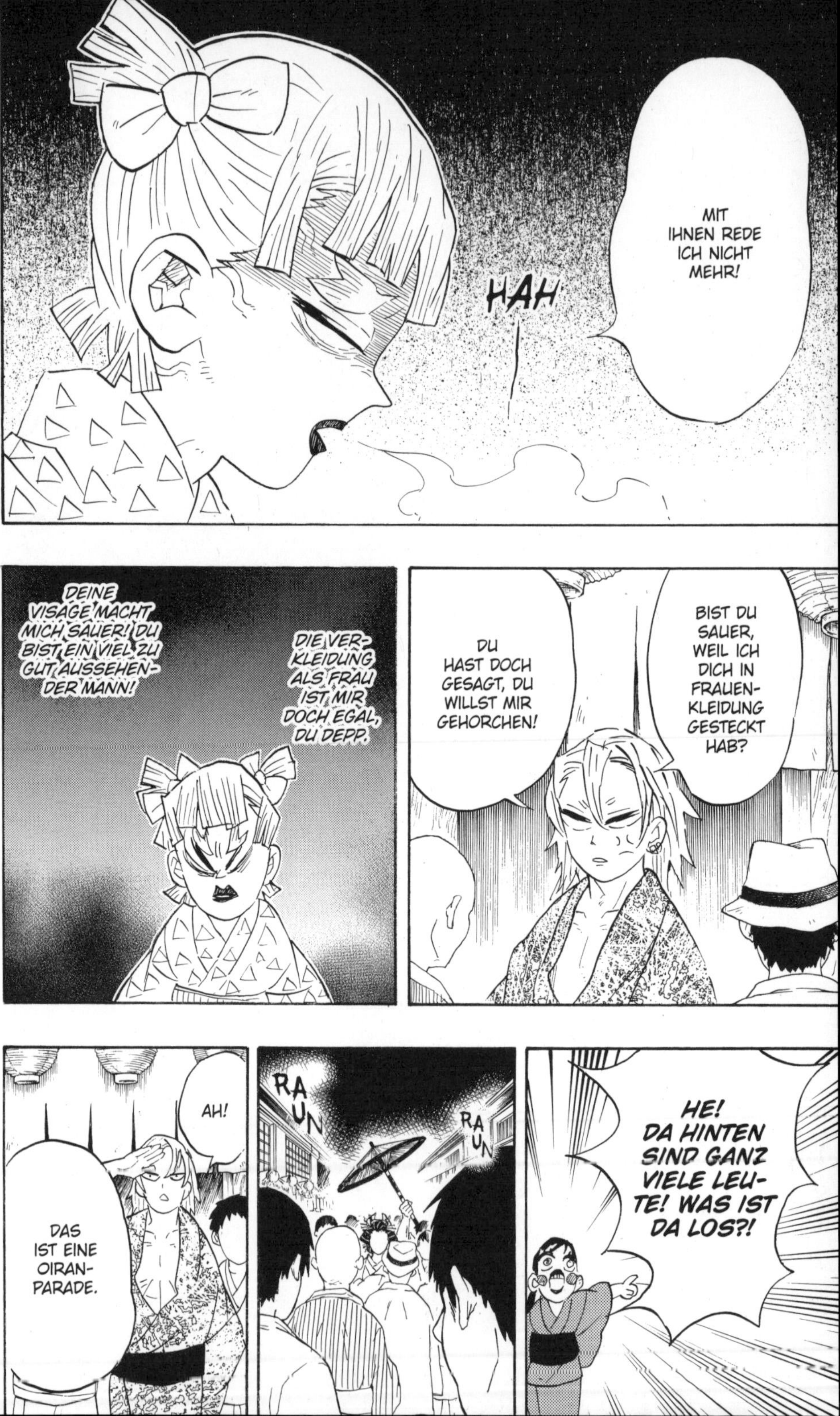
MIT IHNEN REDE ICH NICHT MEHR!
HAH
BIST DU SAUER, WEIL ICH DICH IN FRAUENKLEIDUNG GESTECKT HAB?
DU HAST DOCH GESAGT, DU WILLST MIR GEHORCHEN!
DIE VERKLEIDUNG ALS FRAU IST MIR DOCH EGAL, DU DEPP.
DEINE VISAGE MACHT MICH SAUER! DU BIST EIN VIEL ZU GUT AUSSEHENDER MANN!
HE! DA HINTEN SIND GANZ VIELE LEUTE! WAS IST DA LOS?!
RAUN
RAUN
AH!
DAS IST EINE OIRAN-PARADE.

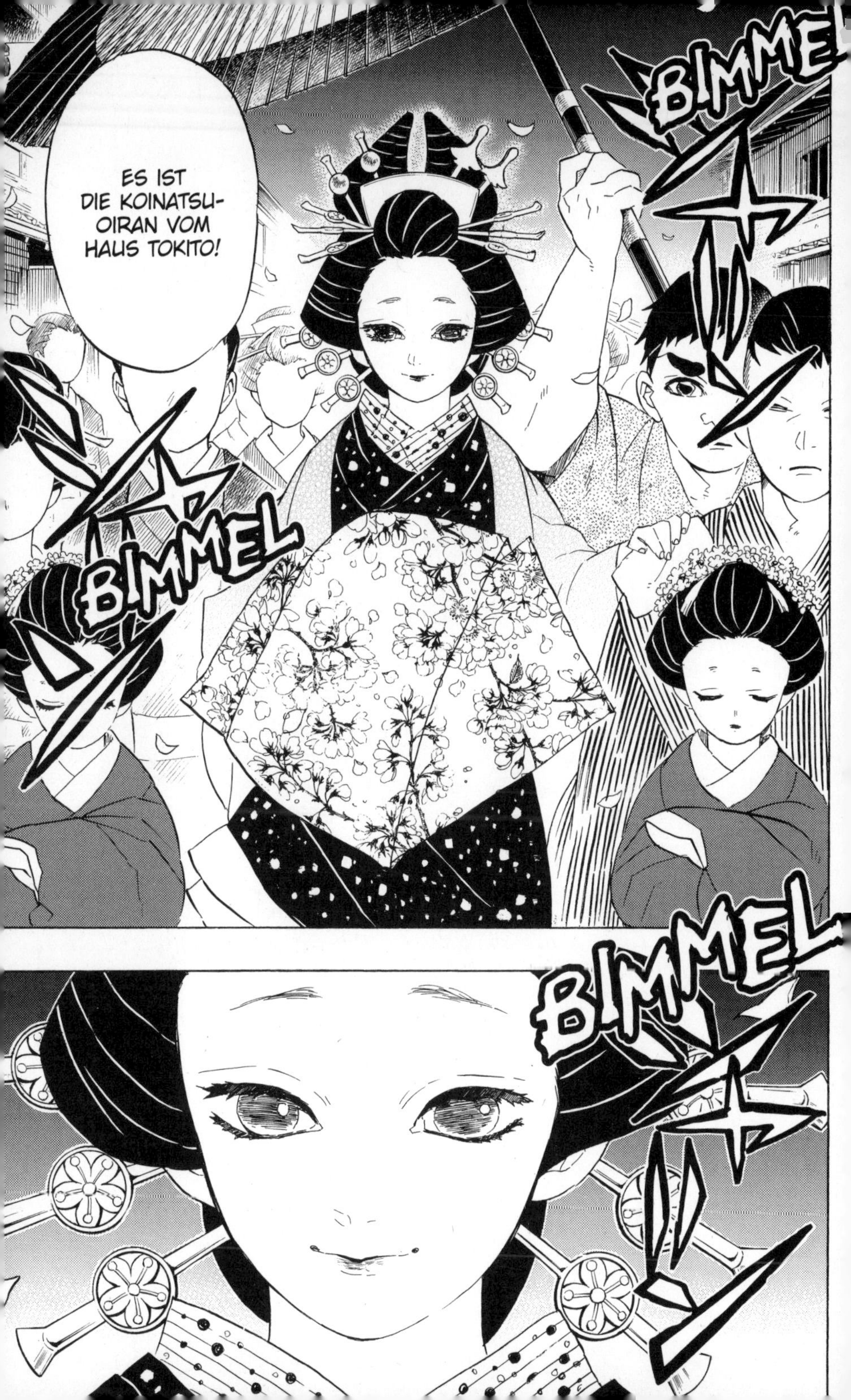
BIMMEL
ES IST DIE KOINATSU-OIRAN VOM HAUS TOKITO!
BIMMEL
BIMMEL

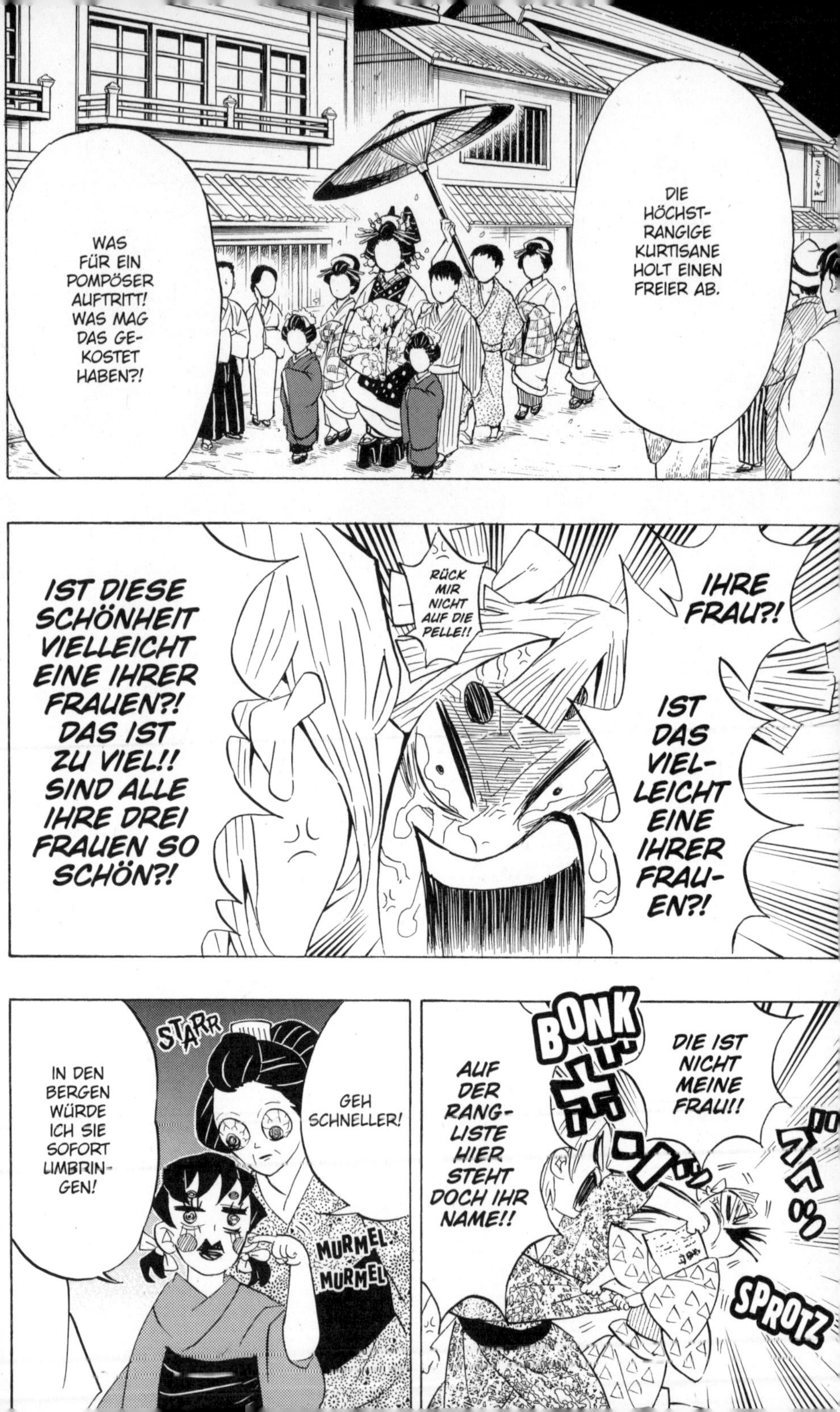
DIE HÖCHSTRANGIGE KURTISANE HOLT EINEN FREIER AB.
WAS FÜR EIN POMPÖSER AUFTRITT! WAS MAG DAS GEKOSTET HABEN?!
IHRE FRAU?!
IST DAS VIELLEICHT EINE IHRER FRAUEN?!
RÜCK MIR NICHT AUF DIE PELLE!!
IST DIESE SCHÖNHEIT VIELLEICHT EINE IHRER FRAUEN?! DAS IST ZU VIEL!! SIND ALLE IHRE DREI FRAUEN SO SCHÖN?!
DIE IST NICHT MEINE FRAU!!
BONK
SPROTZ
AUF DER RANGLISTE HIER STEHT DOCH IHR NAME!!
STARR
GEH SCHNELLER!
IN DEN BERGEN WÜRDE ICH SIE SOFORT UMBRINGEN!
MURMEL MURMEL

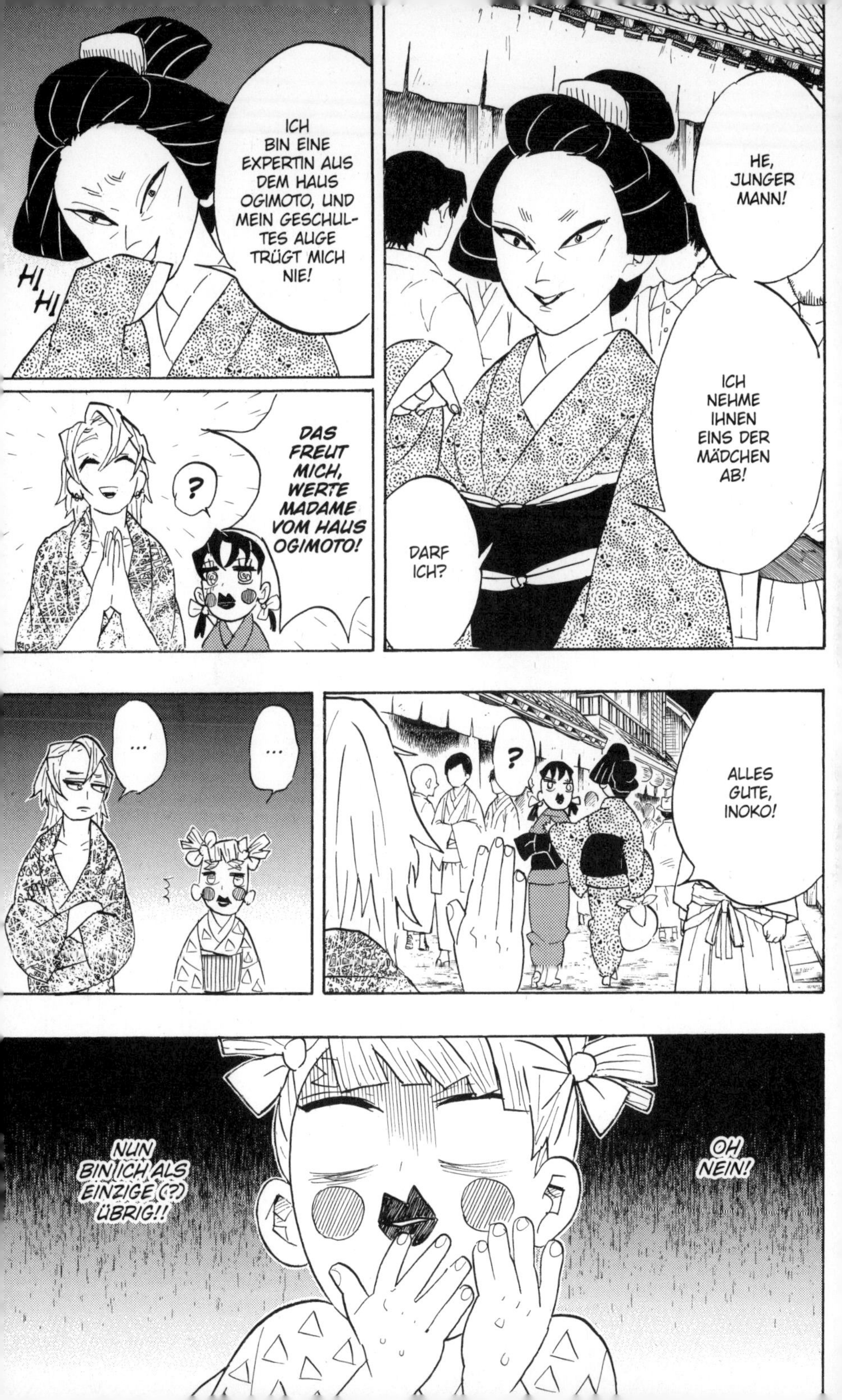
HE, JUNGER MANN!
ICH NEHME IHNEN EINS DER MÄDCHEN AB!
DARF ICH?
ICH BIN EINE EXPERTIN AUS DEM HAUS OGIMOTO, UND MEIN GESCHULTES AUGE TRÜGT MICH NIE!
HI HI
DAS FREUT MICH, WERTE MADAME VOM HAUS OGIMOTO!
?
ALLES GUTE, INOKO!
?
...
...
OH NEIN!
NUN BIN ICH ALS EINZIGE (?) ÜBRIG!!

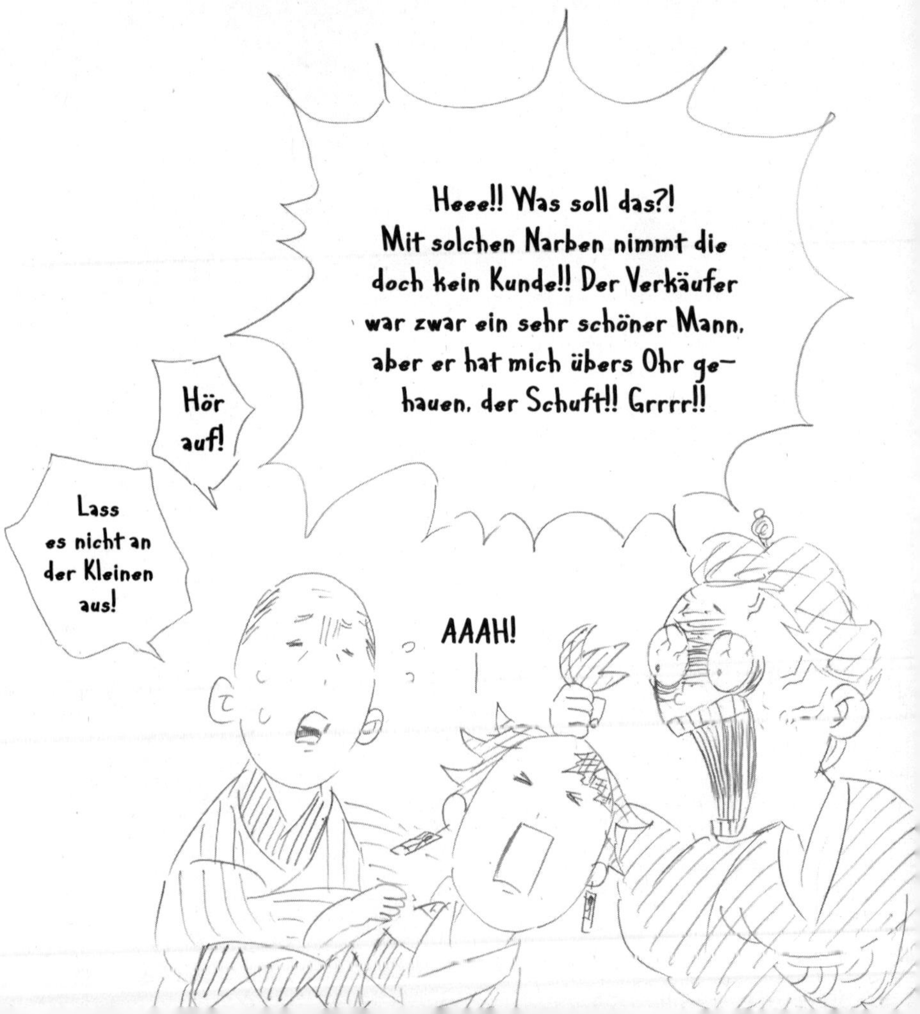
Heee!! Was soll das?! Mit solchen Narben nimmt die doch kein Kunde!! Der Verkäufer war zwar ein sehr schöner Mann, aber er hat mich übers Ohr gehauen, der Schuft!! Grrrr!!
Hör auf!
Lass es nicht an der Kleinen aus!
AAAH!

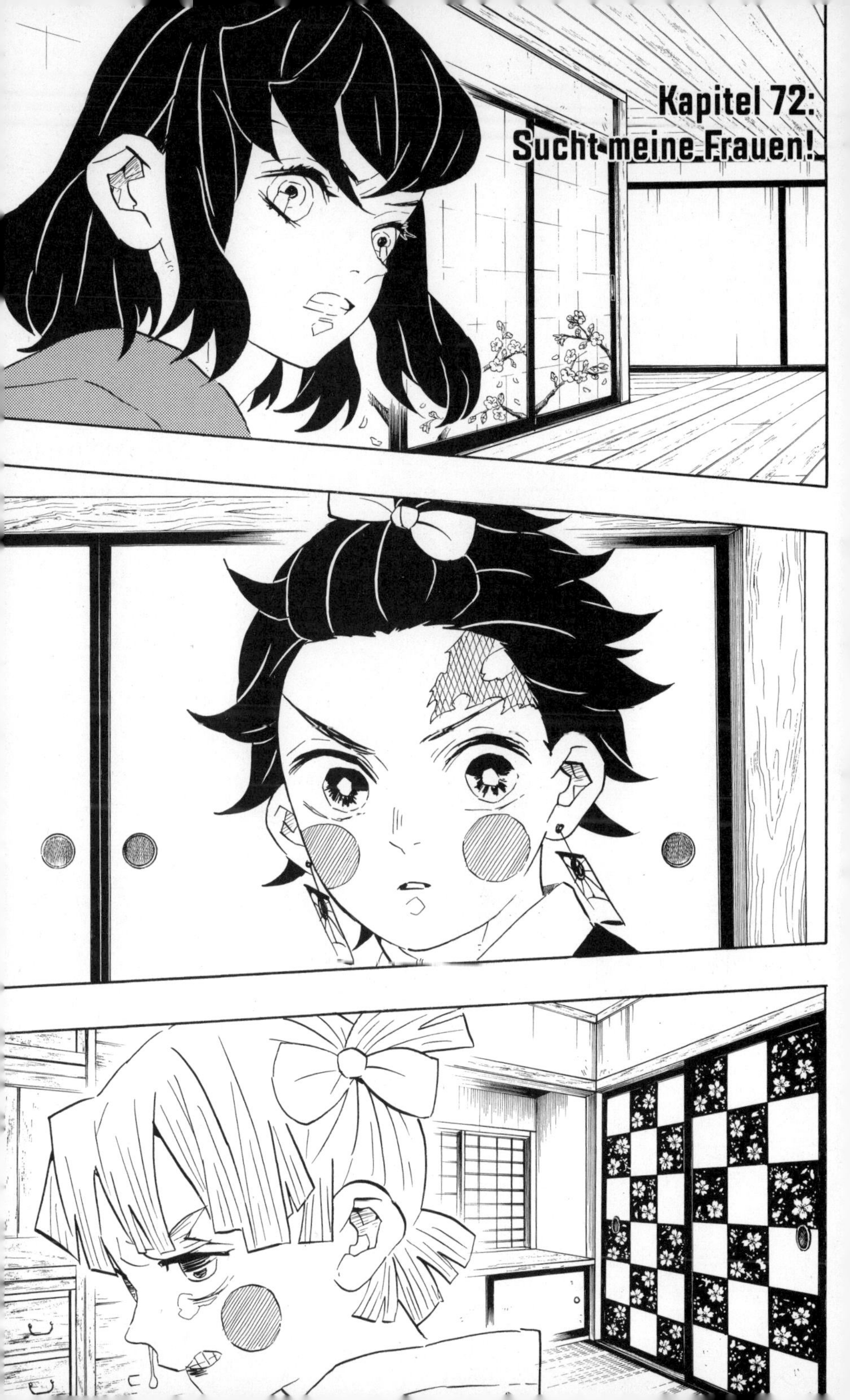
Kapitel 72:
Sucht meine Frauen!

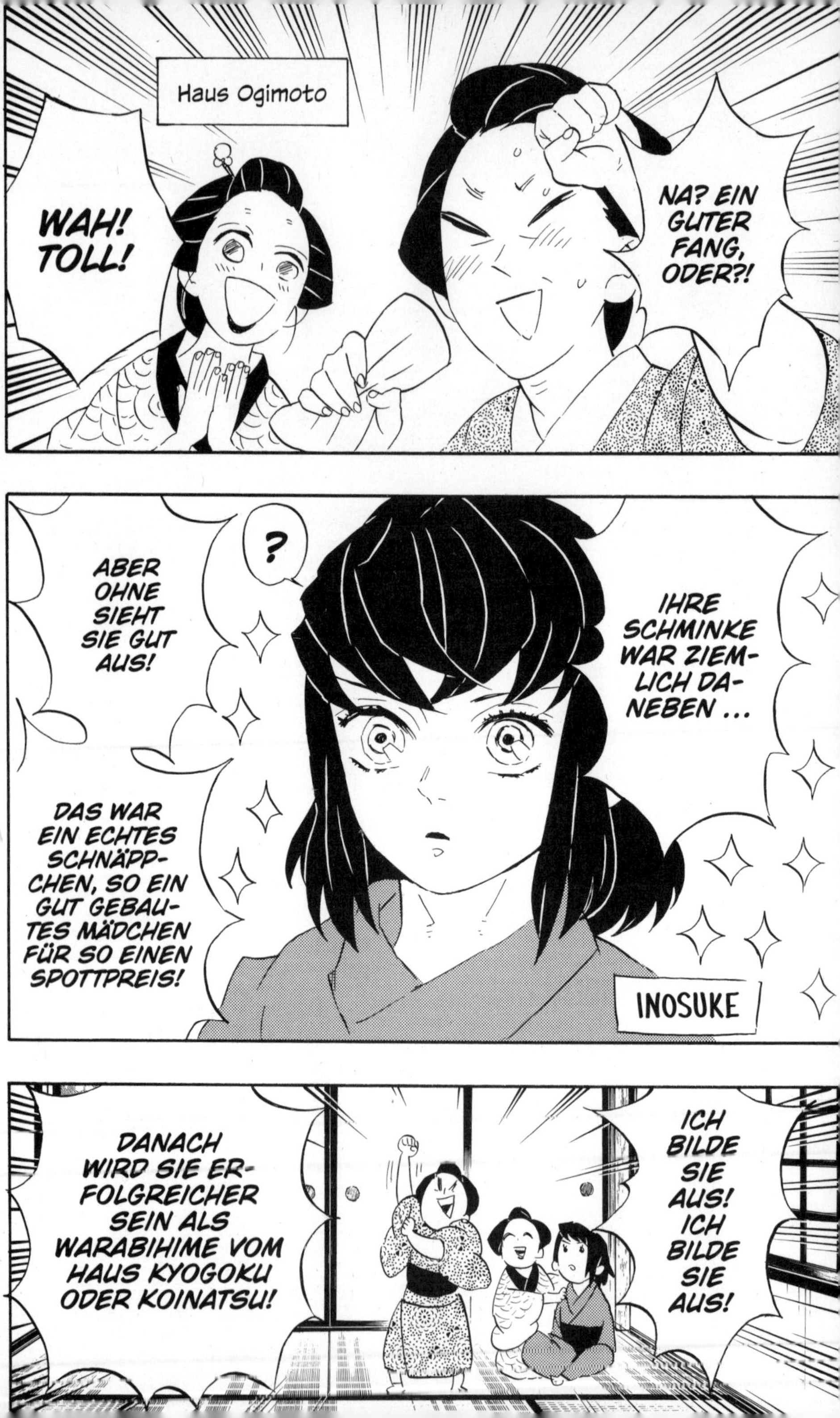
Haus Ogimoto
NA? EIN GUTER FANG, ODER?!
WAH! TOLL!
IHRE SCHMINKE WAR ZIEMLICH DANEBEN …
?
ABER OHNE SIEHT SIE GUT AUS!
DAS WAR EIN ECHTES SCHNÄPPCHEN, SO EIN GUT GEBAUTES MÄDCHEN FÜR SO EINEN SPOTTPREIS!
INOSUKE
ICH BILDE SIE AUS! ICH BILDE SIE AUS!
DANACH WIRD SIE ERFOLGREICHER SEIN ALS WARABIHIME VOM HAUS KYOGOKU ODER KOINATSU!

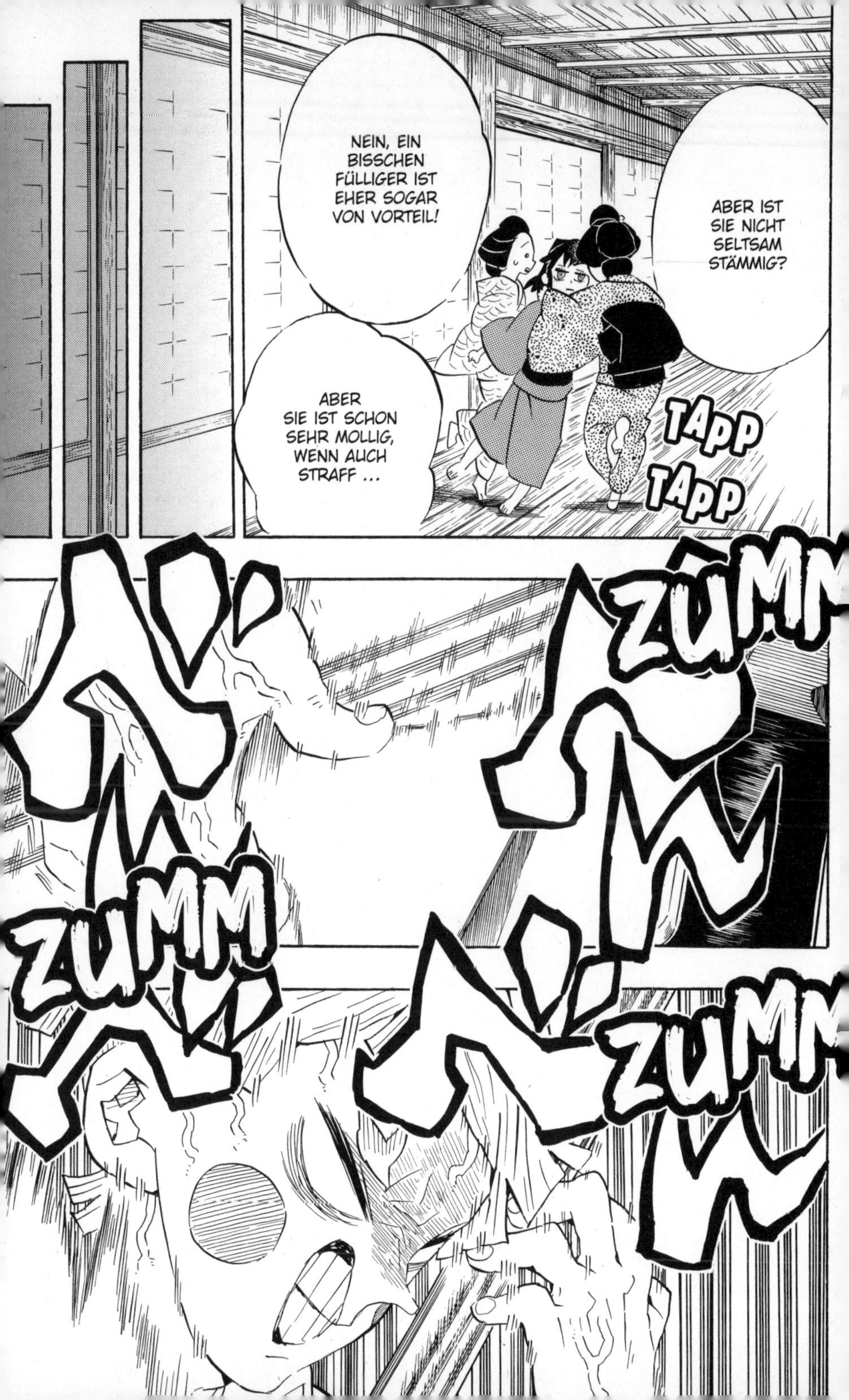
ABER IST SIE NICHT SELTSAM STÄMMIG?
NEIN, EIN BISSCHEN FÜLLIGER IST EHER SOGAR VON VORTEIL!
ABER SIE IST SCHON SEHR MOLLIG, WENN AUCH STRAFF …
TAPP TAPP
ZUMM

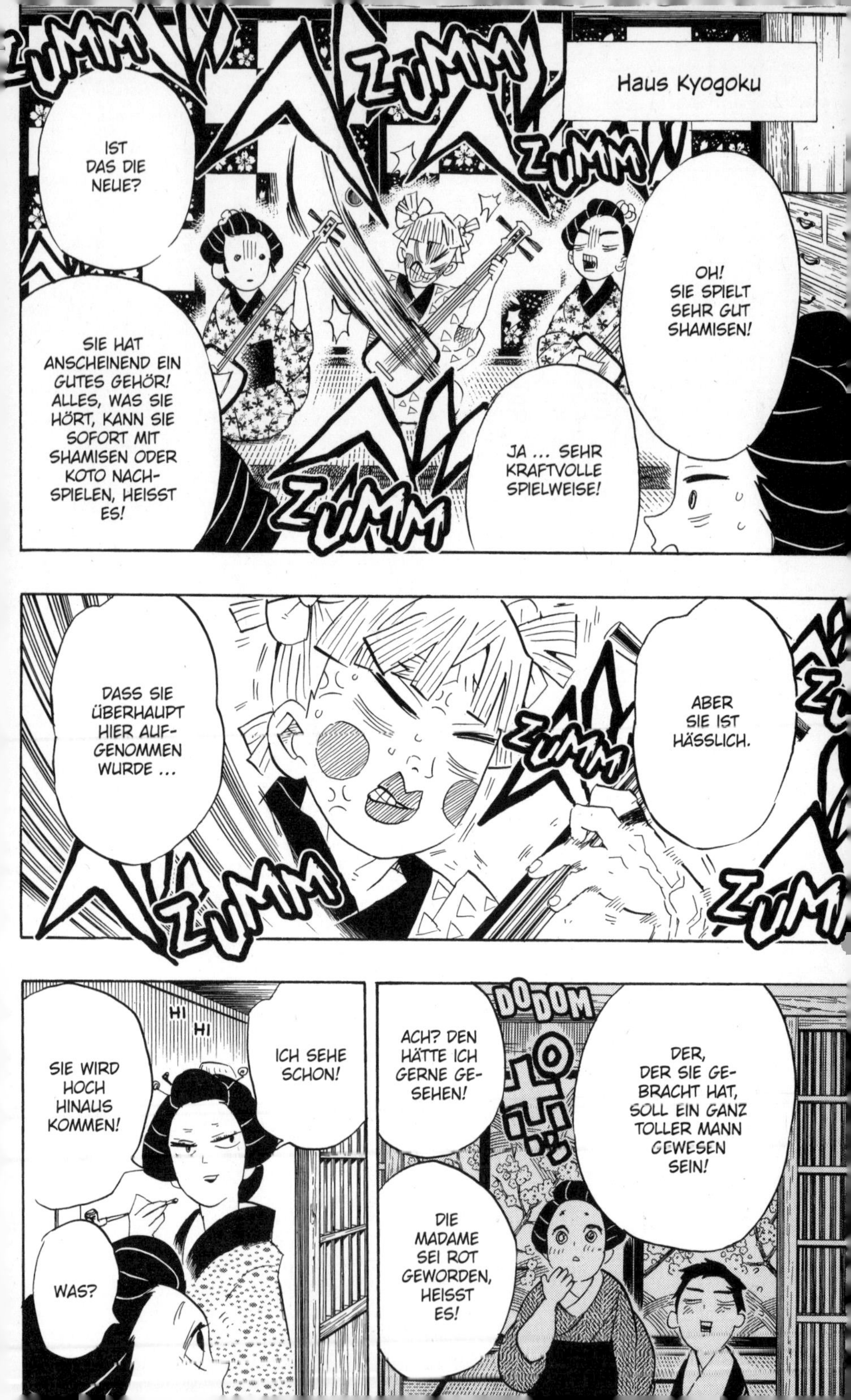
Haus Kyogoku
ZUMM
ZUMM
ZUMM
OH! SIE SPIELT SEHR GUT SHAMISEN!
JA ... SEHR KRAFTVOLLE SPIELWEISE!
IST DAS DIE NEUE?
SIE HAT ANSCHEINEND EIN GUTES GEHÖR! ALLES, WAS SIE HÖRT, KANN SIE SOFORT MIT SHAMISEN ODER KOTO NACHSPIELEN, HEISST ES!
ZUMM
ZUMM
ABER SIE IST HÄSSLICH.
ZUMM
DASS SIE ÜBERHAUPT HIER AUFGENOMMEN WURDE ...
ZUMM
DER, DER SIE GEBRACHT HAT, SOLL EIN GANZ TOLLER MANN GEWESEN SEIN!
DODOM
ACH? DEN HÄTTE ICH GERNE GESEHEN!
DIE MADAME SEI ROT GEWORDEN, HEISST ES!
ICH SEHE SCHON!
HI HI
SIE WIRD HOCH HINAUS KOMMEN!
WAS?

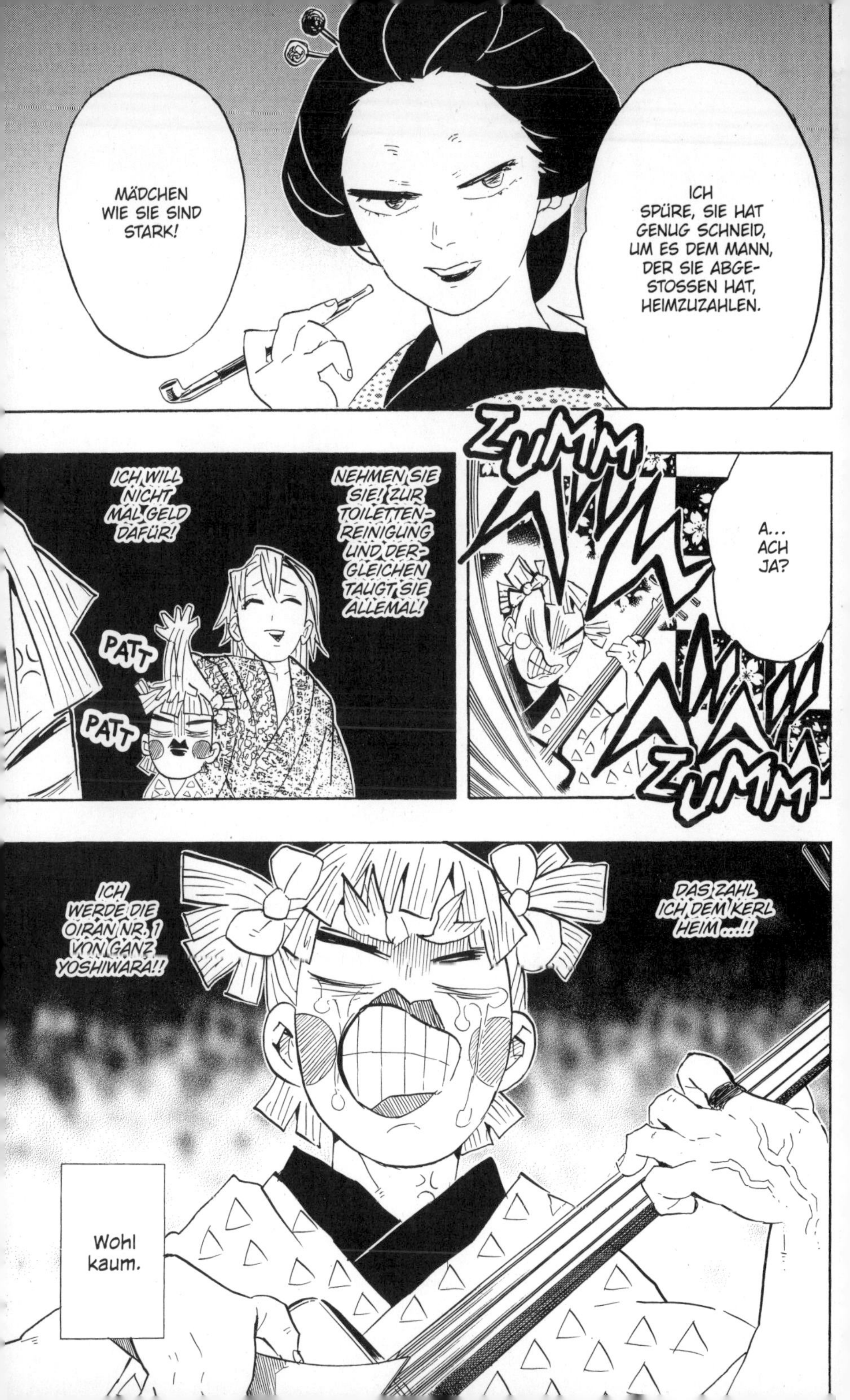

ICH SPÜRE, SIE HAT GENUG SCHNEID, UM ES DEM MANN, DER SIE ABGE-STOSSEN HAT, HEIMZUZAHLEN.
MÄDCHEN WIE SIE SIND STARK!
ZUMM
A... ACH JA?
ZUMM
NEHMEN SIE SIE! ZUR TOILETTEN-REINIGUNG UND DER-GLEICHEN TAUGT SIE ALLEMAL!
ICH WILL NICHT MAL GELD DAFÜR!
PATT
PATT
DAS ZAHL ICH DEM KERL HEIM ...!!
ICH WERDE DIE OIRAN NR. 1 VON GANZ YOSHIWARA!!
Wohl kaum.

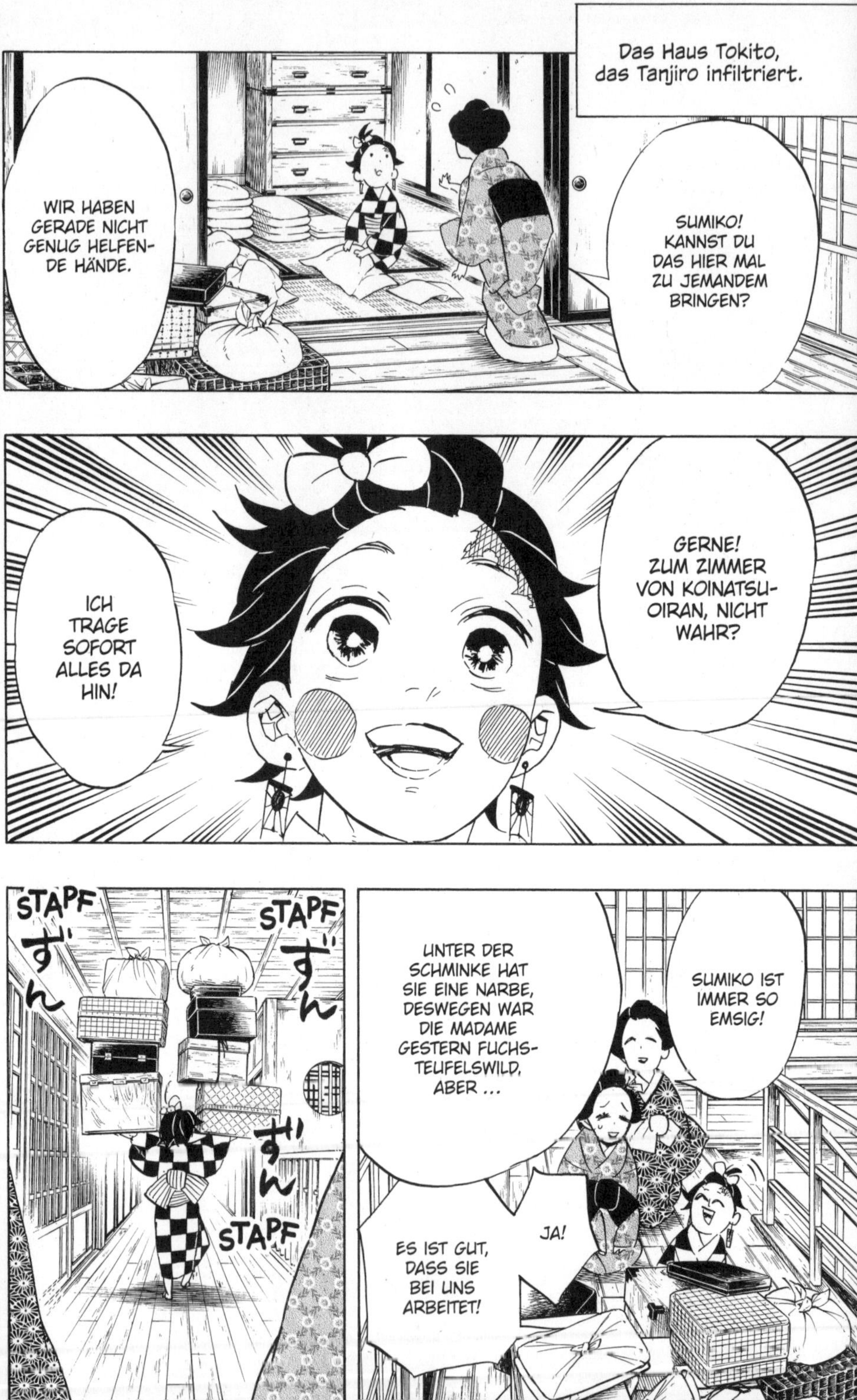
Das Haus Tokito, das Tanjiro infiltriert.
SUMIKO! KANNST DU DAS HIER MAL ZU JEMANDEM BRINGEN?
WIR HABEN GERADE NICHT GENUG HELFENDE HÄNDE.
GERNE! ZUM ZIMMER VON KOINATSU-OIRAN, NICHT WAHR?
ICH TRAGE SOFORT ALLES DA HIN!
SUMIKO IST IMMER SO EMSIG!
UNTER DER SCHMINKE HAT SIE EINE NARBE, DESWEGEN WAR DIE MADAME GESTERN FUCHSTEUFELSWILD, ABER …
JA!
ES IST GUT, DASS SIE BEI UNS ARBEITET!
STAPF
ずん
STAPF
ずん
ずん
STAPF

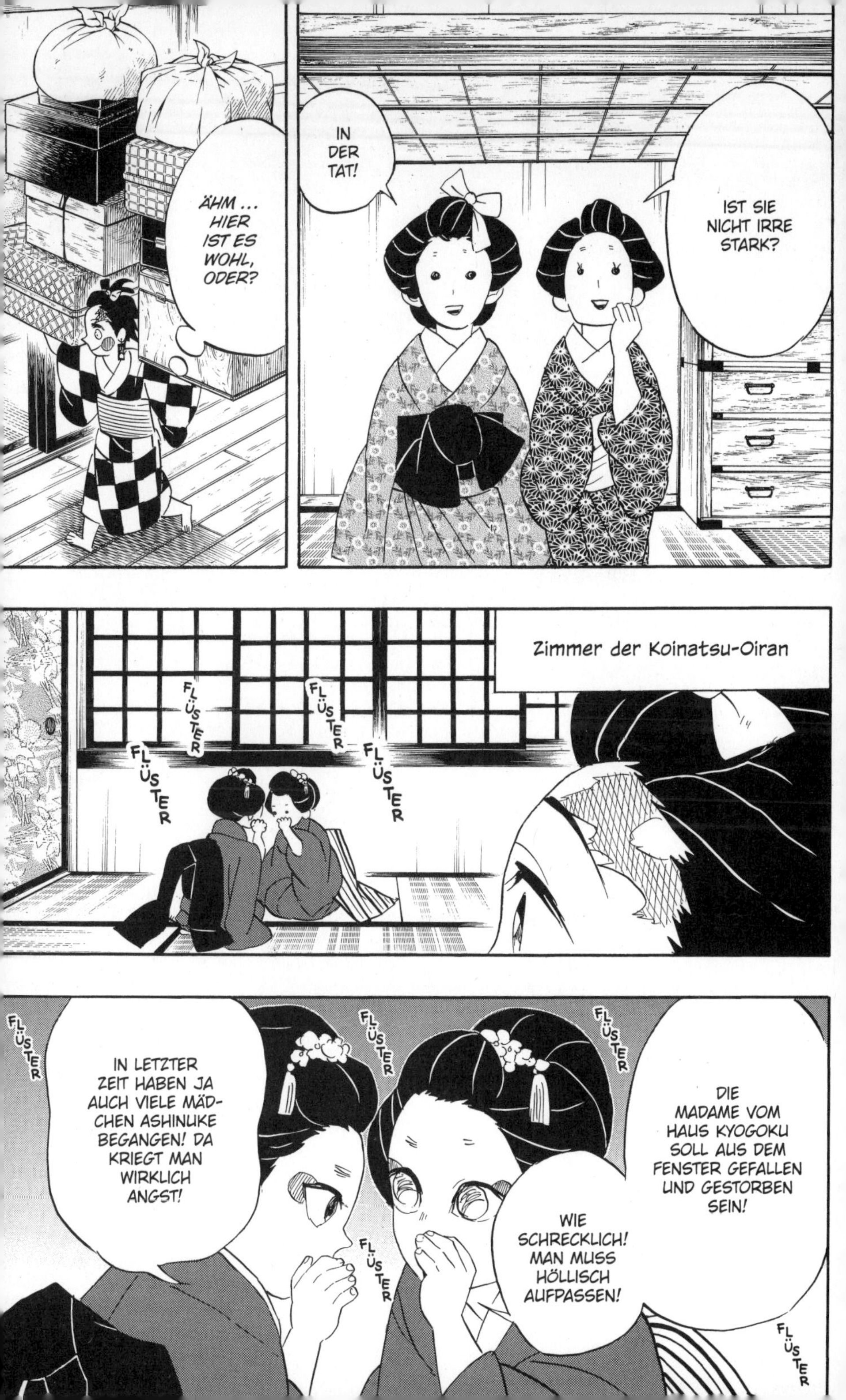
IST SIE NICHT IRRE STARK?
IN DER TAT!
ÄHM … HIER IST ES WOHL, ODER?
Zimmer der Koinatsu-Oiran
FLÜSTER
FLÜSTER
FLÜSTER
FLÜSTER
FLÜSTER
FLÜSTER
DIE MADAME VOM HAUS KYOGOKU SOLL AUS DEM FENSTER GEFALLEN UND GESTORBEN SEIN!
WIE SCHRECKLICH! MAN MUSS HÖLLISCH AUFPASSEN!
FLÜSTER
IN LETZTER ZEIT HABEN JA AUCH VIELE MÄD-CHEN ASHINUKE BEGANGEN! DA KRIEGT MAN WIRKLICH ANGST!
FLÜSTER
FLÜSTER

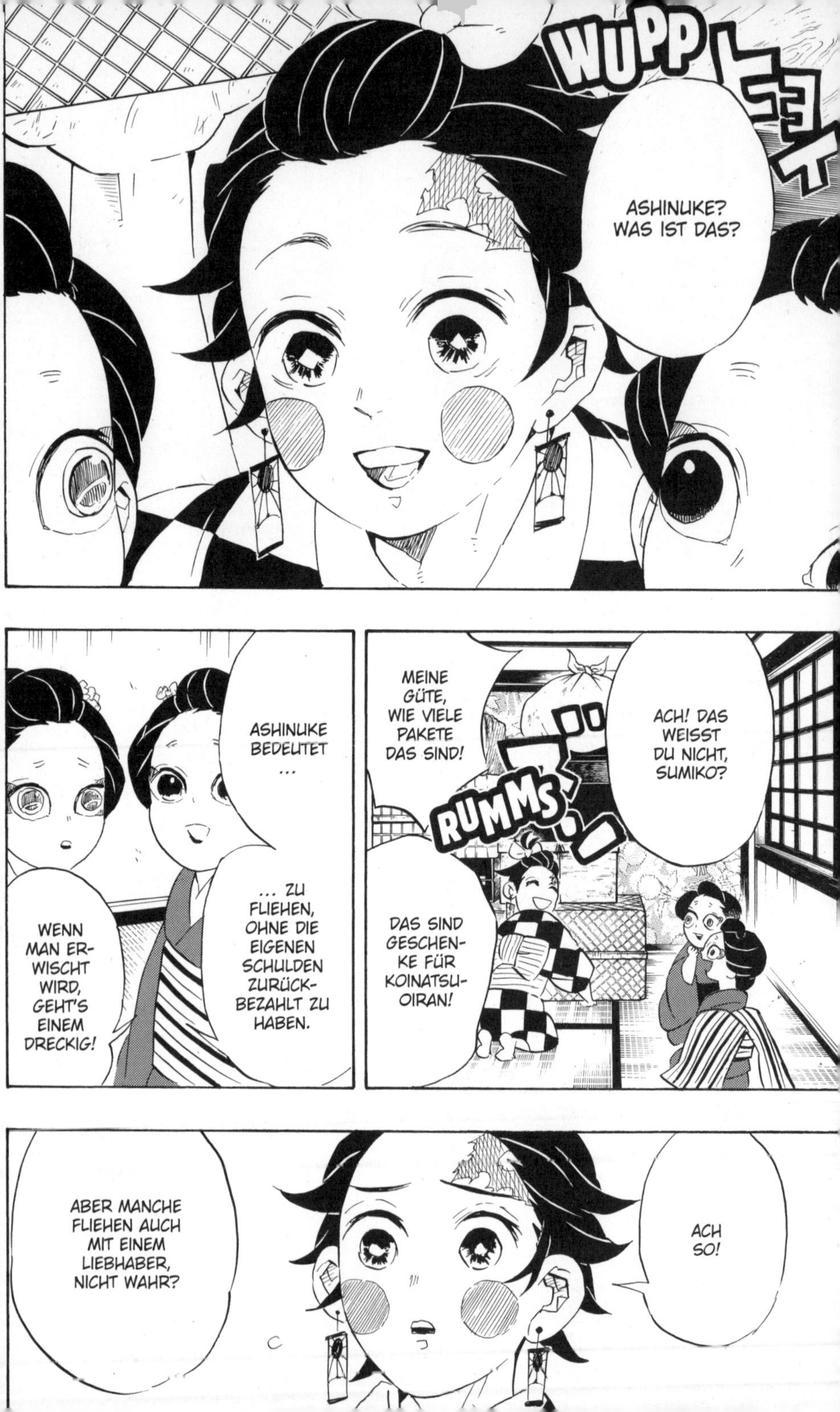
WUPP
ASHINUKE? WAS IST DAS?
ACH! DAS WEISST DU NICHT, SUMIKO?
MEINE GÜTE, WIE VIELE PAKETE DAS SIND!
RUMMS
DAS SIND GESCHENKE FÜR KOINATSU-OIRAN!
ASHINUKE BEDEUTET ...
... ZU FLIEHEN, OHNE DIE EIGENEN SCHULDEN ZURÜCKBEZAHLT ZU HABEN.
WENN MAN ERWISCHT WIRD, GEHT'S EINEM DRECKIG!
ACH SO!
ABER MANCHE FLIEHEN AUCH MIT EINEM LIEBHABER, NICHT WAHR?

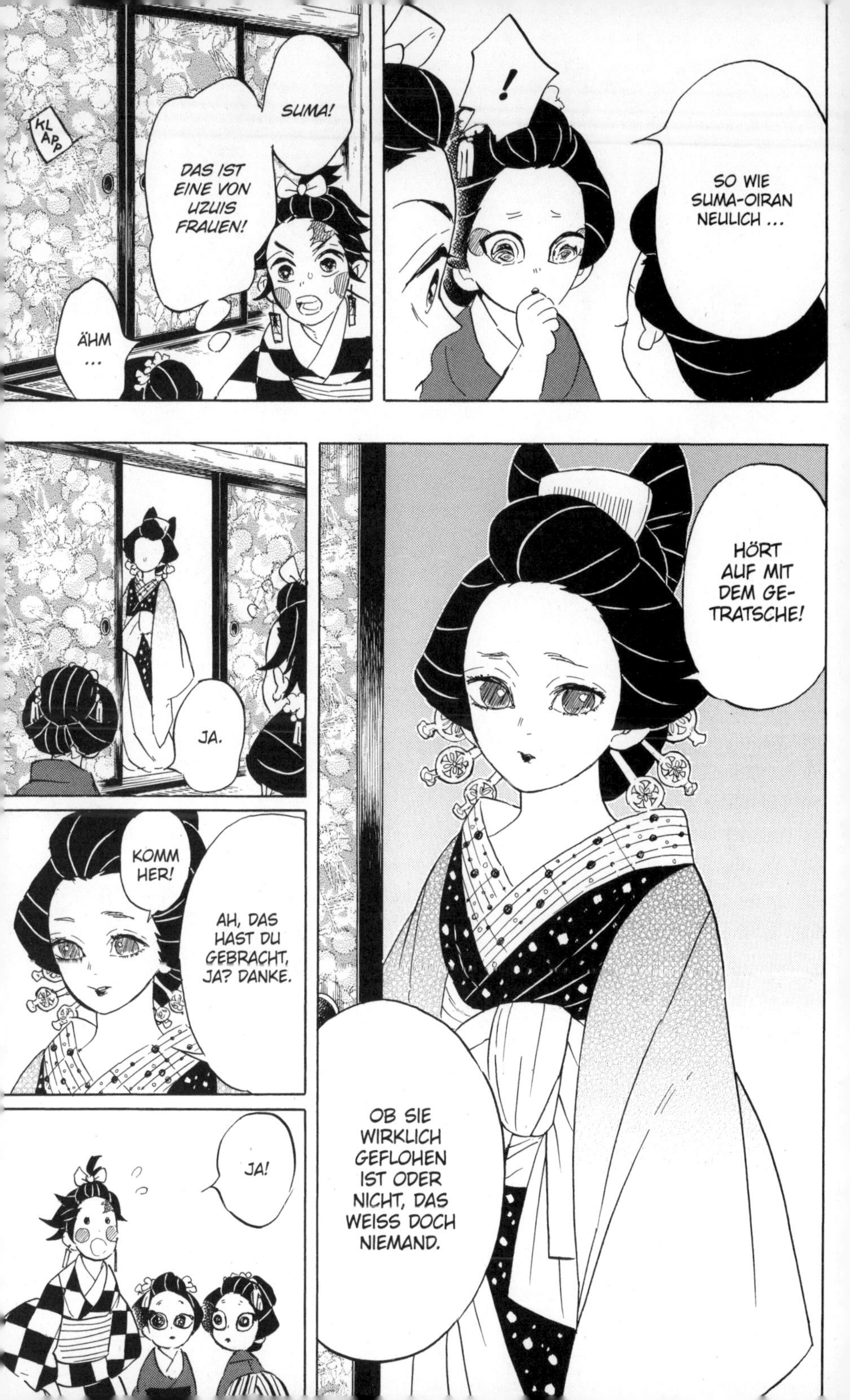
!
SO WIE SUMA-OIRAN NEULICH …
KLAPP
SUMA!
DAS IST EINE VON UZUIS FRAUEN!
ÄHM …
HÖRT AUF MIT DEM GETRATSCHE!
OB SIE WIRKLICH GEFLOHEN IST ODER NICHT, DAS WEISS DOCH NIEMAND.
JA.
KOMM HER!
AH, DAS HAST DU GEBRACHT, JA? DANKE.
JA!

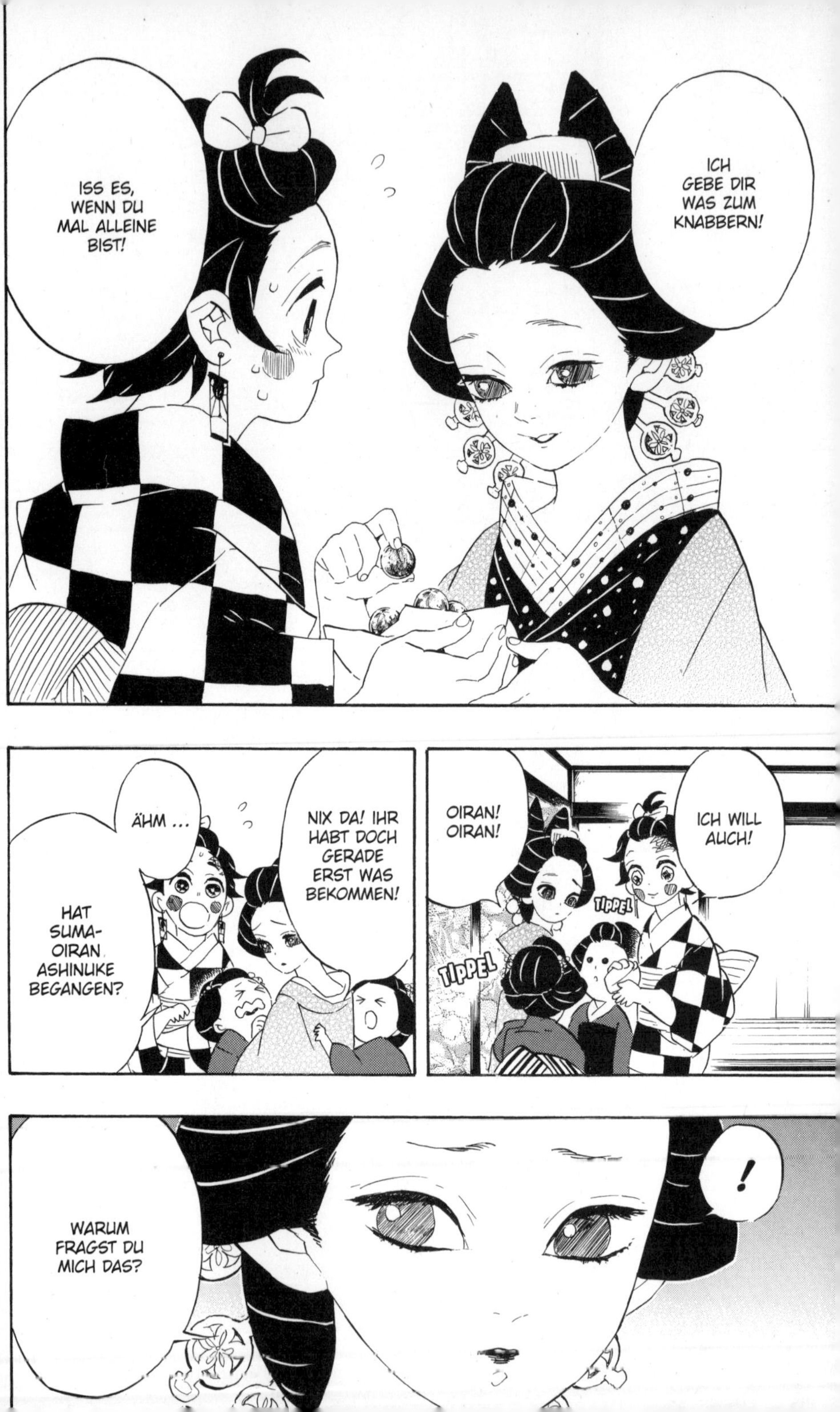
ICH GEBE DIR WAS ZUM KNABBERN!
ISS ES, WENN DU MAL ALLEINE BIST!
ICH WILL AUCH!
TIPPEL
OIRAN! OIRAN!
TIPPEL
NIX DA! IHR HABT DOCH GERADE ERST WAS BEKOMMEN!
ÄHM …
HAT SUMA-OIRAN ASHINUKE BEGANGEN?
!
WARUM FRAGST DU MICH DAS?

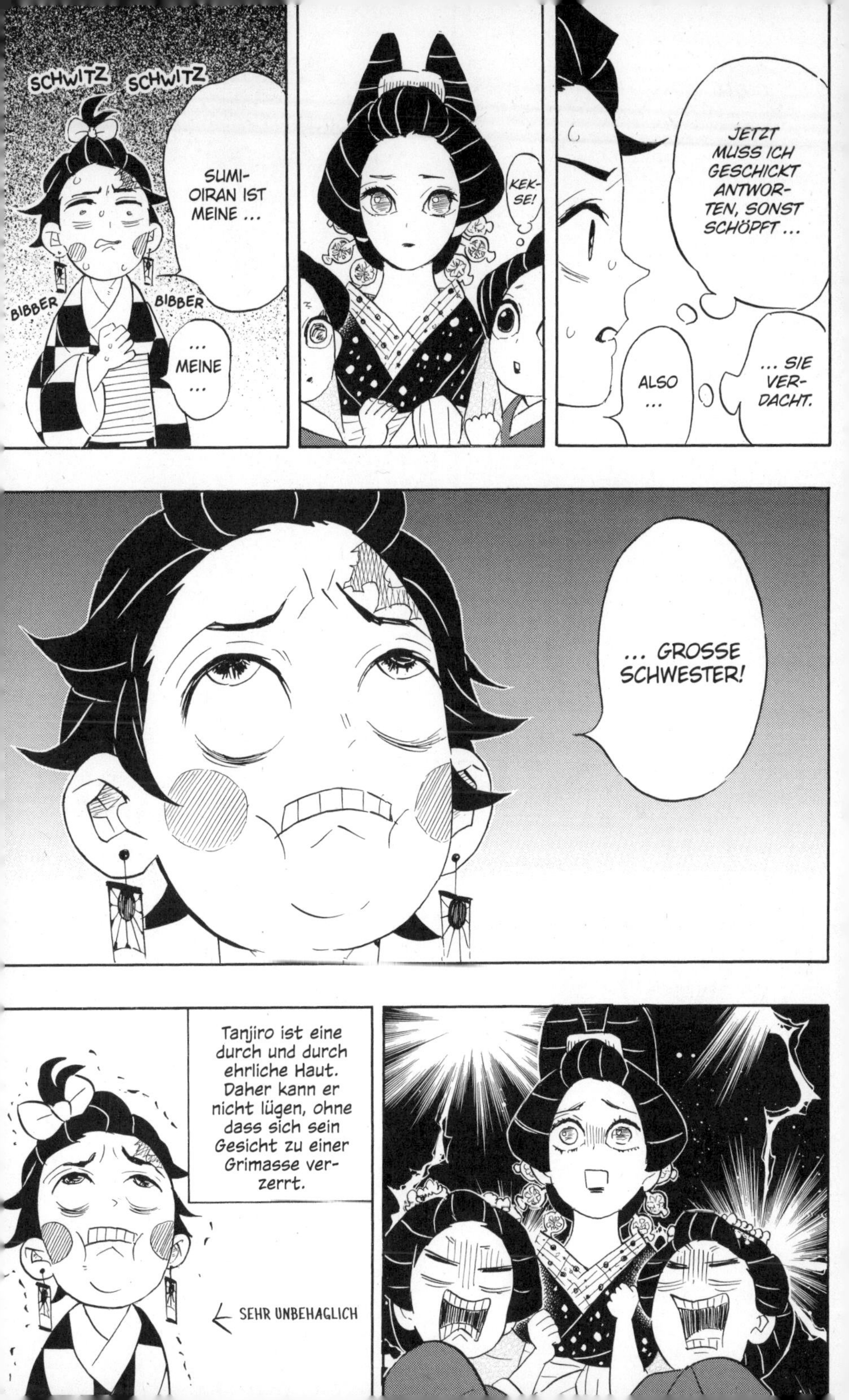
JETZT MUSS ICH GESCHICKT ANTWORTEN, SONST SCHÖPFT …
… SIE VERDACHT.
ALSO …
KEK-SE!
SCHWITZ
SCHWITZ
SUMI-OIRAN IST MEINE …
BIBBER
BIBBER
… MEINE …
… GROSSE SCHWESTER!
Tanjiro ist eine durch und durch ehrliche Haut. Daher kann er nicht lügen, ohne dass sich sein Gesicht zu einer Grimasse verzerrt.
SEHR UNBEHAGLICH

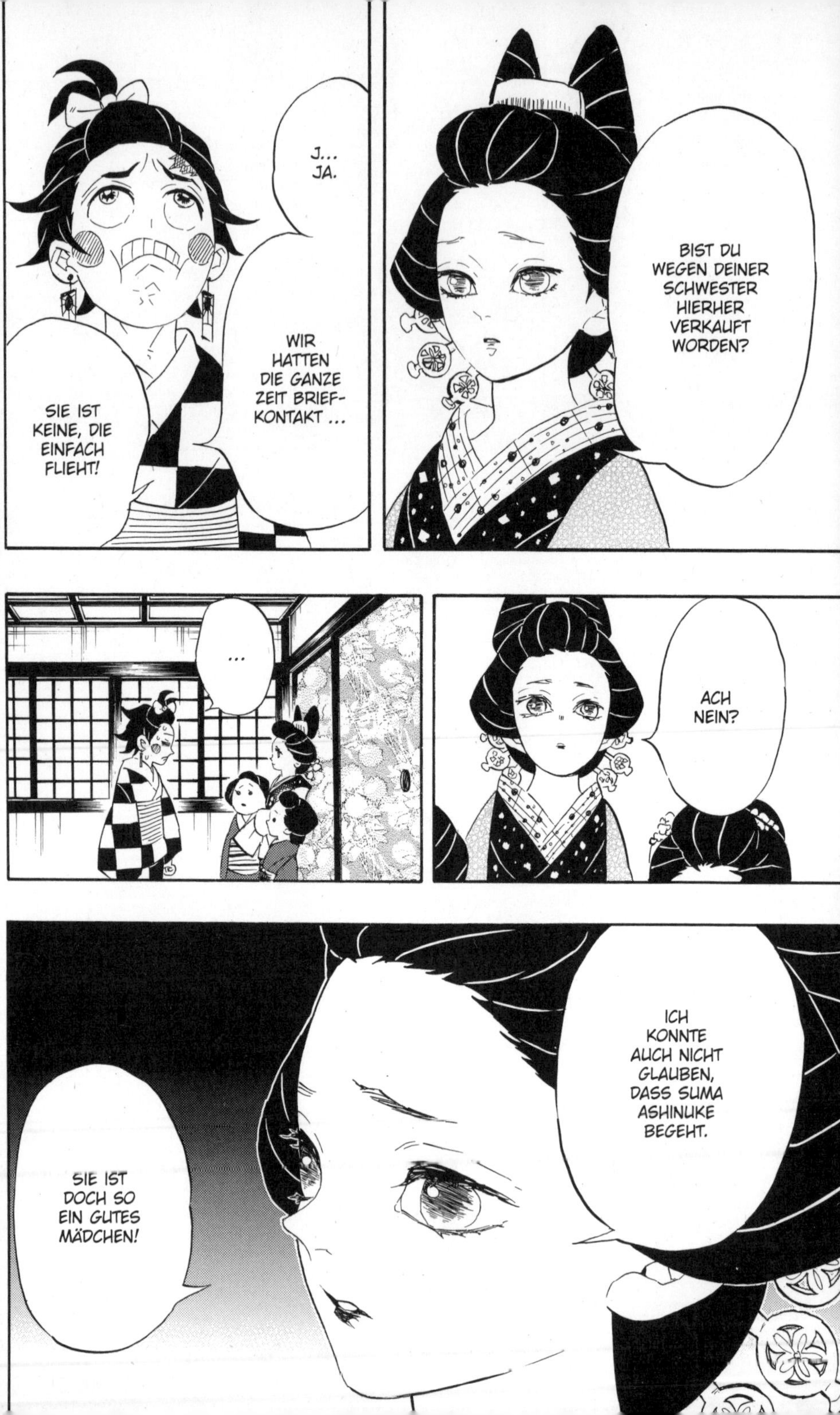
BIST DU WEGEN DEINER SCHWESTER HIERHER VERKAUFT WORDEN?
J… JA.
WIR HATTEN DIE GANZE ZEIT BRIEF-KONTAKT …
SIE IST KEINE, DIE EINFACH FLIEHT!
ACH NEIN?
…
ICH KONNTE AUCH NICHT GLAUBEN, DASS SUMA ASHINUKE BEGEHT.
SIE IST DOCH SO EIN GUTES MÄDCHEN!

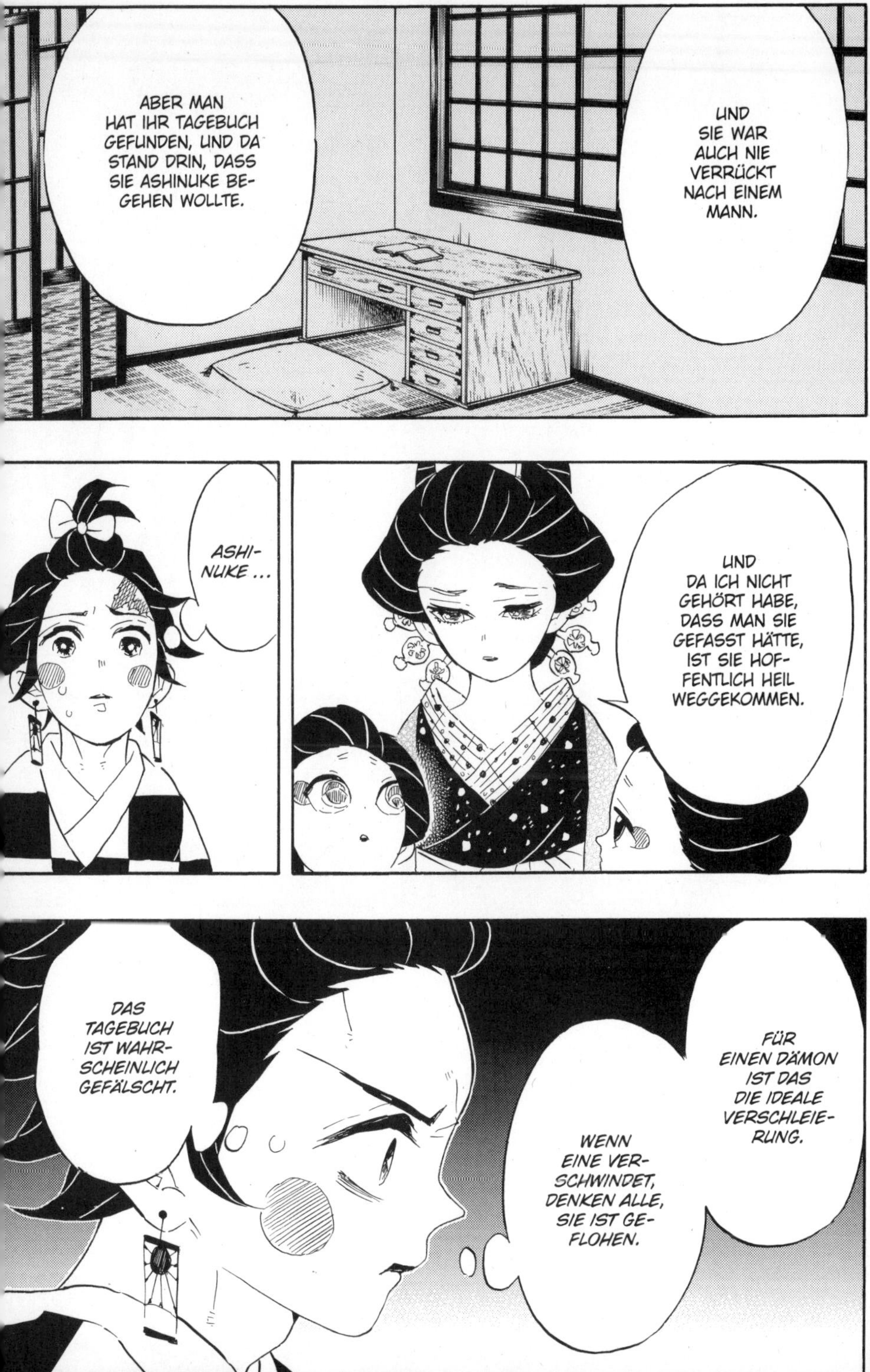
UND SIE WAR AUCH NIE VERRÜCKT NACH EINEM MANN.
ABER MAN HAT IHR TAGEBUCH GEFUNDEN, UND DA STAND DRIN, DASS SIE ASHINUKE BEGEHEN WOLLTE.
UND DA ICH NICHT GEHÖRT HABE, DASS MAN SIE GEFASST HÄTTE, IST SIE HOFFENTLICH HEIL WEGGEKOMMEN.
ASHINUKE ...
FÜR EINEN DÄMON IST DAS DIE IDEALE VERSCHLEIERUNG.
WENN EINE VERSCHWINDET, DENKEN ALLE, SIE IST GEFLOHEN.
DAS TAGEBUCH IST WAHRSCHEINLICH GEFÄLSCHT.

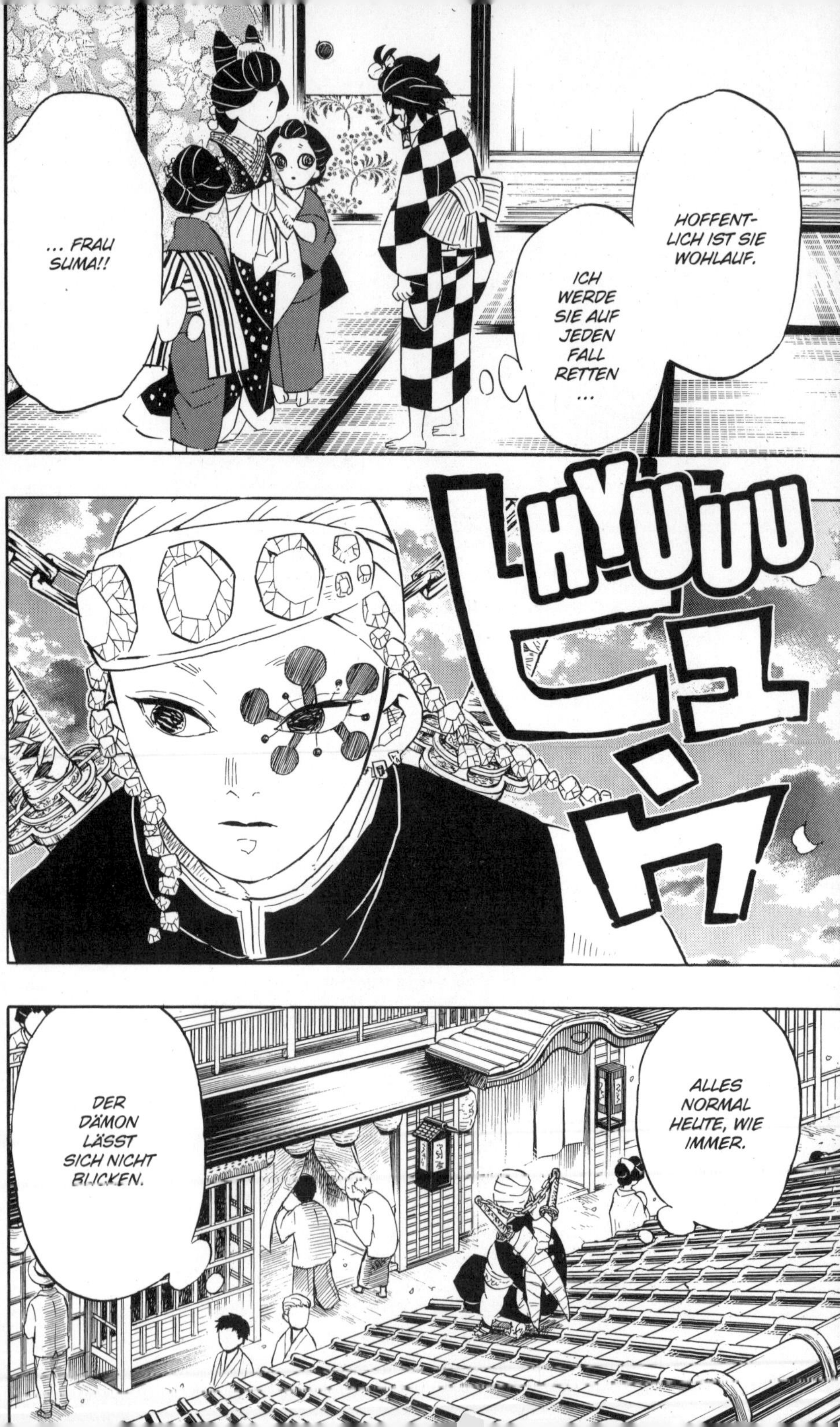
HOFFENT-
LICH IST SIE
WOHLAUF.
ICH WERDE SIE AUF JEDEN FALL RETTEN …
… FRAU SUMA!!
HYUUU
ヒュウ
ALLES NORMAL HEUTE, WIE IMMER.
DER DÄMON LÄSST SICH NICHT BLICKEN.

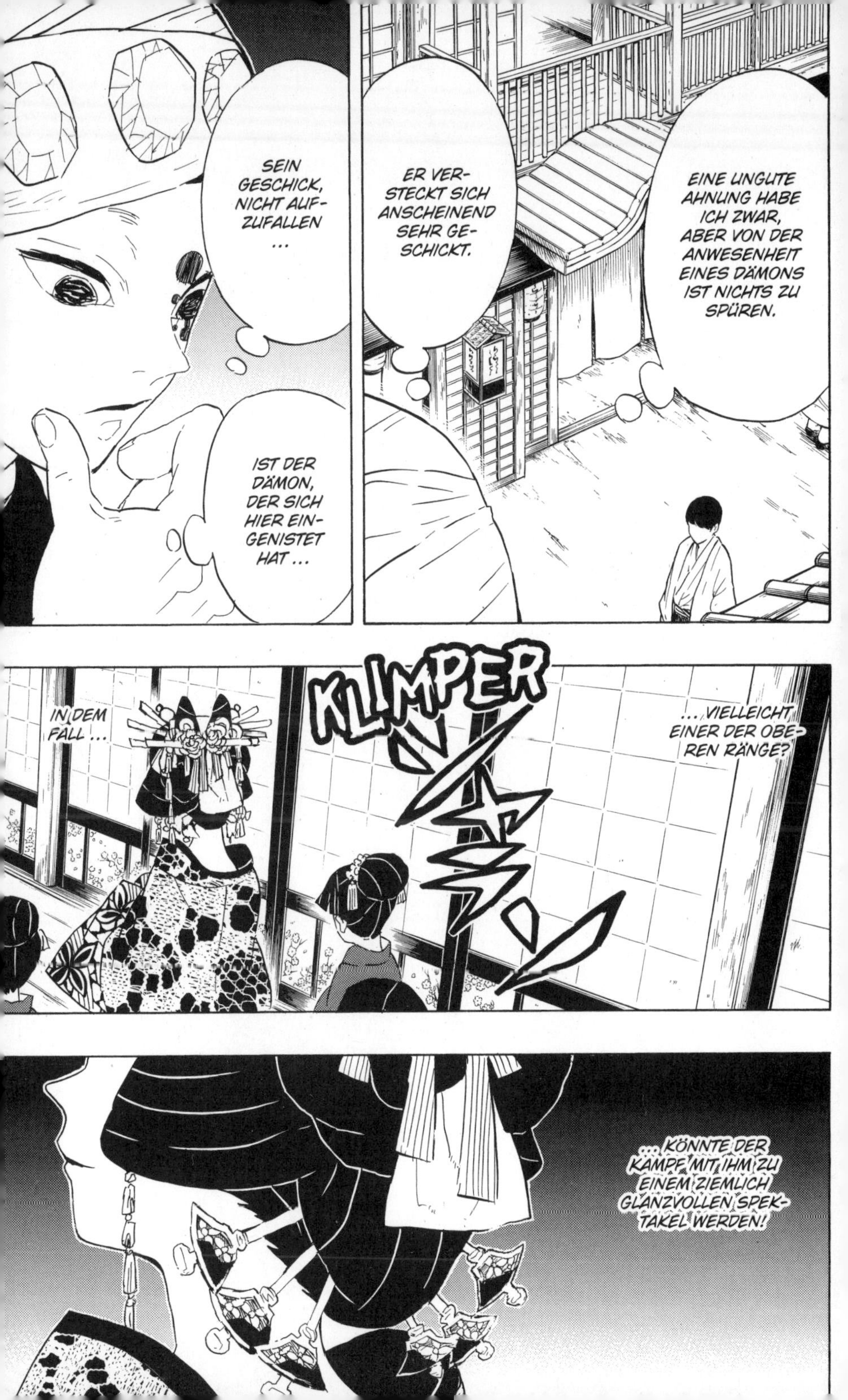
EINE UNGUTE AHNUNG HABE ICH ZWAR, ABER VON DER ANWESENHEIT EINES DÄMONS IST NICHTS ZU SPÜREN.
ER VERSTECKT SICH ANSCHEINEND SEHR GESCHICKT.
SEIN GESCHICK, NICHT AUFZUFALLEN ...
IST DER DÄMON, DER SICH HIER EINGENISTET HAT ...
... VIELLEICHT EINER DER OBEREN RÄNGE?
KLIMPER
IN DEM FALL ...
... KÖNNTE DER KAMPF MIT IHM ZU EINEM ZIEMLICH GLANZVOLLEN SPEKTAKEL WERDEN!

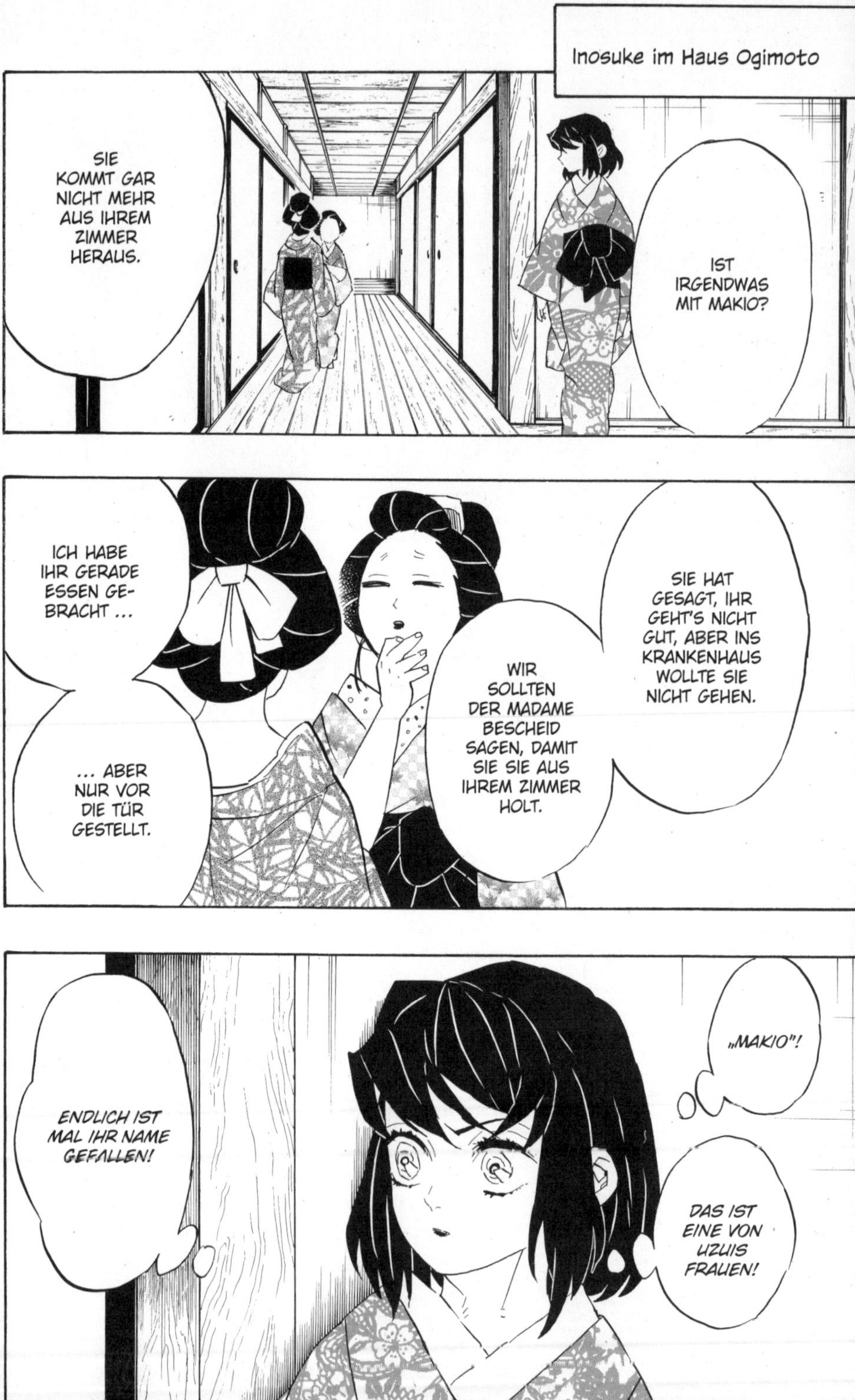
Inosuke im Haus Ogimoto
IST IRGENDWAS MIT MAKIO?
SIE KOMMT GAR NICHT MEHR AUS IHREM ZIMMER HERAUS.
SIE HAT GESAGT, IHR GEHT'S NICHT GUT, ABER INS KRANKENHAUS WOLLTE SIE NICHT GEHEN.
WIR SOLLTEN DER MADAME BESCHEID SAGEN, DAMIT SIE SIE AUS IHREM ZIMMER HOLT.
ICH HABE IHR GERADE ESSEN GE-BRACHT …
… ABER NUR VOR DIE TÜR GESTELLT.
„MAKIO"!
DAS IST EINE VON UZUIS FRAUEN!
ENDLICH IST MAL IHR NAME GEFALLEN!

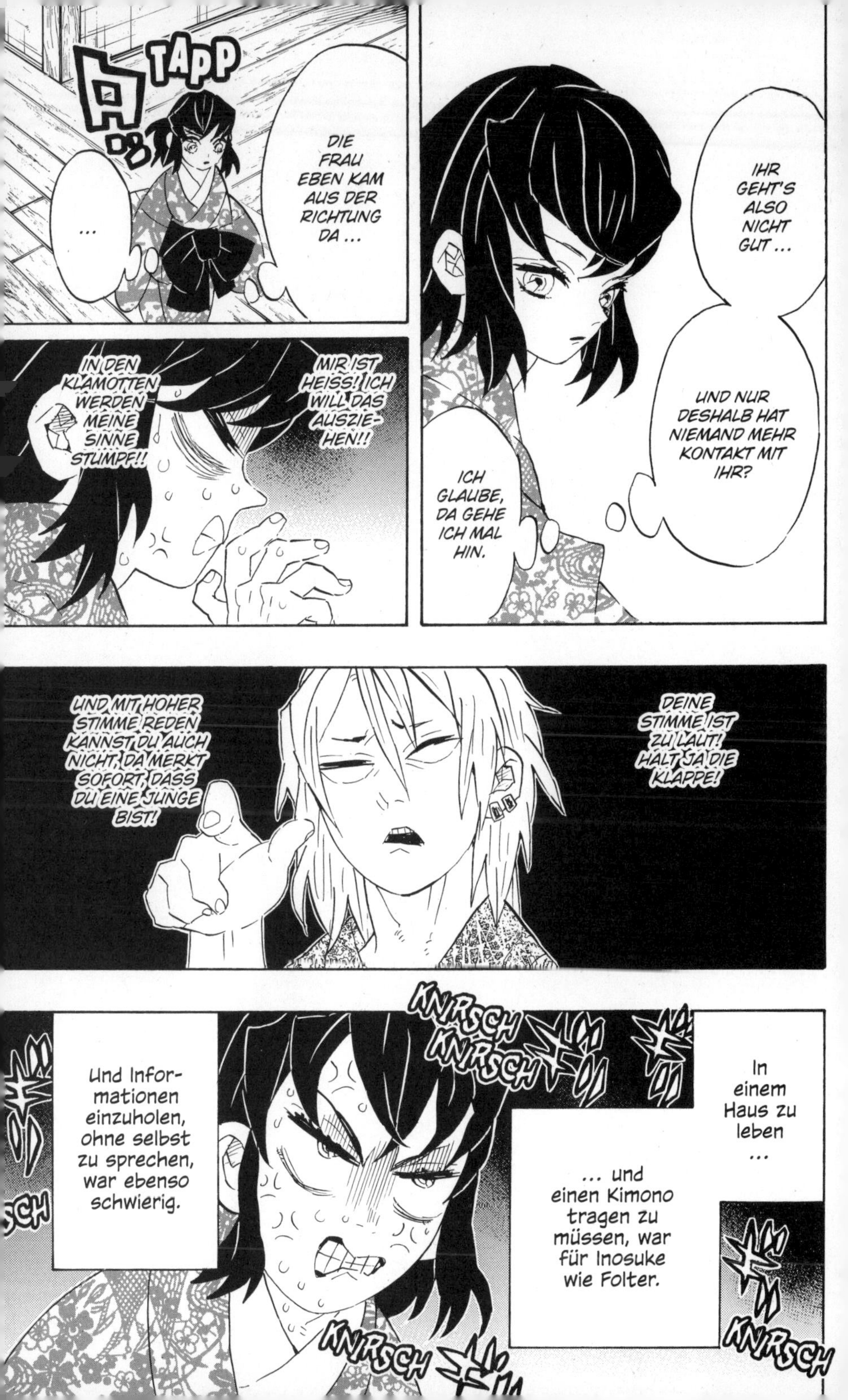

IHR GEHT'S ALSO NICHT GUT …
UND NUR DESHALB HAT NIEMAND MEHR KONTAKT MIT IHR?
ICH GLAUBE, DA GEHE ICH MAL HIN.
TAPP
DIE FRAU EBEN KAM AUS DER RICHTUNG DA …
…
MIR IST HEISS! ICH WILL DAS AUSZIEHEN!!
IN DEN KLAMOTTEN WERDEN MEINE SINNE STUMPF!!
DEINE STIMME IST ZU LAUT! HALT JA DIE KLAPPE!
UND MIT HOHER STIMME REDEN KANNST DU AUCH NICHT, DA MERKT SOFORT, DASS DU EINE JUNGE BIST!
KNIRSCH KNIRSCH
In einem Haus zu leben …
… und einen Kimono tragen zu müssen, war für Inosuke wie Folter.
Und Informationen einzuholen, ohne selbst zu sprechen, war ebenso schwierig.
KNIRSCH
KNIRSCH

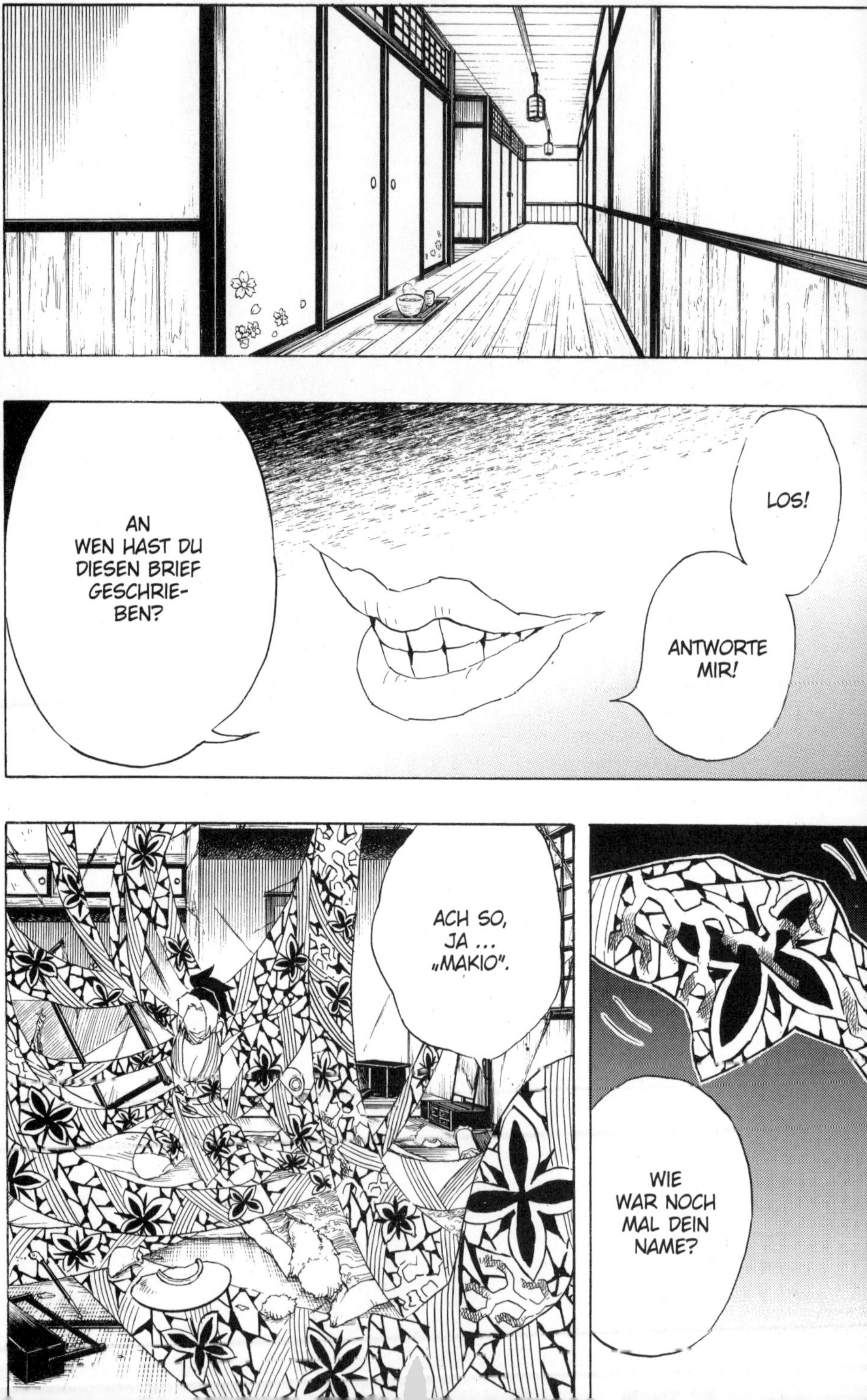
LOS!
ANTWORTE MIR!
AN WEN HAST DU DIESEN BRIEF GESCHRIE-BEN?
WIE WAR NOCH MAL DEIN NAME?
ACH SO, JA … „MAKIO“.

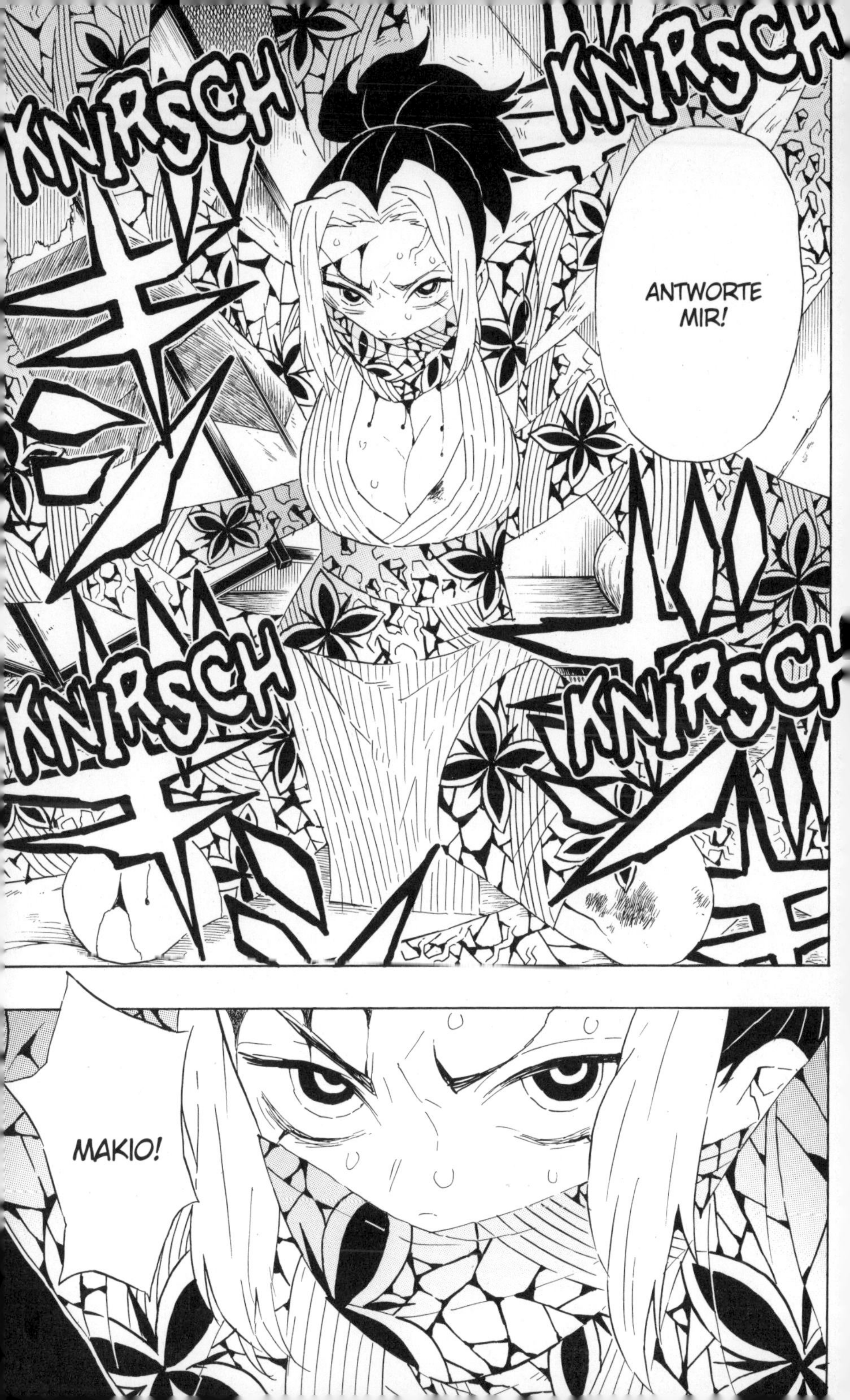
KNIRSCH
KNIRSCH
ANTWORTE MIR!
KNIRSCH
KNIRSCH
MAKIO!

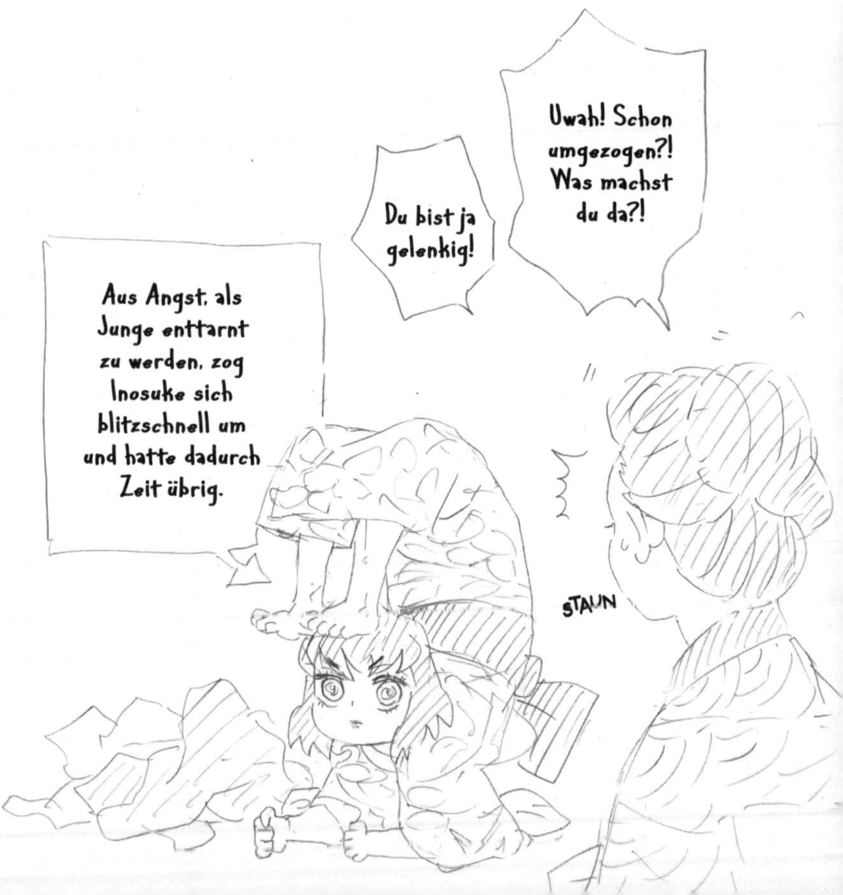
Uwah! Schon umgezogen?! Was machst du da?!
Du bist ja gelenkig!
Aus Angst, als Junge enttarnt zu werden, zog Inosuke sich blitzschnell um und hatte dadurch Zeit übrig.
STAUN

Kapitel 73: Verfolgung

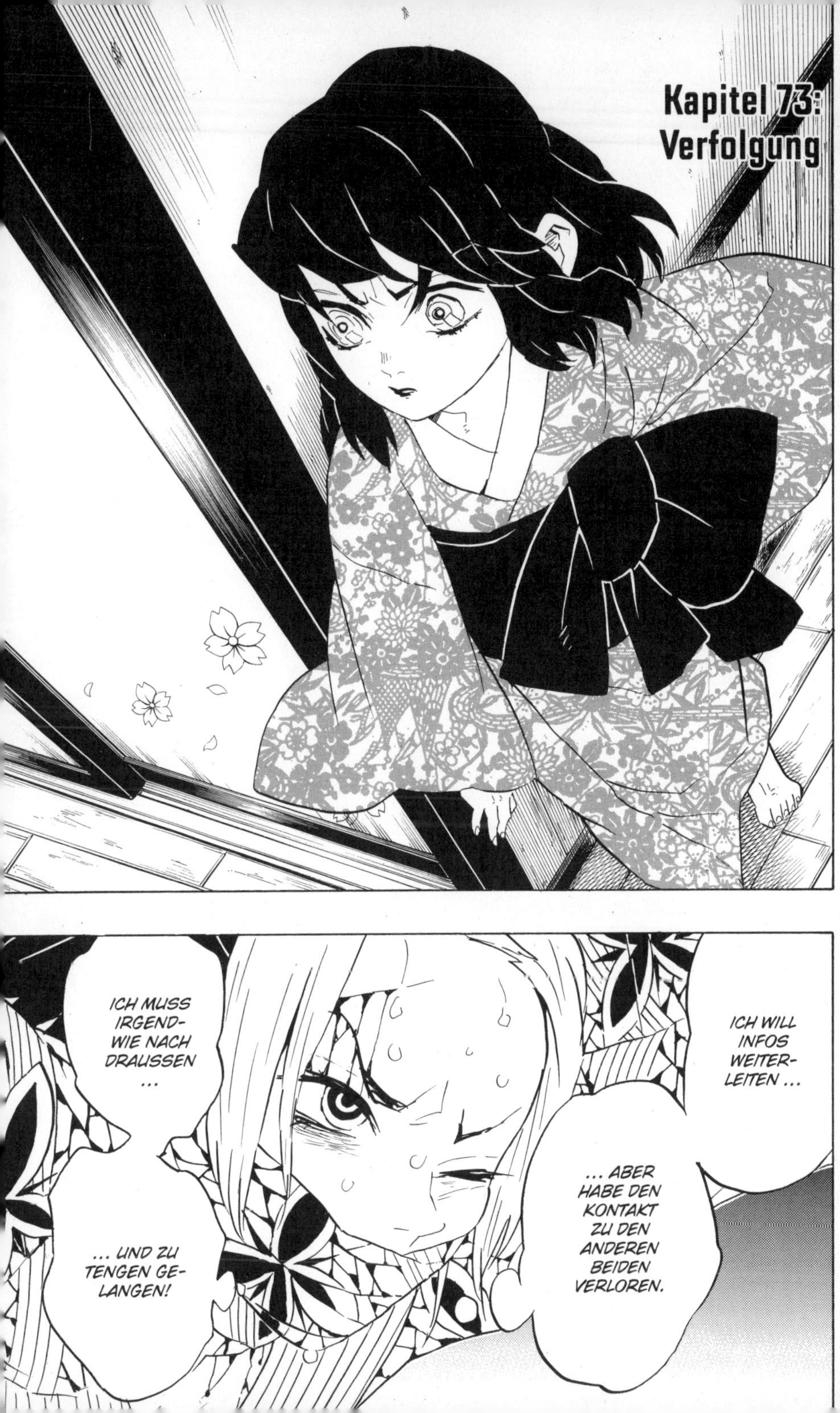

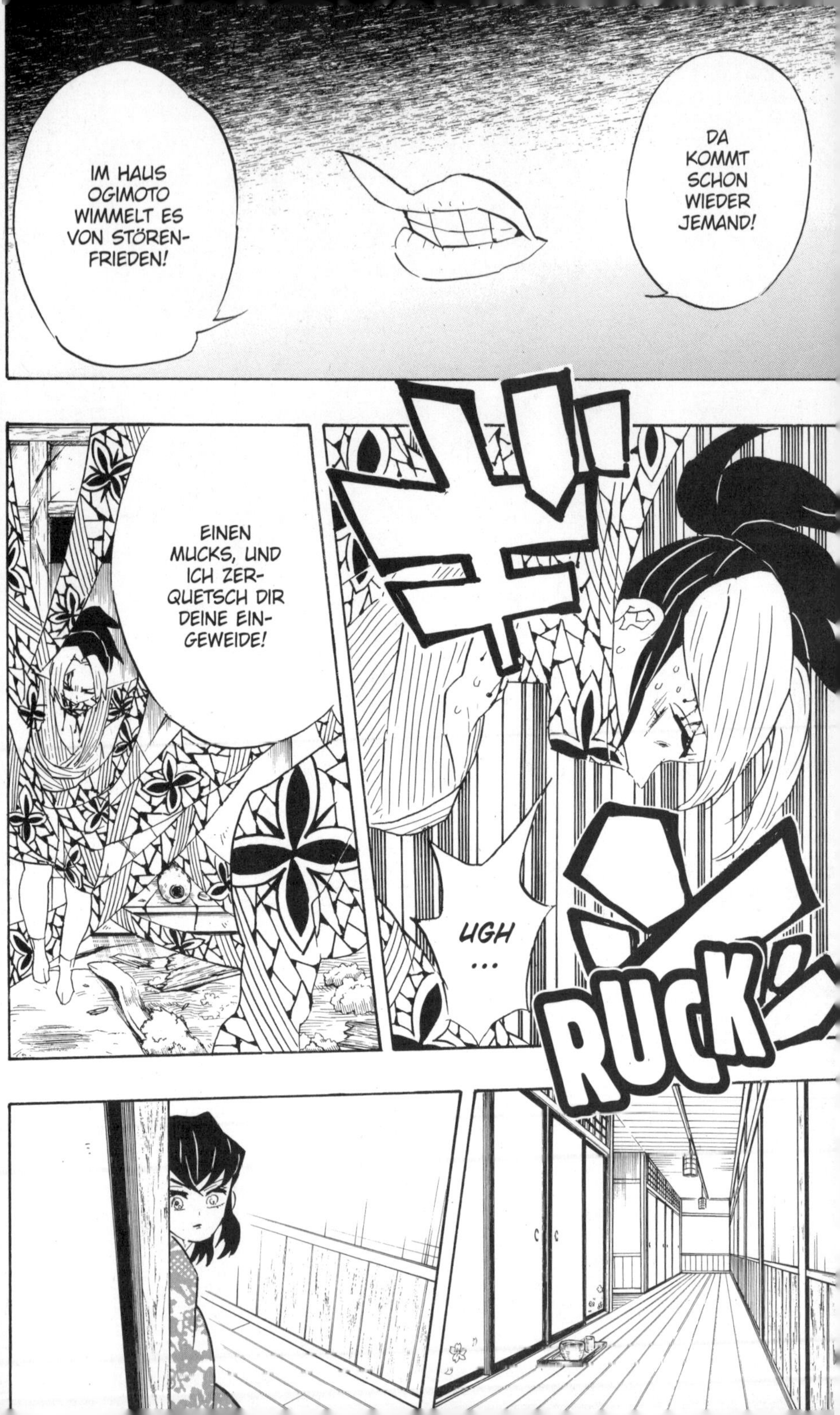
DA KOMMT SCHON WIEDER JEMAND!
IM HAUS OGIMOTO WIMMELT ES VON STÖREN-FRIEDEN!
RUCK
UGH ...
EINEN MUCKS, UND ICH ZER-QUETSCH DIR DEINE EIN-GEWEIDE!

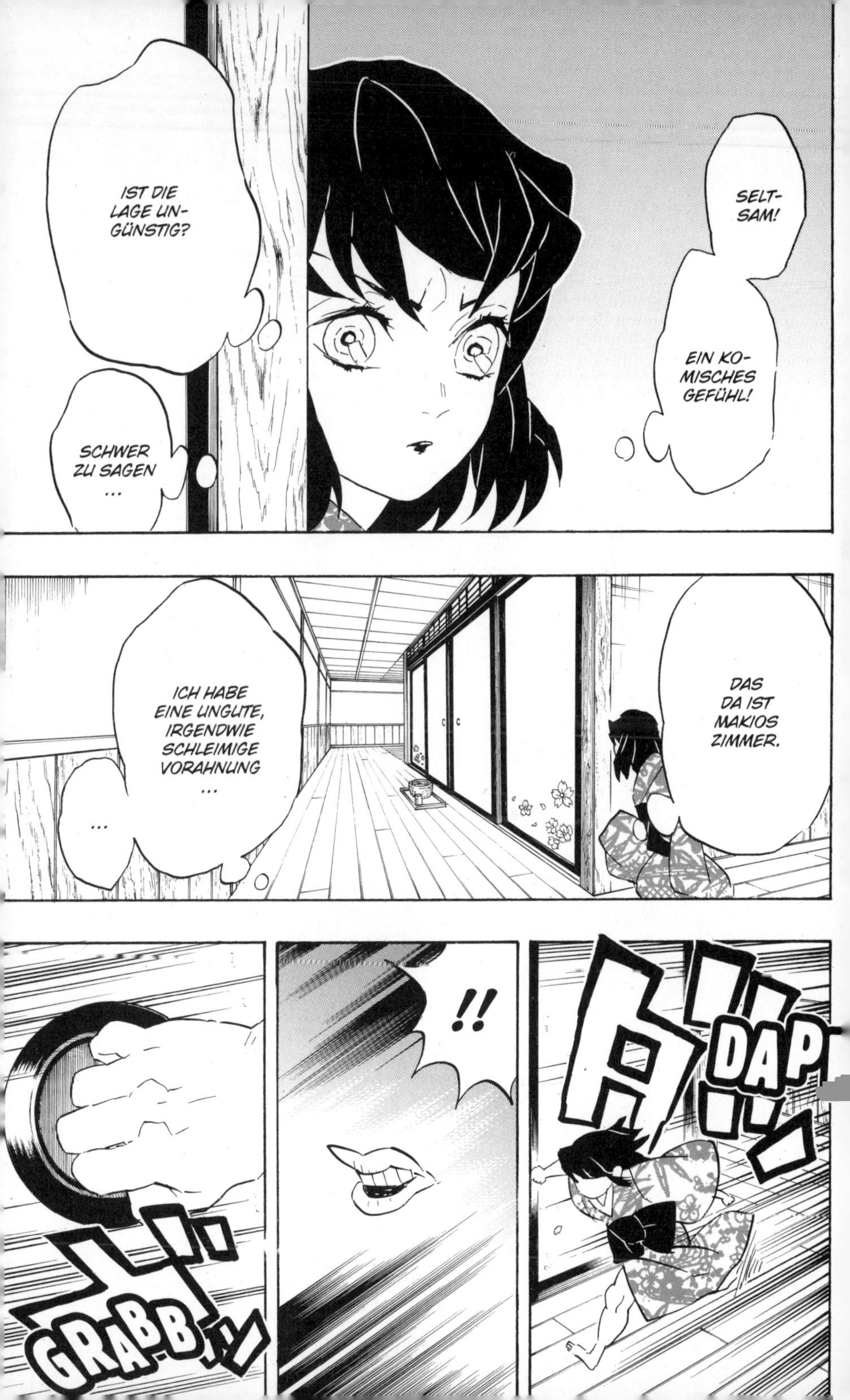
SELTSAM!
EIN KOMISCHES GEFÜHL!
IST DIE LAGE UNGÜNSTIG?
SCHWER ZU SAGEN ...
DAS DA IST MAKIOS ZIMMER.
ICH HABE EINE UNGUTE, IRGENDWIE SCHLEIMIGE VORAHNUNG ...
...
DAP
!!
GRABB

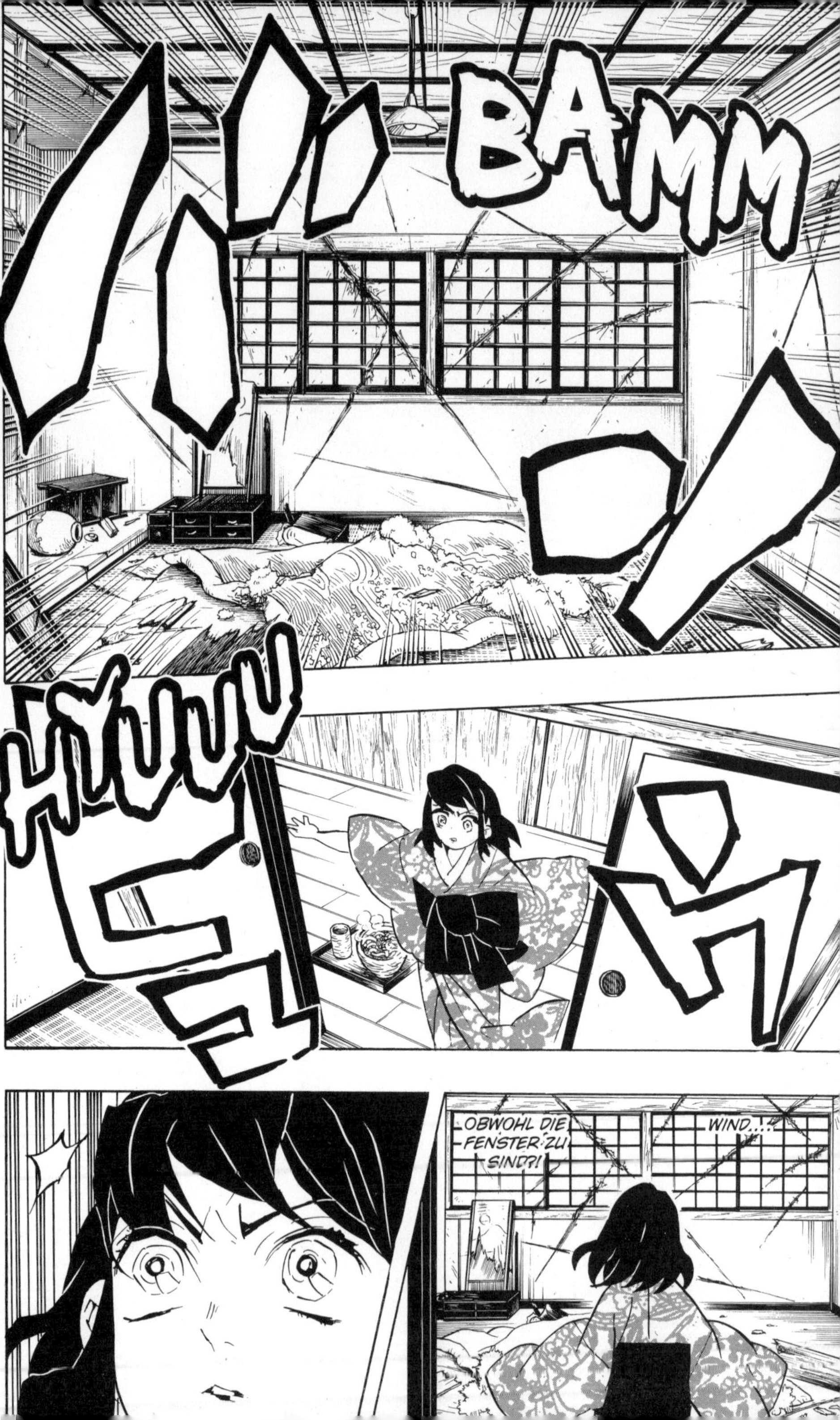
BAMM
HYUUU
WIND...
OBWOHL DIE FENSTER ZU SIND?!

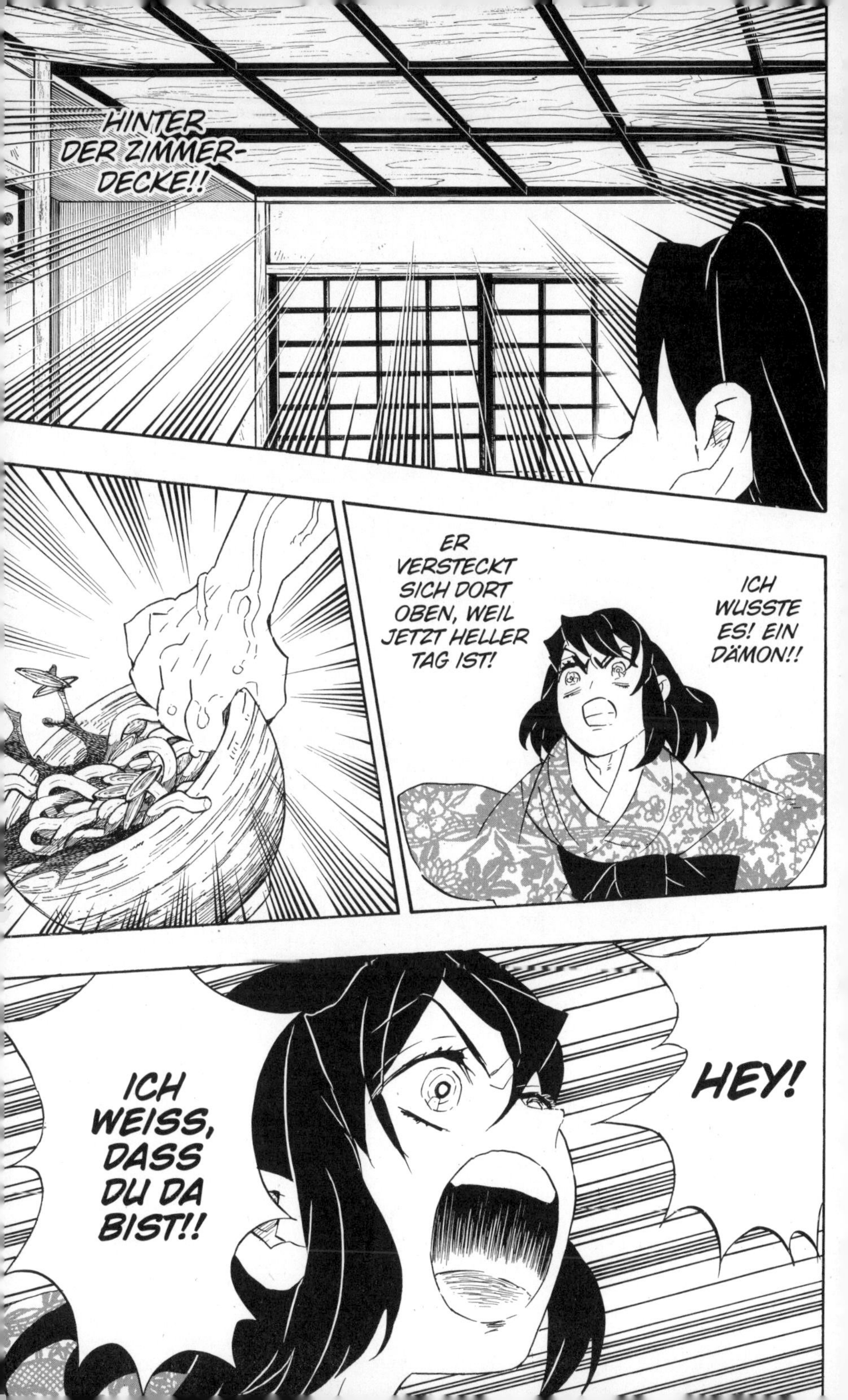
HINTER DER ZIMMER-DECKE!!
ICH WUSSTE ES! EIN DÄMON!!
ER VERSTECKT SICH DORT OBEN, WEIL JETZT HELLER TAG IST!
HEY!
ICH WEISS, DASS DU DA BIST!!

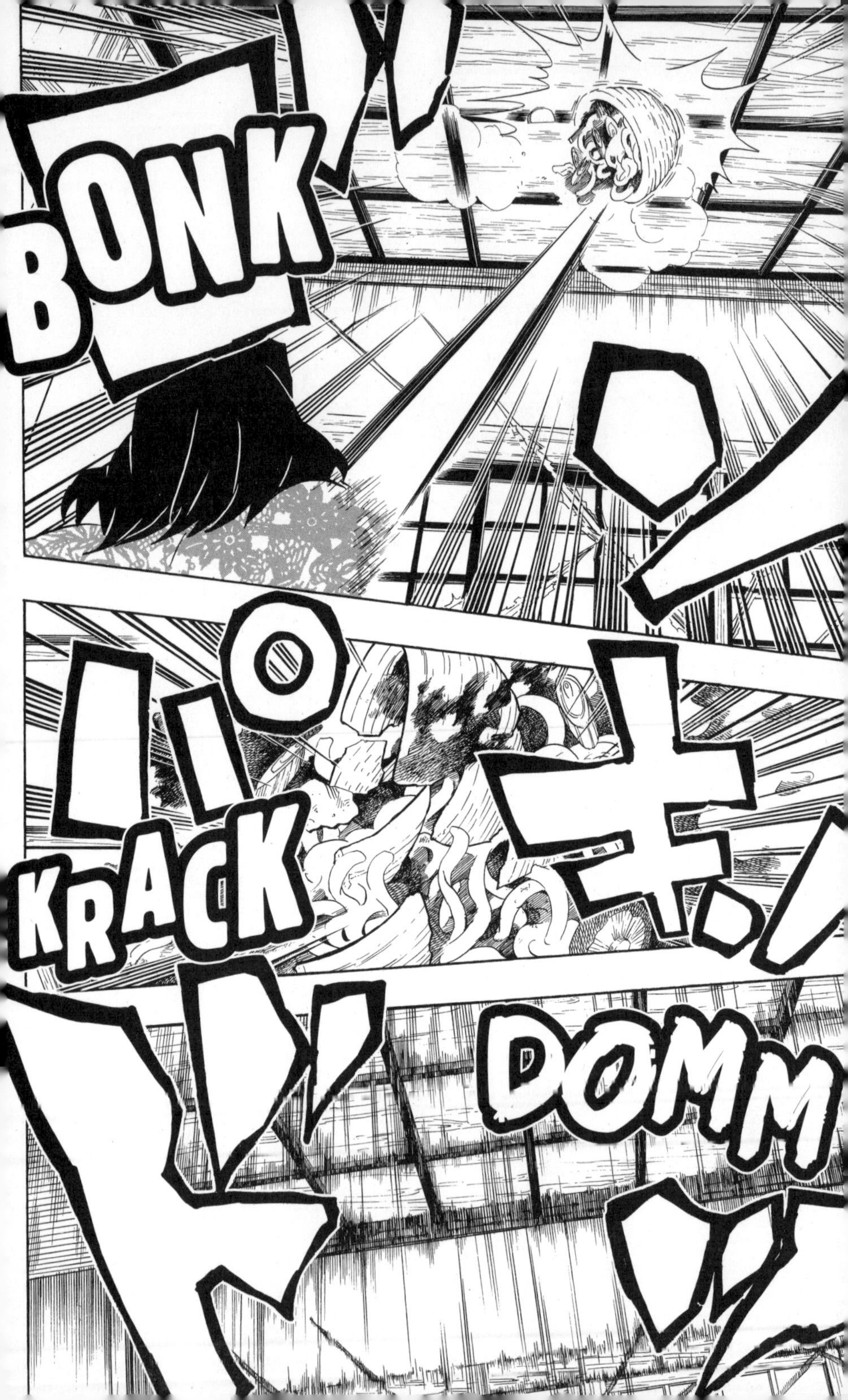
BONK
KRACK
DOMM

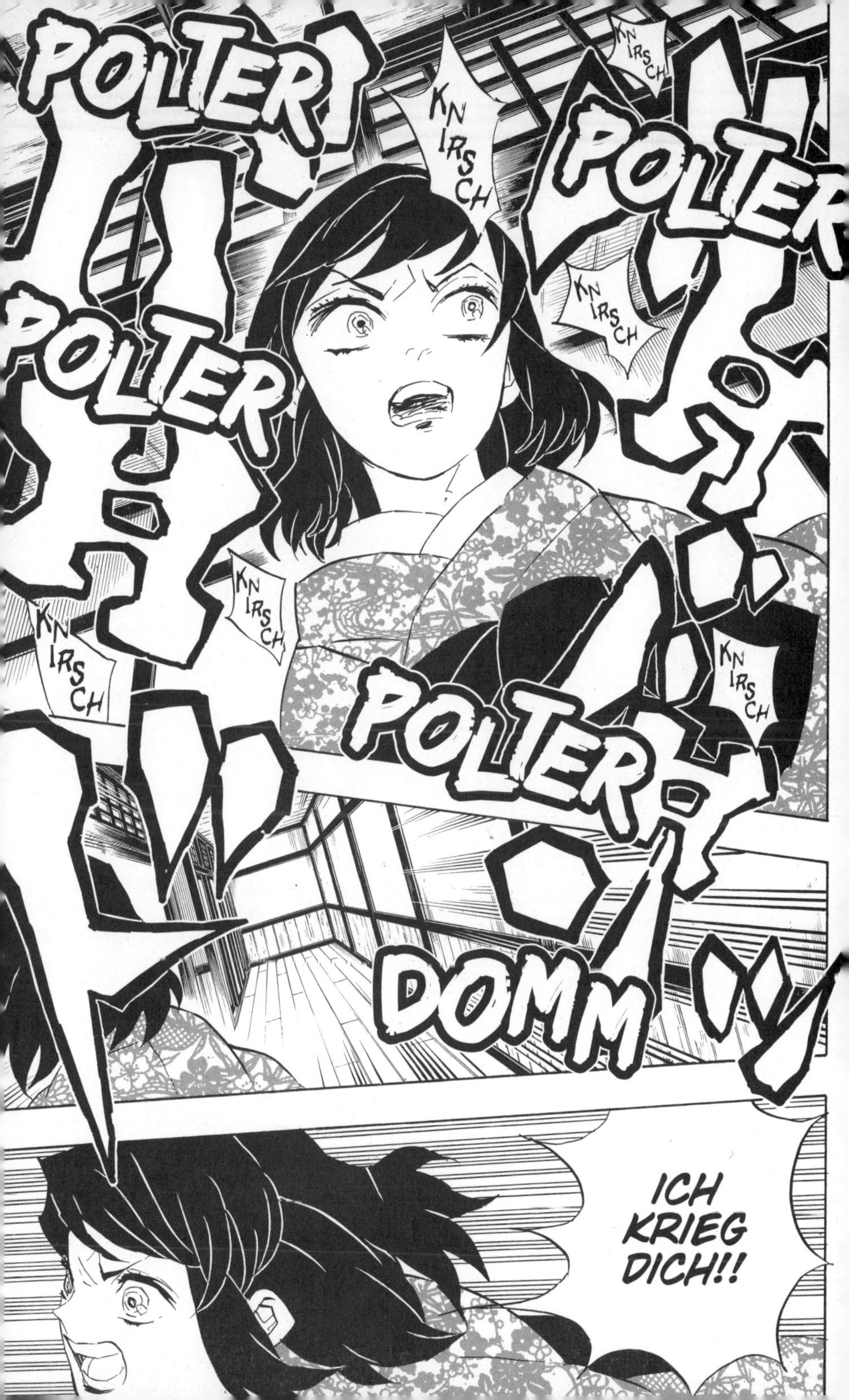

POLTER
KNIRSCH
KNIRSCH
POLTER
POLTER
KNIRSCH
KNIRSCH
KNIRSCH
POLTER
KNIRSCH
DOMM
ICH KRIEG DICH!!

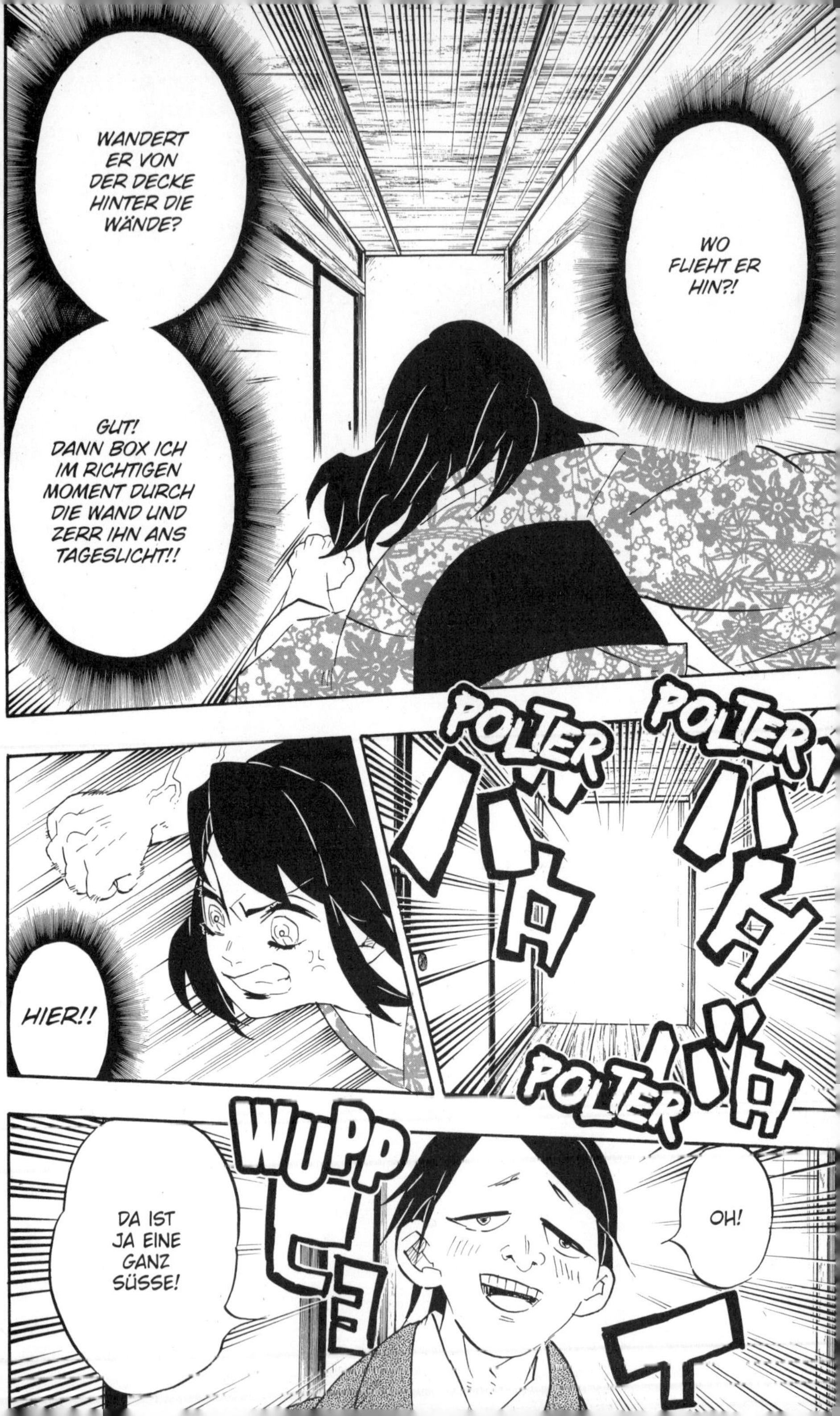
WO FLIEHT ER HIN?!
WANDERT ER VON DER DECKE HINTER DIE WÄNDE?
GUT! DANN BOX ICH IM RICHTIGEN MOMENT DURCH DIE WAND UND ZERR IHN ANS TAGESLICHT!!
POLTER
POLTER
POLTER
HIER!!
WUPP
OH!
DA IST JA EINE GANZ SÜSSE!

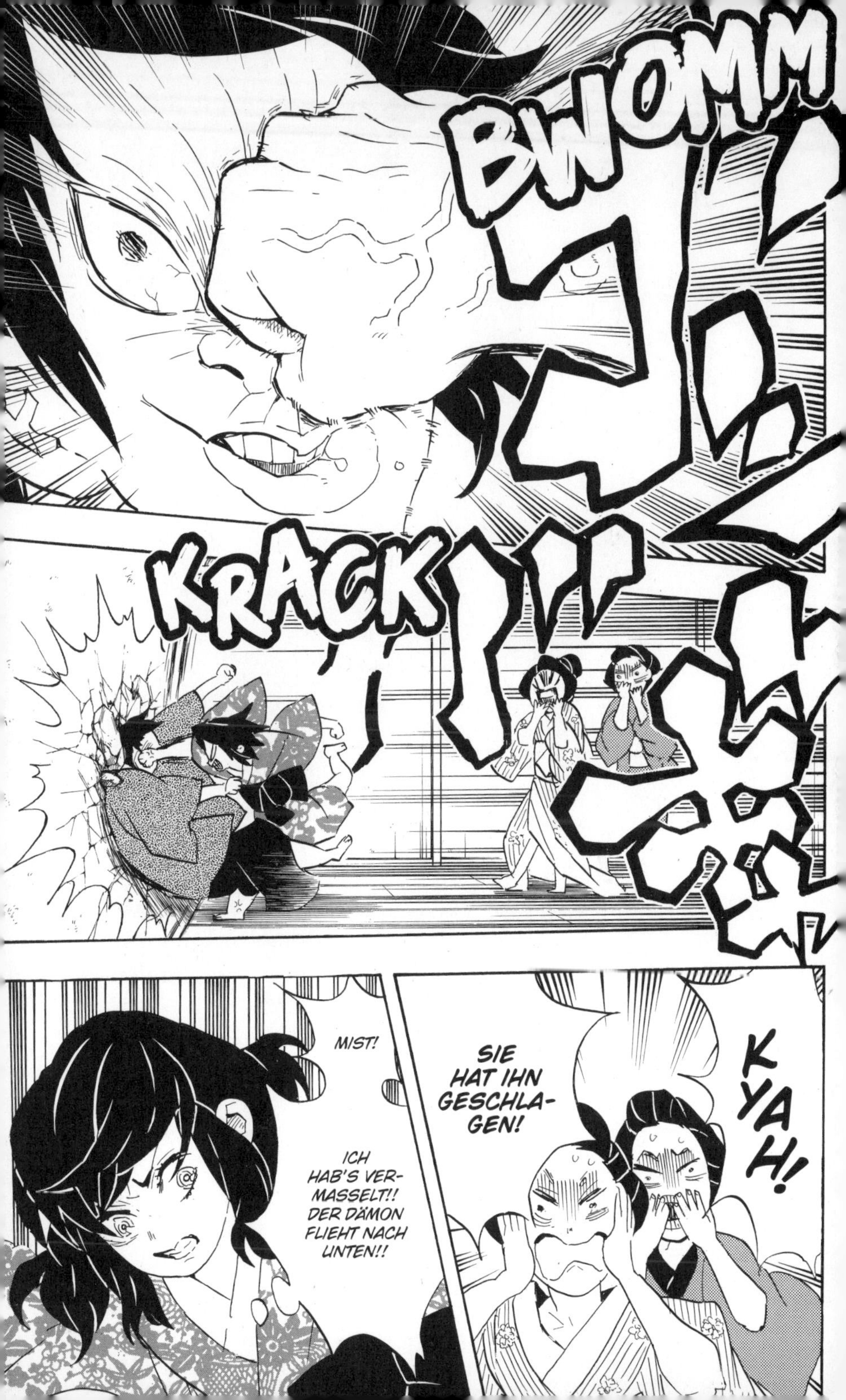
BWOMM
KRACK
KYAH!
SIE HAT IHN GESCHLAGEN!
MIST!
ICH HAB'S VERMASSELT!! DER DÄMON FLIEHT NACH UNTEN!!

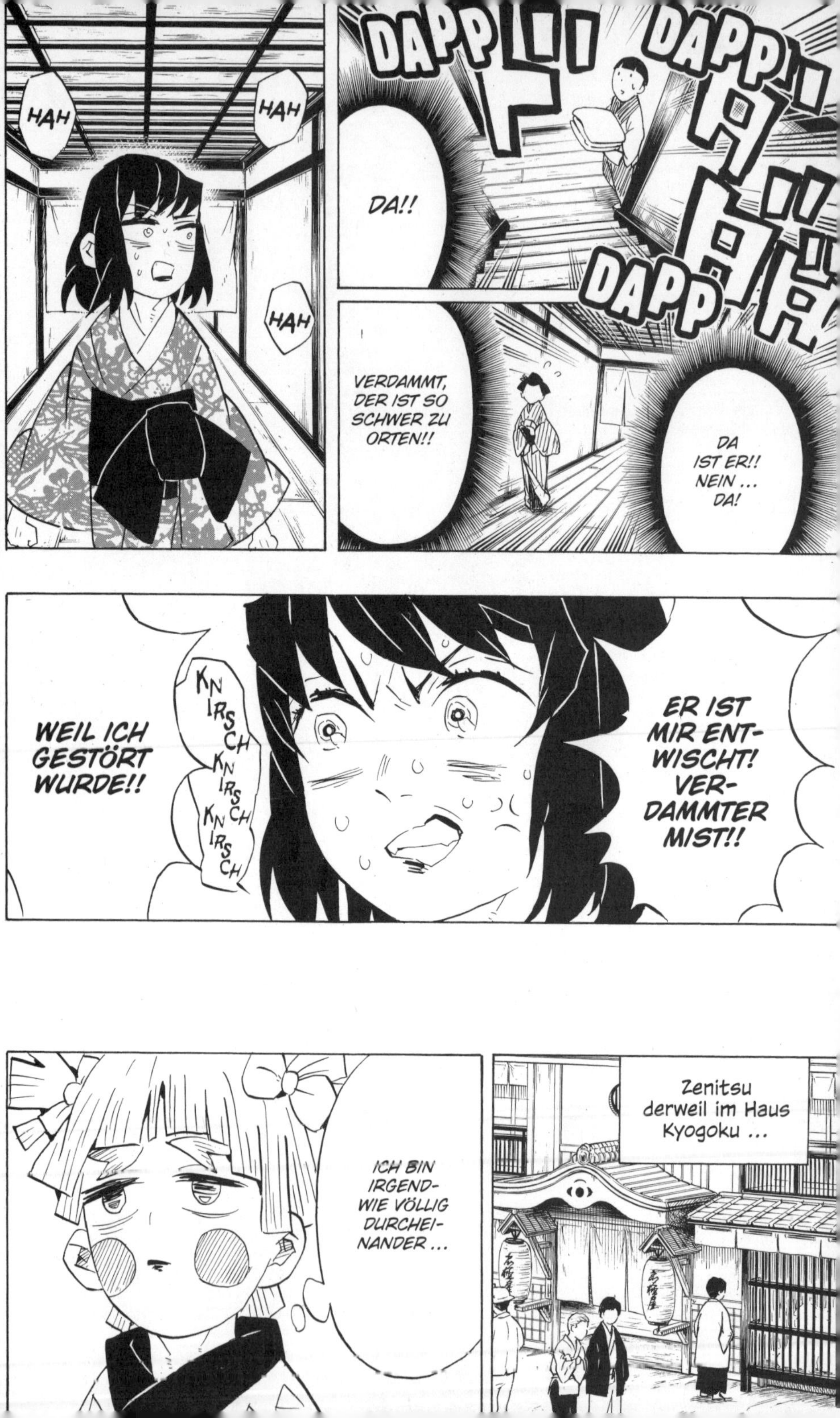
DAPP DAPP
DA!!
DAPP
DA IST ER!! NEIN ... DA!
VERDAMMT, DER IST SO SCHWER ZU ORTEN!!
HAH
HAH
HAH
ER IST MIR ENT-WISCHT! VER-DAMMTER MIST!!
KNIRSCH KNIRSCH KNIRSCH
WEIL ICH GESTÖRT WURDE!!
Zenitsu derweil im Haus Kyogoku ...
ICH BIN IRGEND-WIE VÖLLIG DURCHEI-NANDER ...

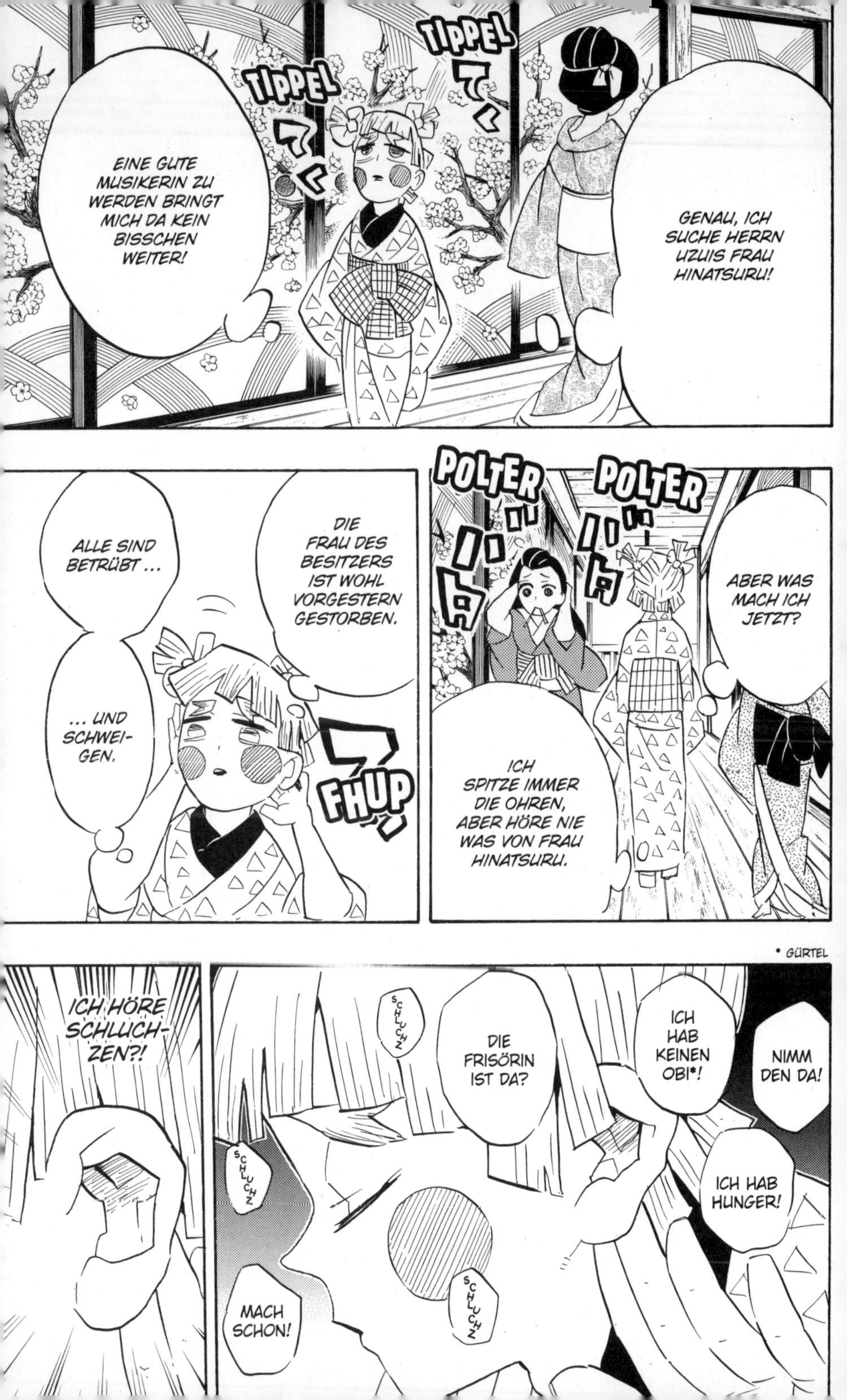

TIPPEL
TIPPEL
GENAU, ICH SUCHE HERRN UZUIS FRAU HINATSURU!
EINE GUTE MUSIKERIN ZU WERDEN BRINGT MICH DA KEIN BISSCHEN WEITER!
POLTER
POLTER
ABER WAS MACH ICH JETZT?
ICH SPITZE IMMER DIE OHREN, ABER HÖRE NIE WAS VON FRAU HINATSURU.
DIE FRAU DES BESITZERS IST WOHL VORGESTERN GESTORBEN.
ALLE SIND BETRÜBT …
… UND SCHWEIGEN.
FHUP
NIMM DEN DA!
ICH HAB KEINEN OBI*!
DIE FRISÖRIN IST DA?
SCHLUCHZ
ICH HAB HUNGER!
SCHLUCHZ
SCHLUCHZ
MACH SCHON!
ICH HÖRE SCHLUCHZEN?!

* GÜRTEL

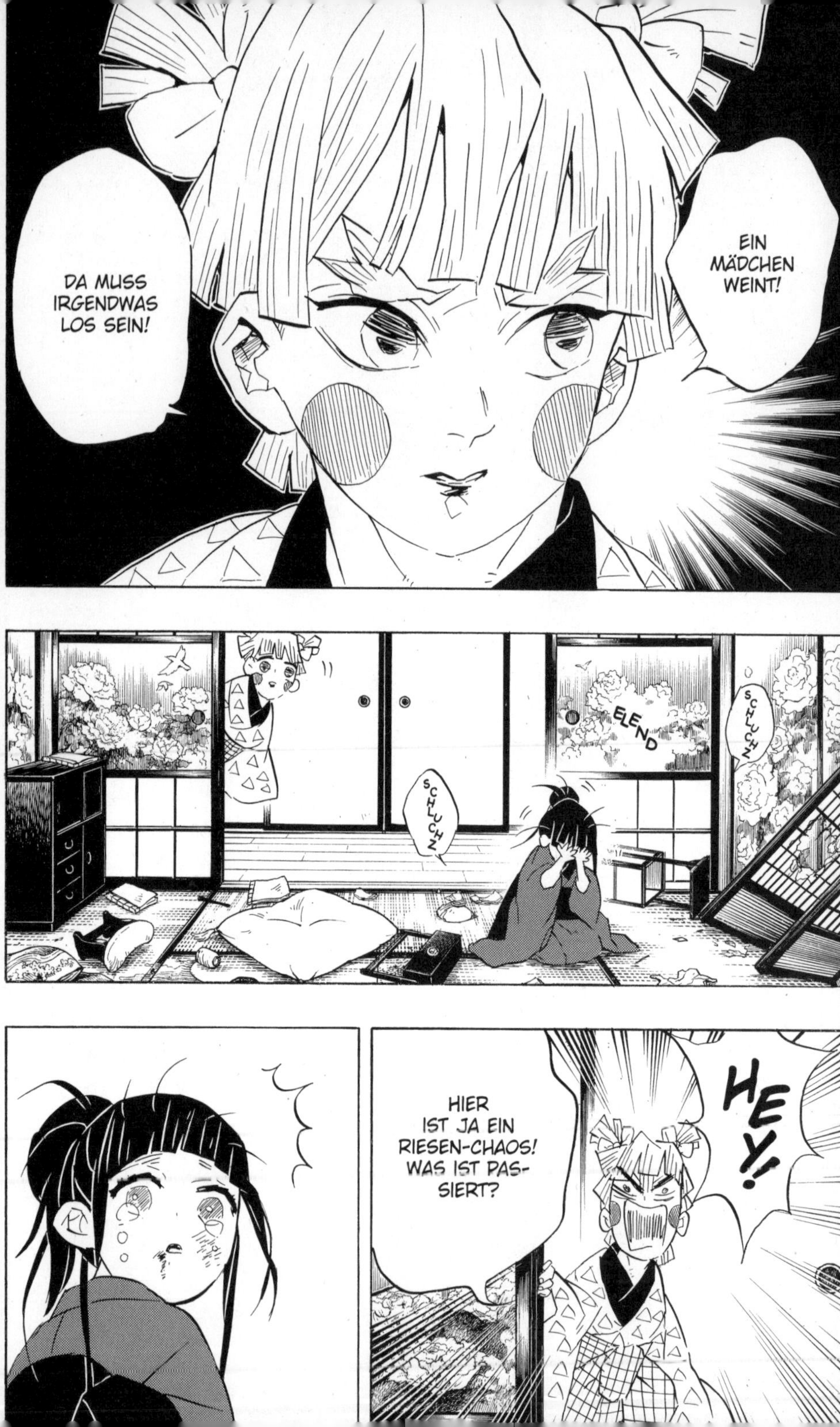
EIN MÄDCHEN WEINT!
DA MUSS IRGENDWAS LOS SEIN!
SCHLUCHZ
ELEND
SCHLUCHZ
HEY!!
HIER IST JA EIN RIESEN-CHAOS! WAS IST PAS-SIERT?

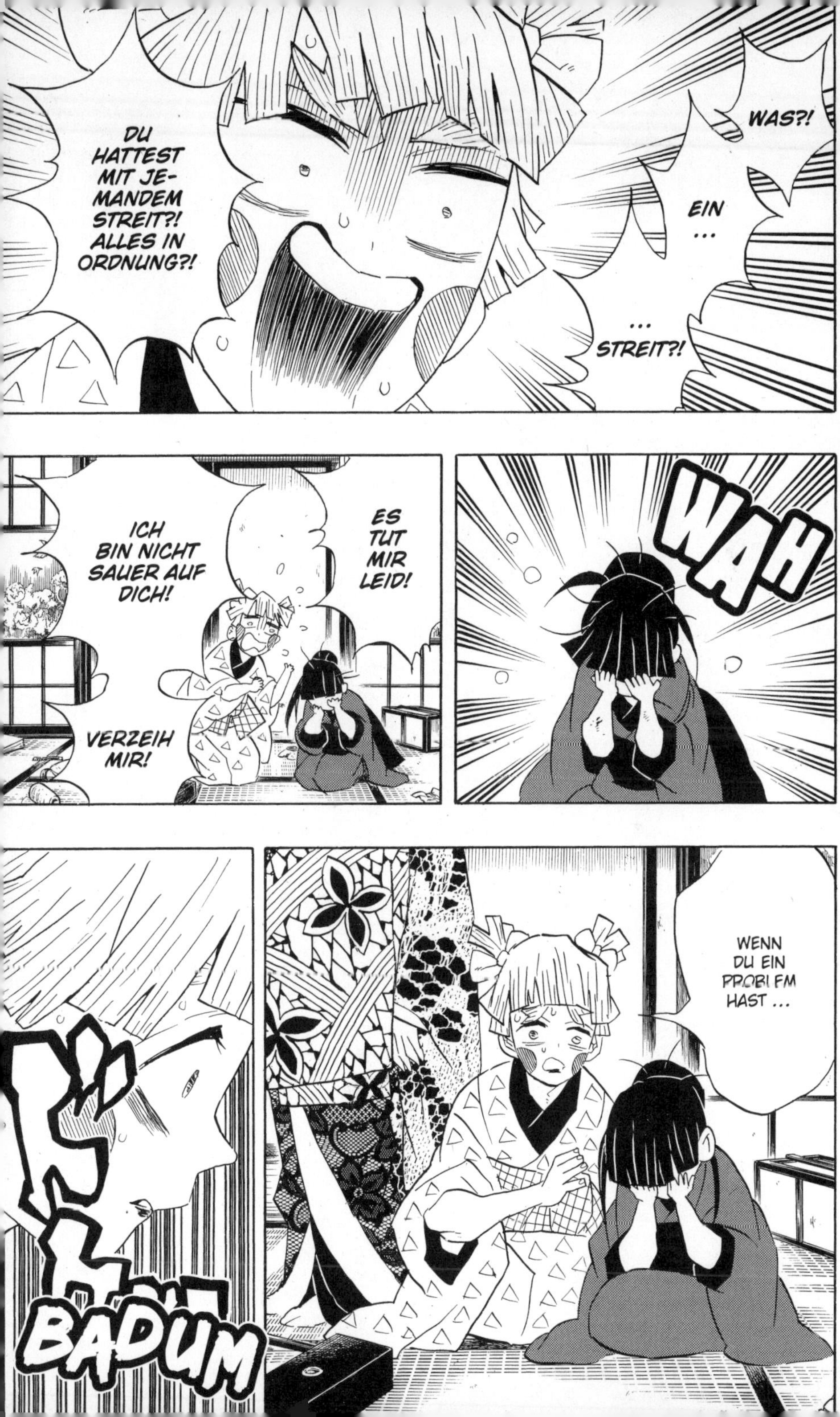
WAS?!
EIN ...
... STREIT?!
DU HATTEST MIT JE-MANDEM STREIT?! ALLES IN ORDNUNG?!
WAH
ES TUT MIR LEID!
ICH BIN NICHT SAUER AUF DICH!
VERZEIH MIR!
WENN DU EIN PROBLEM HAST ...
BADUM

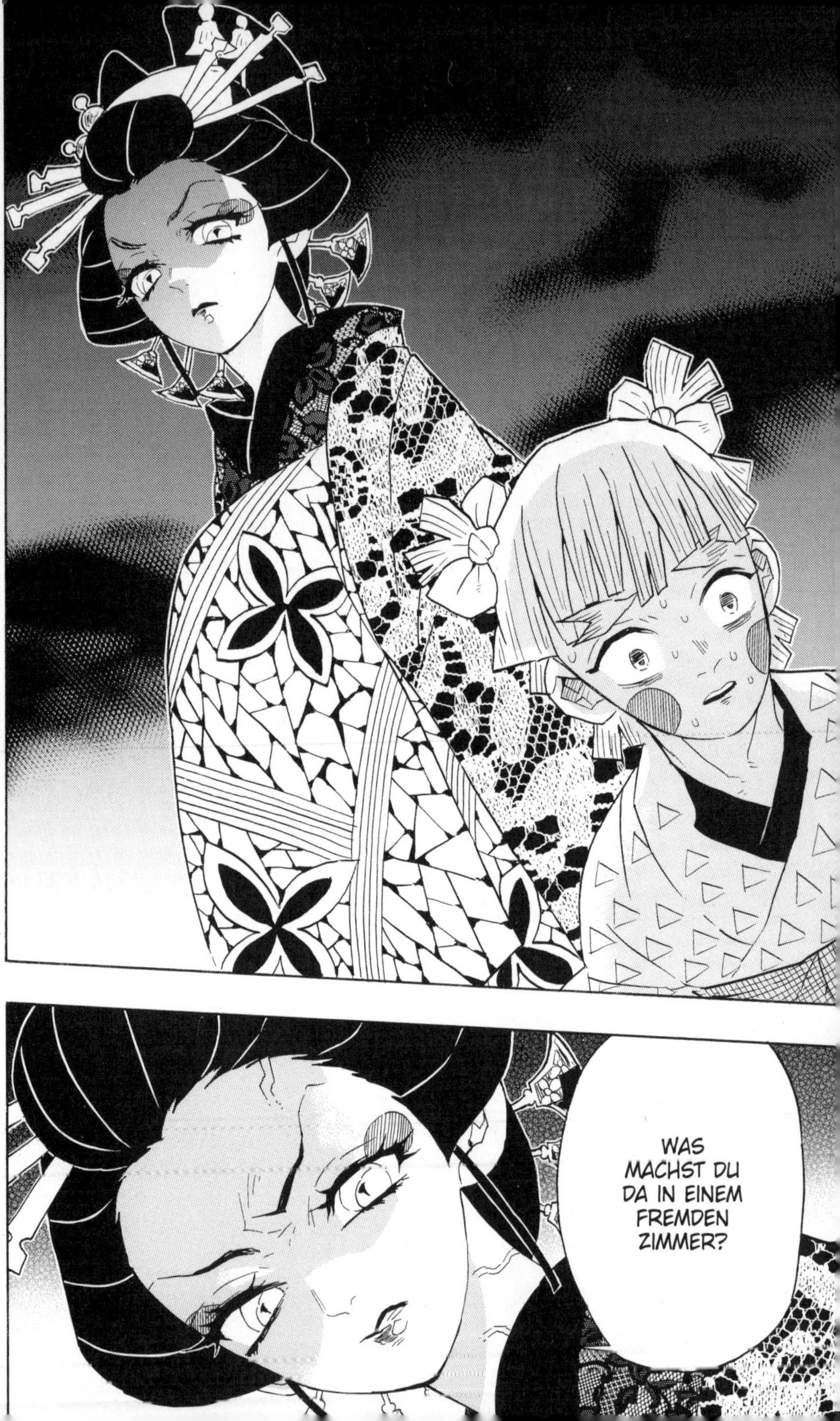
WAS MACHST DU DA IN EINEM FREMDEN ZIMMER?

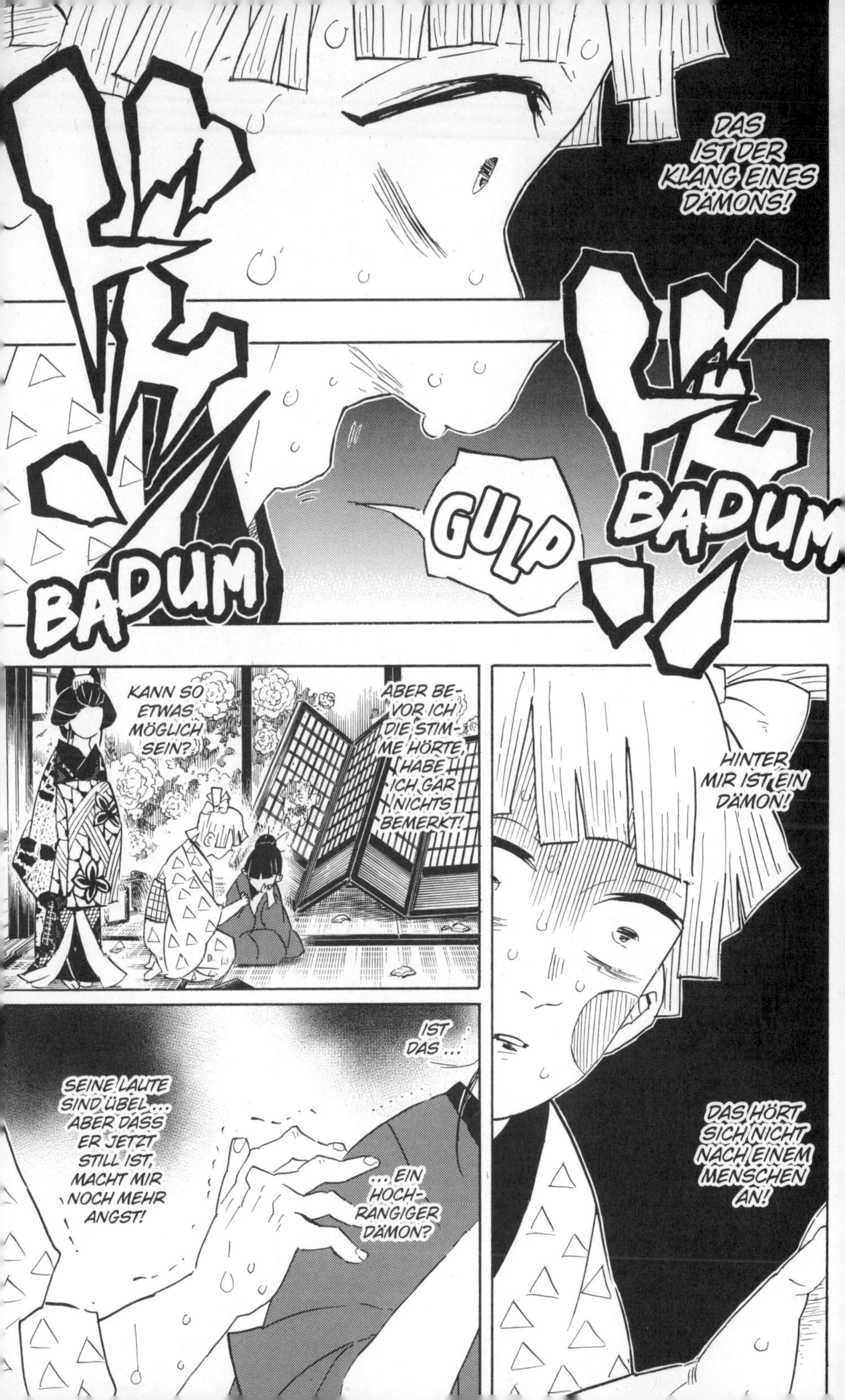
DAS IST DER KLANG EINES DÄMONS!
BADUM
BADUM
GULP
HINTER MIR IST EIN DÄMON!
DAS HÖRT SICH NICHT NACH EINEM MENSCHEN AN!
ABER BE-VOR ICH DIE STIM-ME HÖRTE, HABE ICH GAR NICHTS BEMERKT!
KANN SO ETWAS MÖGLICH SEIN?
IST DAS …
… EIN HOCH-RANGIGER DÄMON?
SEINE LAUTE SIND ÜBEL … ABER DASS ER JETZT STILL IST, MACHT MIR NOCH MEHR ANGST!

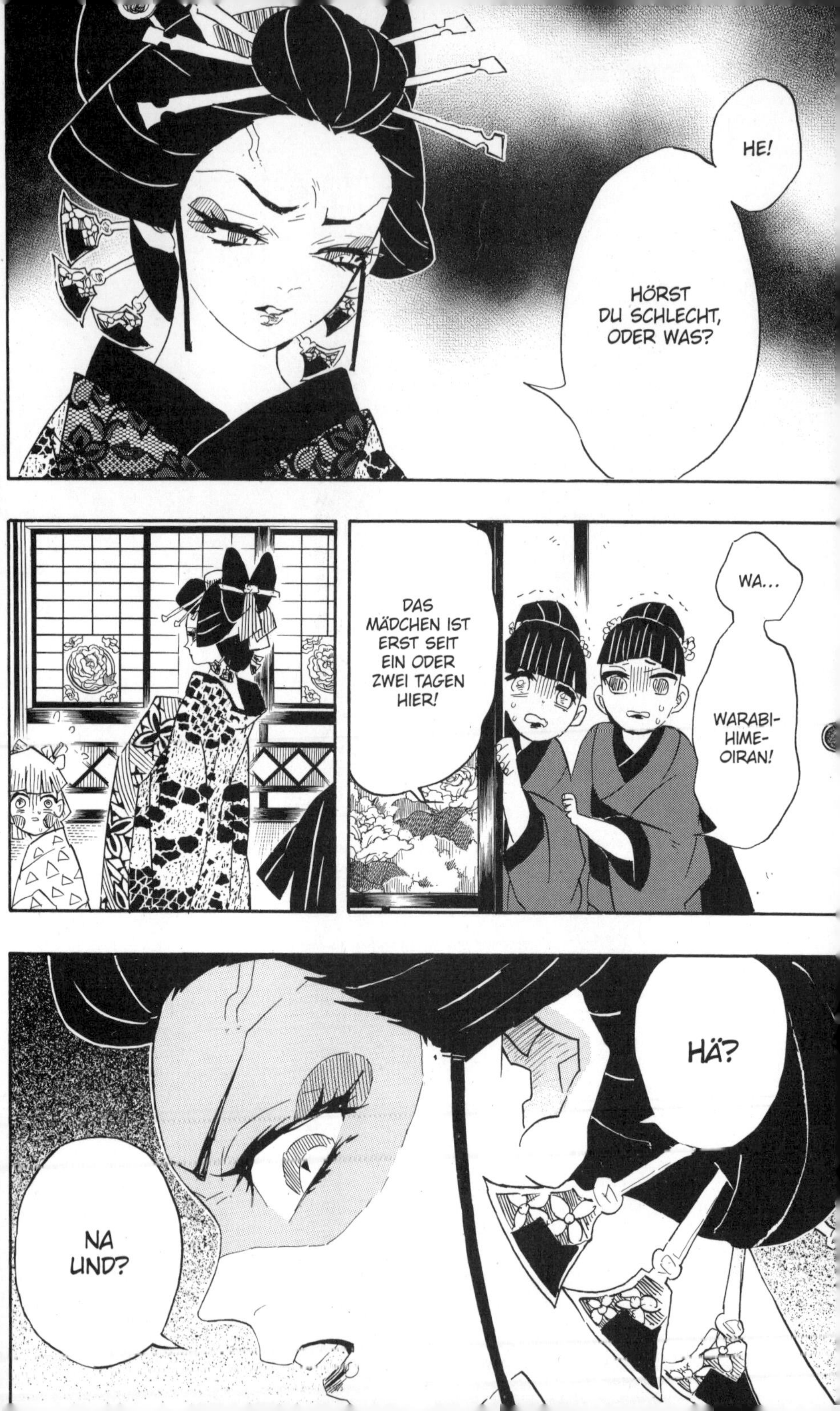
HE!
HÖRST DU SCHLECHT, ODER WAS?
WA...
WARABI-HIME-OIRAN!
DAS MÄDCHEN IST ERST SEIT EIN ODER ZWEI TAGEN HIER!
HÄ?
NA UND?

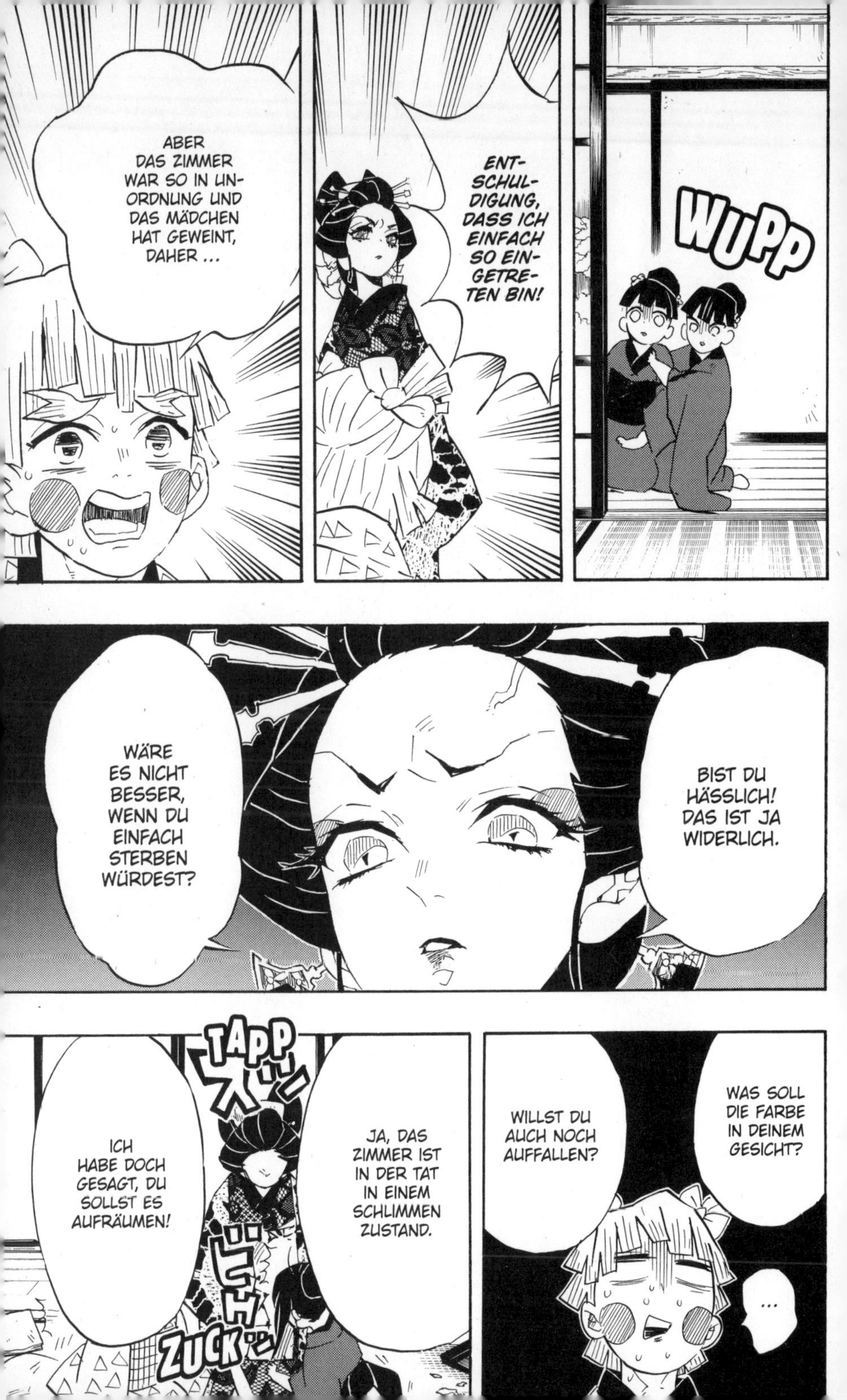
WUPP
ENT-SCHULDIGUNG, DASS ICH EINFACH SO EINGETRETEN BIN!
ABER DAS ZIMMER WAR SO IN UNORDNUNG UND DAS MÄDCHEN HAT GEWEINT, DAHER …
BIST DU HÄSSLICH! DAS IST JA WIDERLICH.
WÄRE ES NICHT BESSER, WENN DU EINFACH STERBEN WÜRDEST?
WAS SOLL DIE FARBE IN DEINEM GESICHT?
WILLST DU AUCH NOCH AUFFALLEN?
…
TAPP
JA, DAS ZIMMER IST IN DER TAT IN EINEM SCHLIMMEN ZUSTAND.
ICH HABE DOCH GESAGT, DU SOLLST ES AUFRÄUMEN!
ZUCK

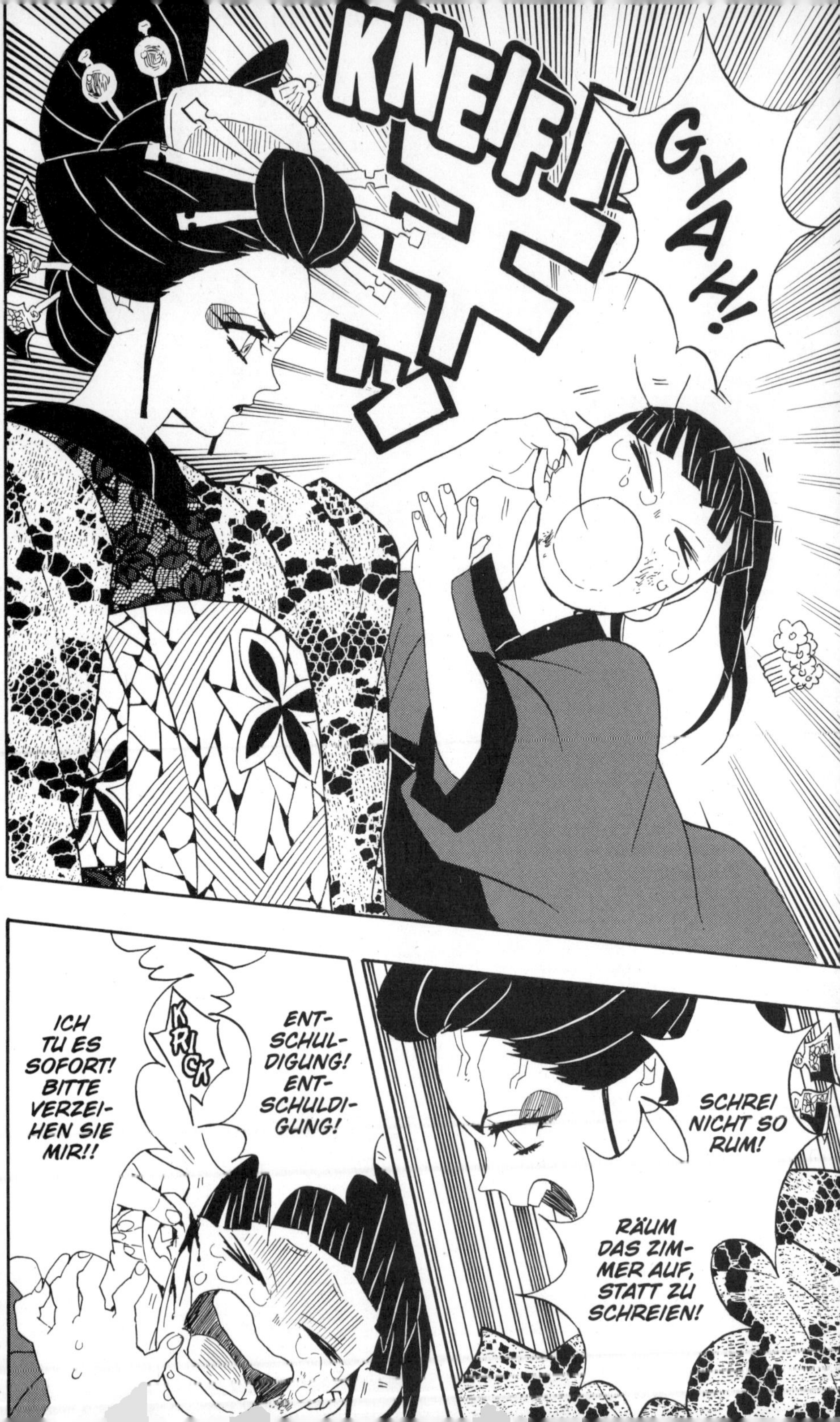
KNEIF
GYAH!!
SCHREI NICHT SO RUM!
RÄUM DAS ZIMMER AUF, STATT ZU SCHREIEN!
ENT-SCHULDIGUNG! ENT-SCHULDIGUNG!
KRICK
ICH TU ES SOFORT! BITTE VERZEIHEN SIE MIR!!

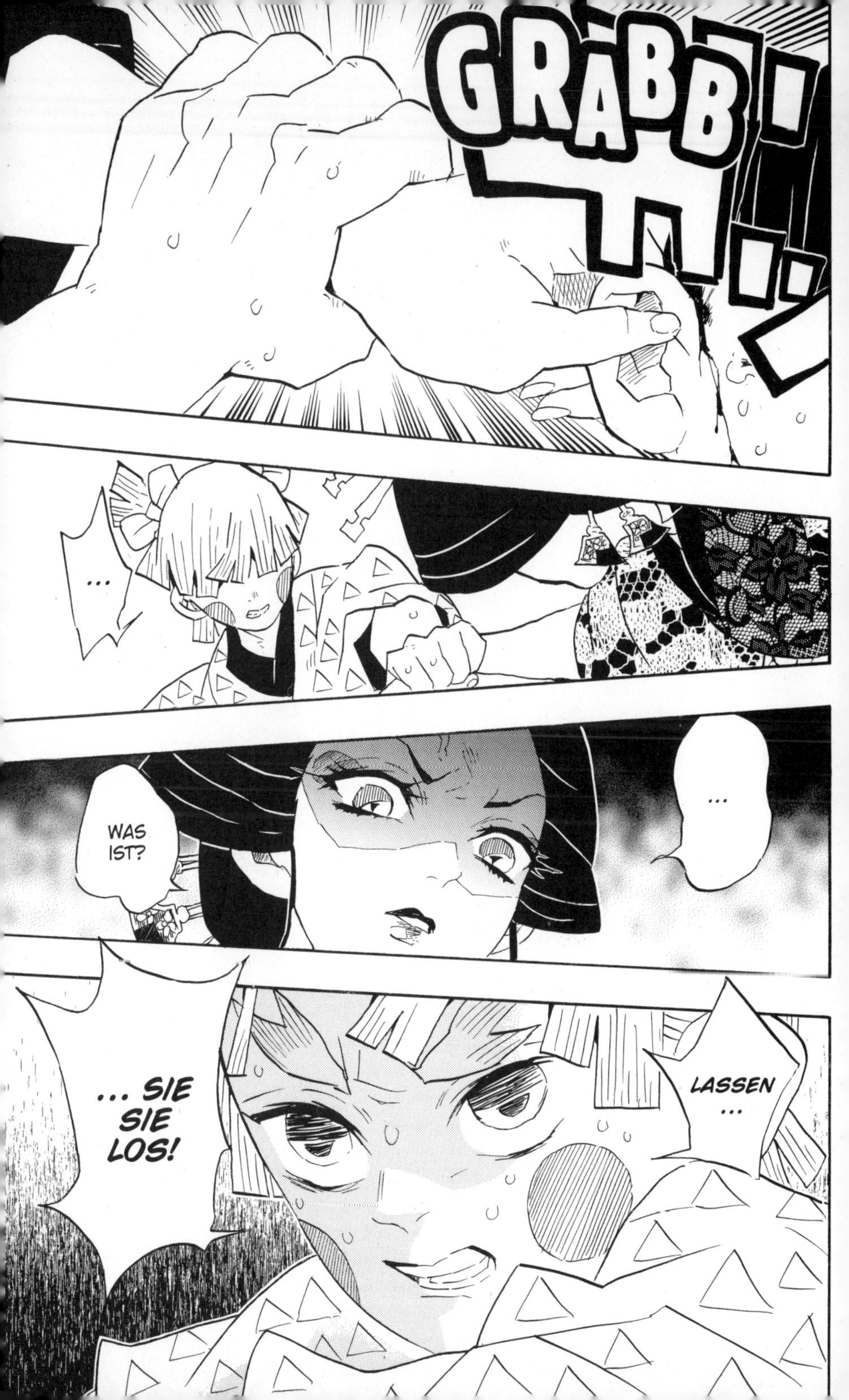
GRABB!!
...
...
WAS IST?
LASSEN ...
... SIE SIE LOS!

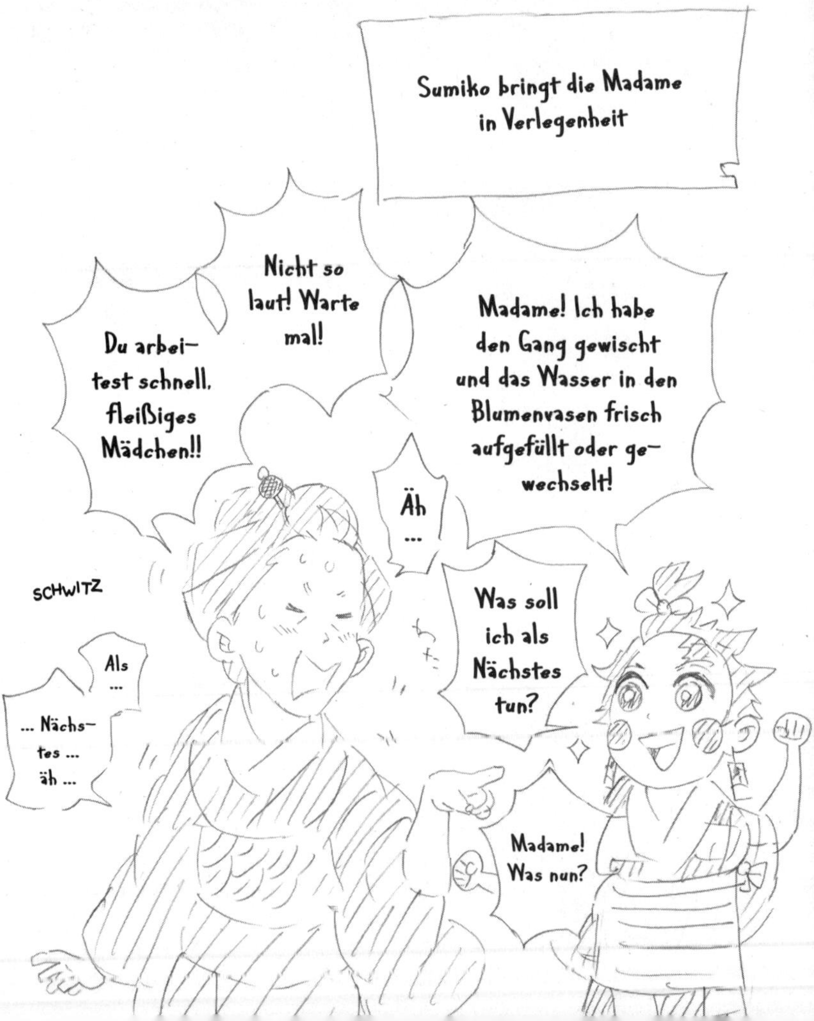
Sumiko bringt die Madame in Verlegenheit
Madame! Ich habe den Gang gewischt und das Wasser in den Blumenvasen frisch aufgefüllt oder gewechselt!
Nicht so laut! Warte mal!
Du arbeitest schnell, fleißiges Mädchen!!
Äh ...
Was soll ich als Nächstes tun?
Madame! Was nun?
SCHWITZ
Als ...
... Nächstes ... äh ...

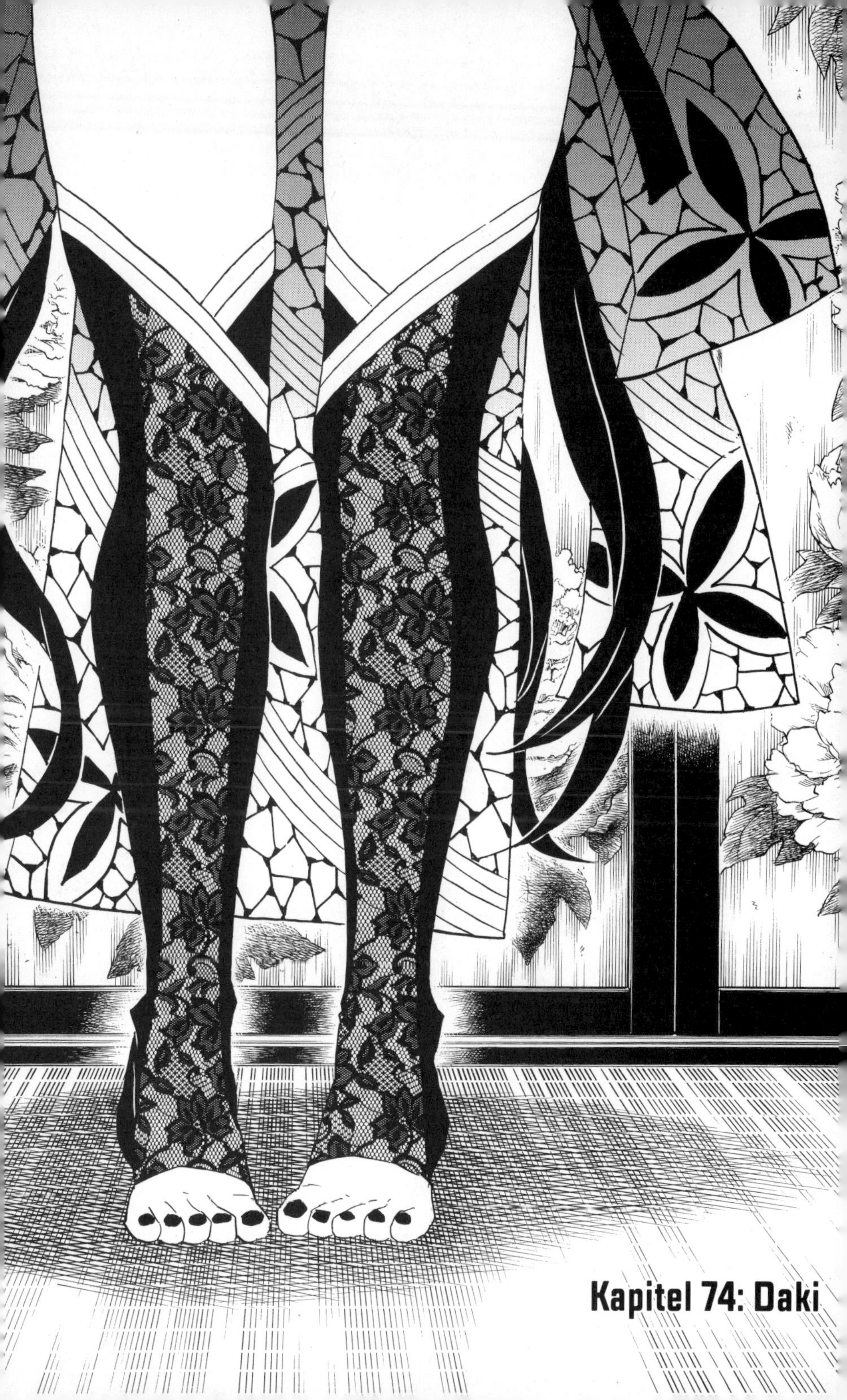
Kapitel 74: Daki

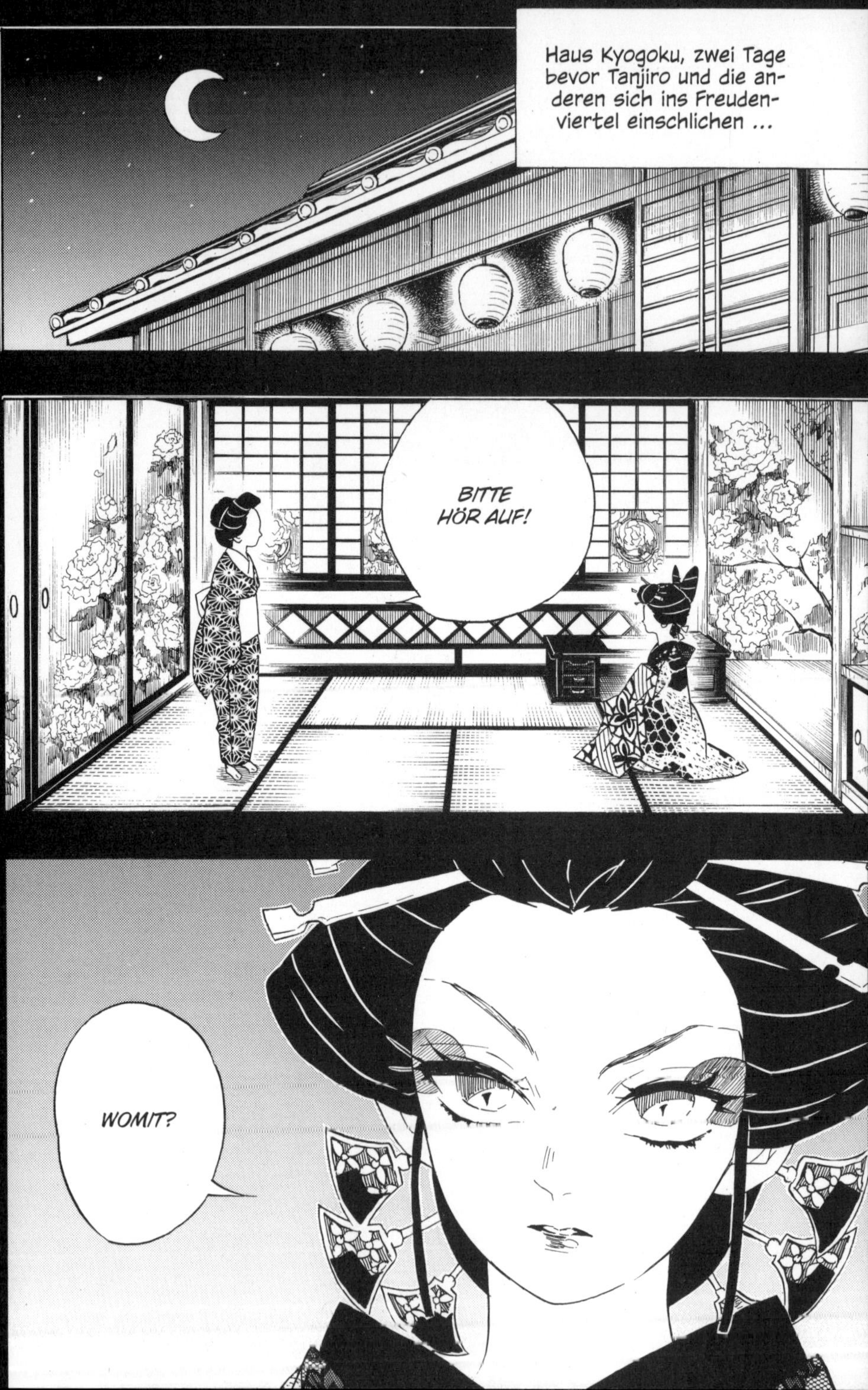
Haus Kyogoku, zwei Tage bevor Tanjiro und die anderen sich ins Freudenviertel einschlichen …
BITTE HÖR AUF!
WOMIT?

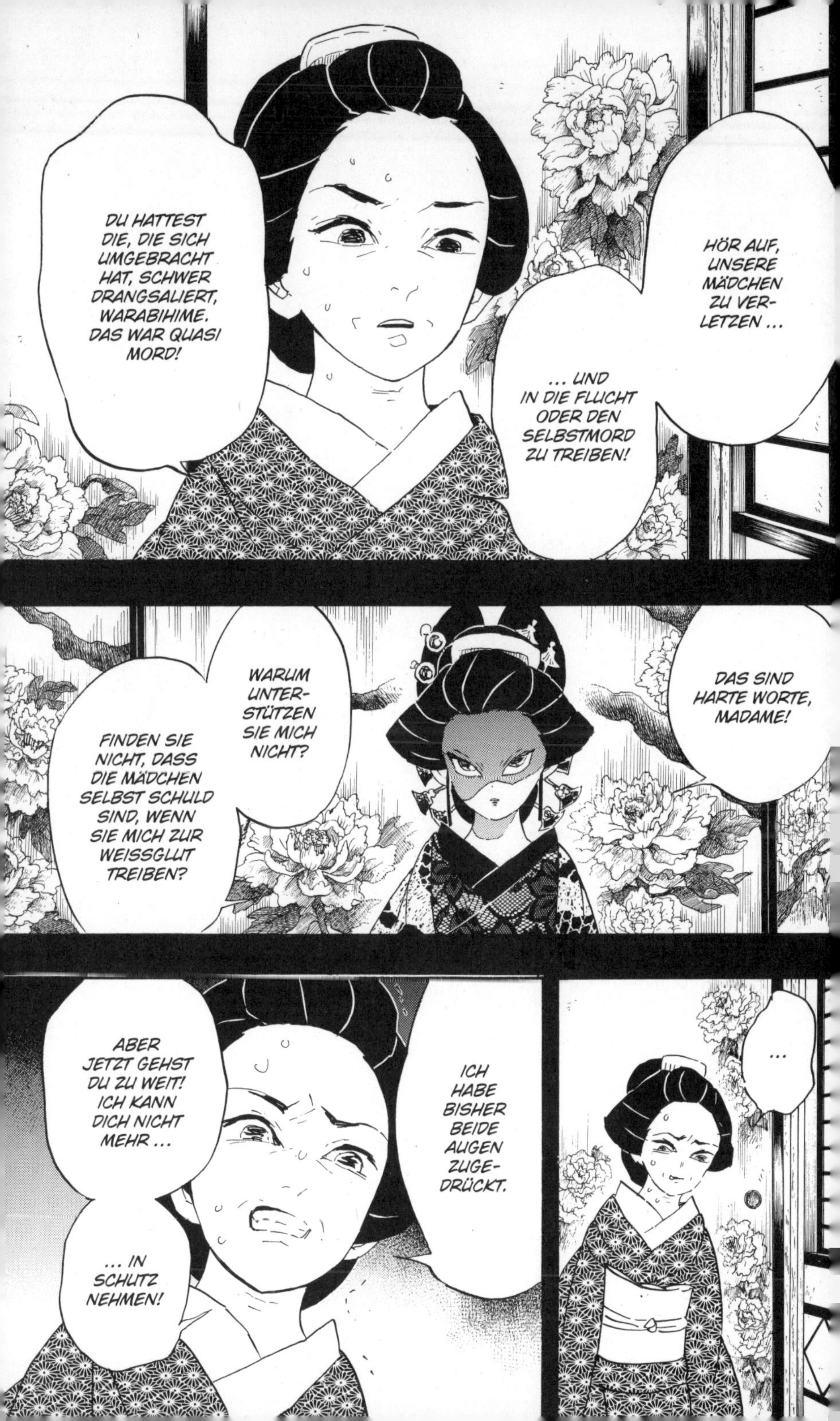
HÖR AUF, UNSERE MÄDCHEN ZU VER-LETZEN …
… UND IN DIE FLUCHT ODER DEN SELBSTMORD ZU TREIBEN!
DU HATTEST DIE, DIE SICH UMGEBRACHT HAT, SCHWER DRANGSALIERT, WARABIHIME. DAS WAR QUASI MORD!
DAS SIND HARTE WORTE, MADAME!
WARUM UNTER-STÜTZEN SIE MICH NICHT?
FINDEN SIE NICHT, DASS DIE MÄDCHEN SELBST SCHULD SIND, WENN SIE MICH ZUR WEISSGLUT TREIBEN?
…
ICH HABE BISHER BEIDE AUGEN ZUGE-DRÜCKT.
ABER JETZT GEHST DU ZU WEIT! ICH KANN DICH NICHT MEHR …
… IN SCHUTZ NEHMEN!

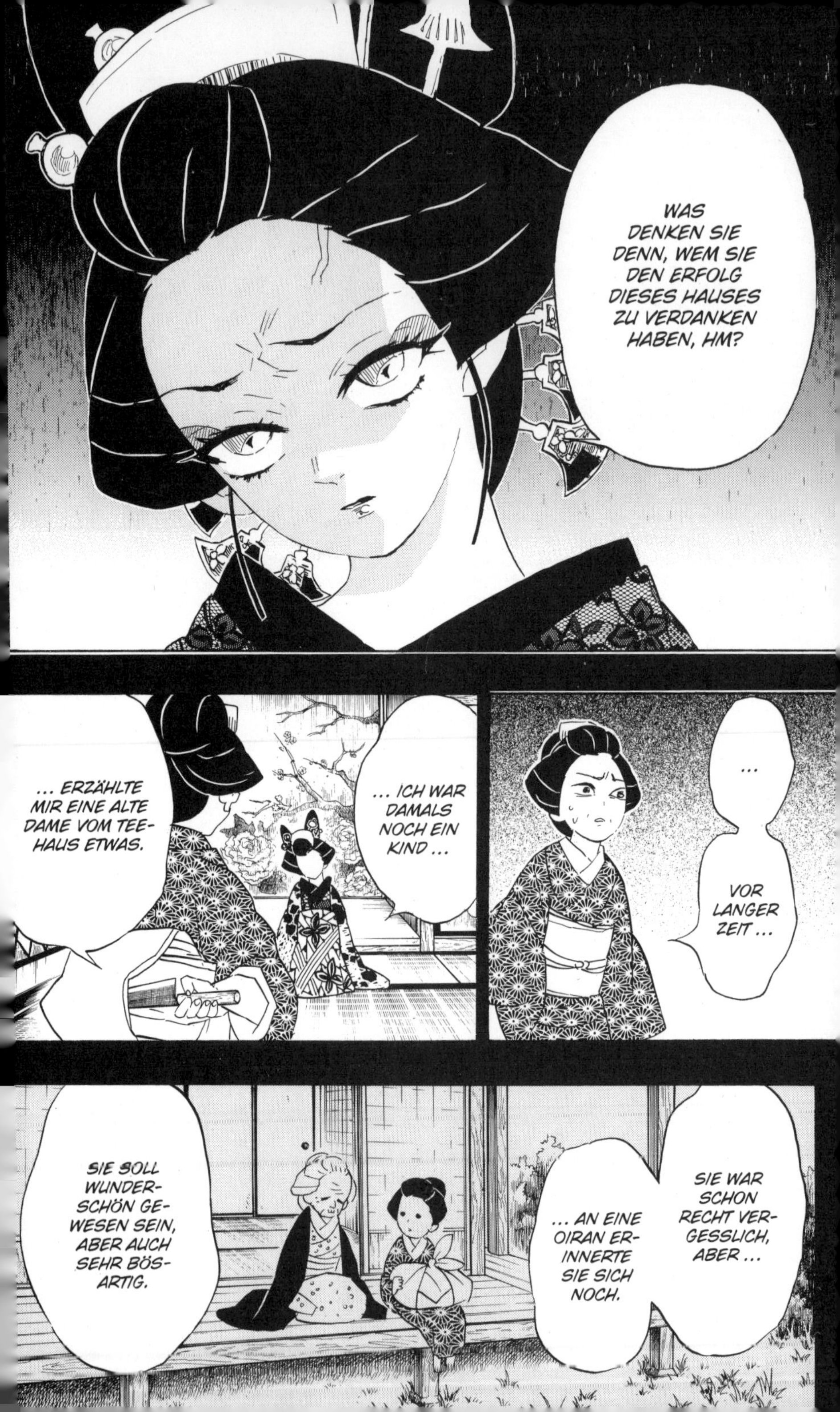
WAS DENKEN SIE DENN, WEM SIE DEN ERFOLG DIESES HAUSES ZU VERDANKEN HABEN, HM?
…
VOR LANGER ZEIT …
… ICH WAR DAMALS NOCH EIN KIND …
… ERZÄHLTE MIR EINE ALTE DAME VOM TEEHAUS ETWAS.
SIE WAR SCHON RECHT VERGESSLICH, ABER …
… AN EINE OIRAN ERINNERTE SIE SICH NOCH.
SIE SOLL WUNDERSCHÖN GEWESEN SEIN, ABER AUCH SEHR BÖSARTIG.

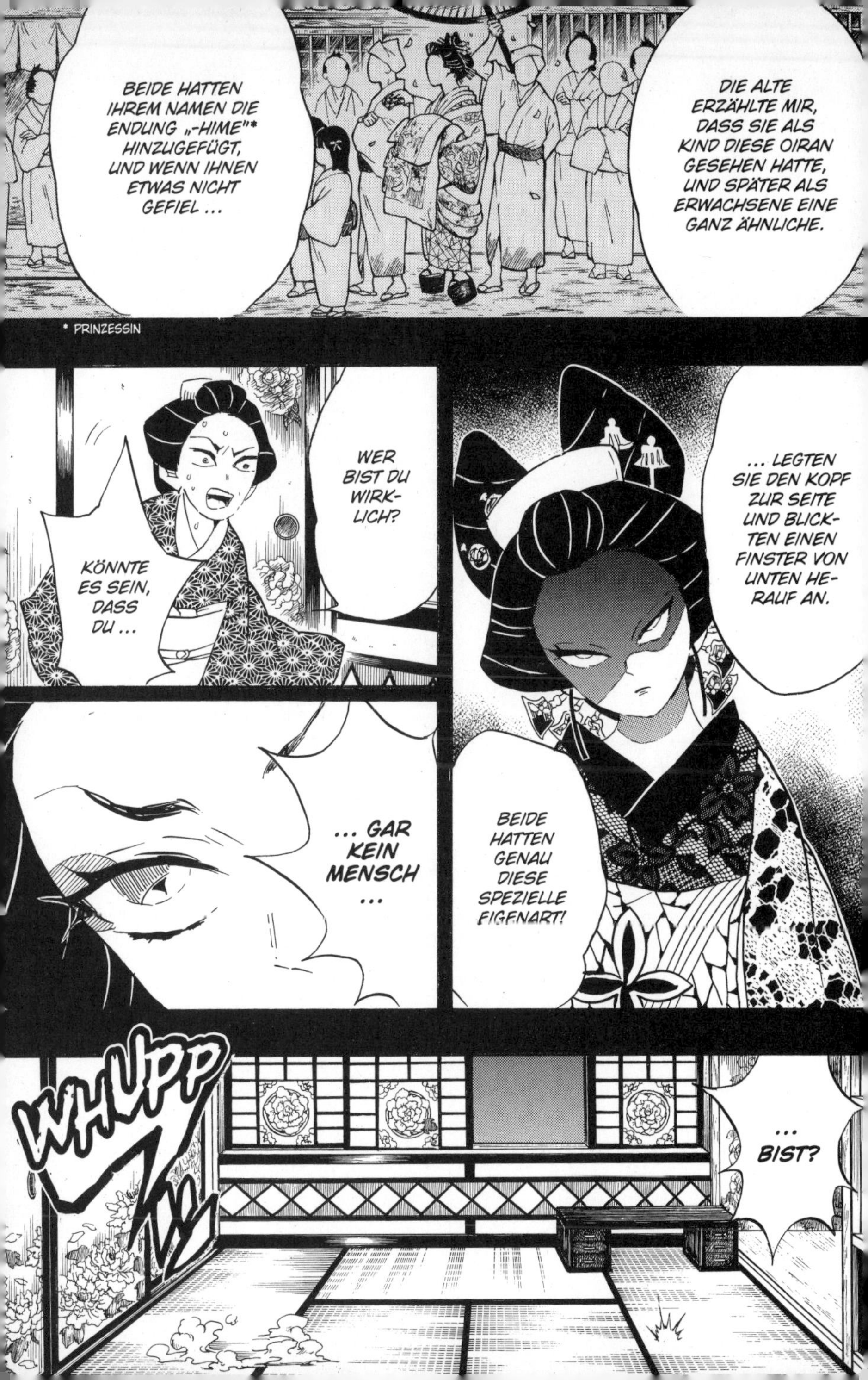
DIE ALTE ERZÄHLTE MIR, DASS SIE ALS KIND DIESE OIRAN GESEHEN HATTE, UND SPÄTER ALS ERWACHSENE EINE GANZ ÄHNLICHE.
BEIDE HATTEN IHREM NAMEN DIE ENDUNG „-HIME"* HINZUGEFÜGT, UND WENN IHNEN ETWAS NICHT GEFIEL …
… LEGTEN SIE DEN KOPF ZUR SEITE UND BLICKTEN EINEN FINSTER VON UNTEN HERAUF AN.
BEIDE HATTEN GENAU DIESE SPEZIELLE EIGENART!
WER BIST DU WIRKLICH?
KÖNNTE ES SEIN, DASS DU …
… GAR KEIN MENSCH …
… BIST?
WHUPP

* PRINZESSIN

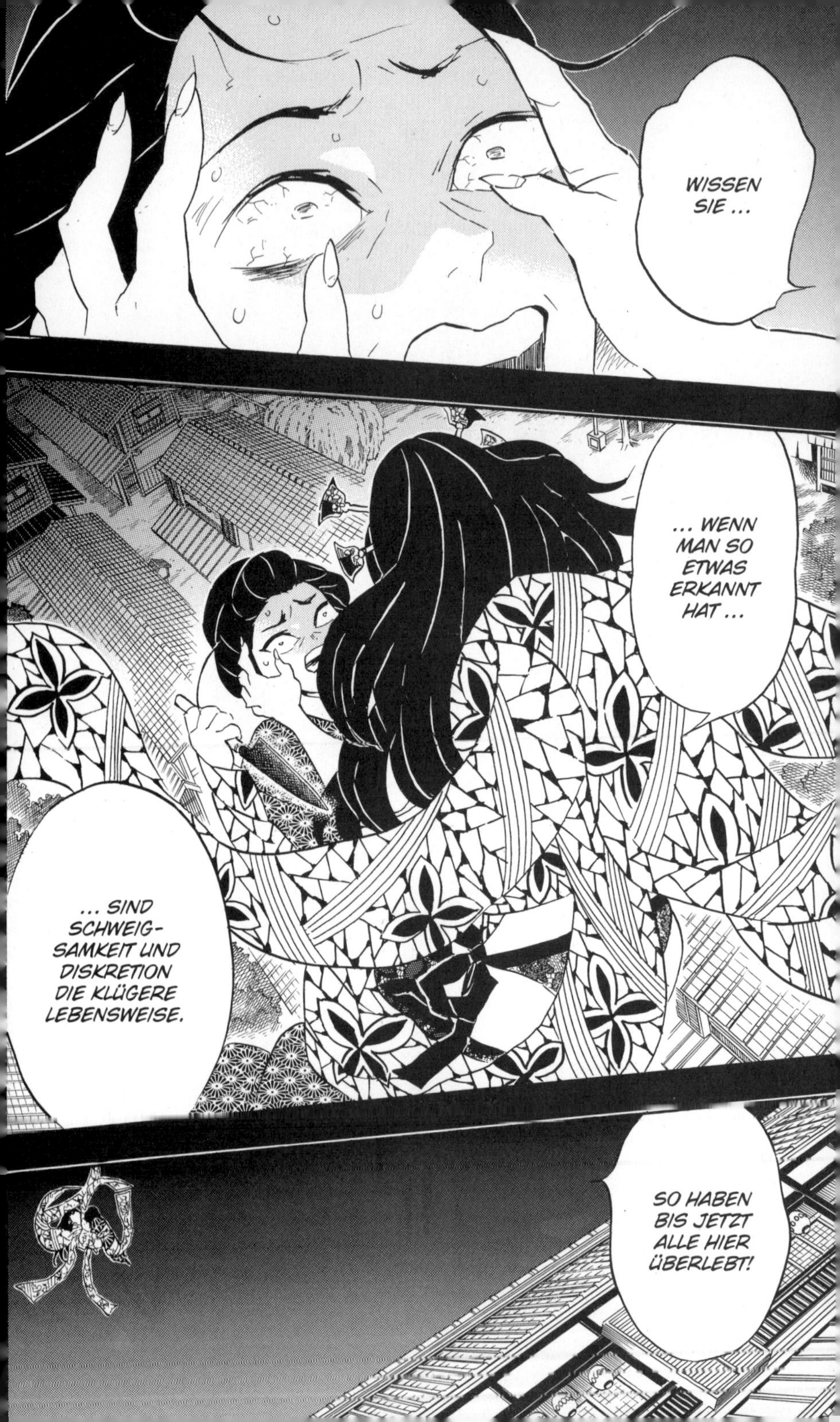
WISSEN SIE …
… WENN MAN SO ETWAS ERKANNT HAT …
… SIND SCHWEIG-SAMKEIT UND DISKRETION DIE KLÜGERE LEBENSWEISE.
SO HABEN BIS JETZT ALLE HIER ÜBERLEBT!

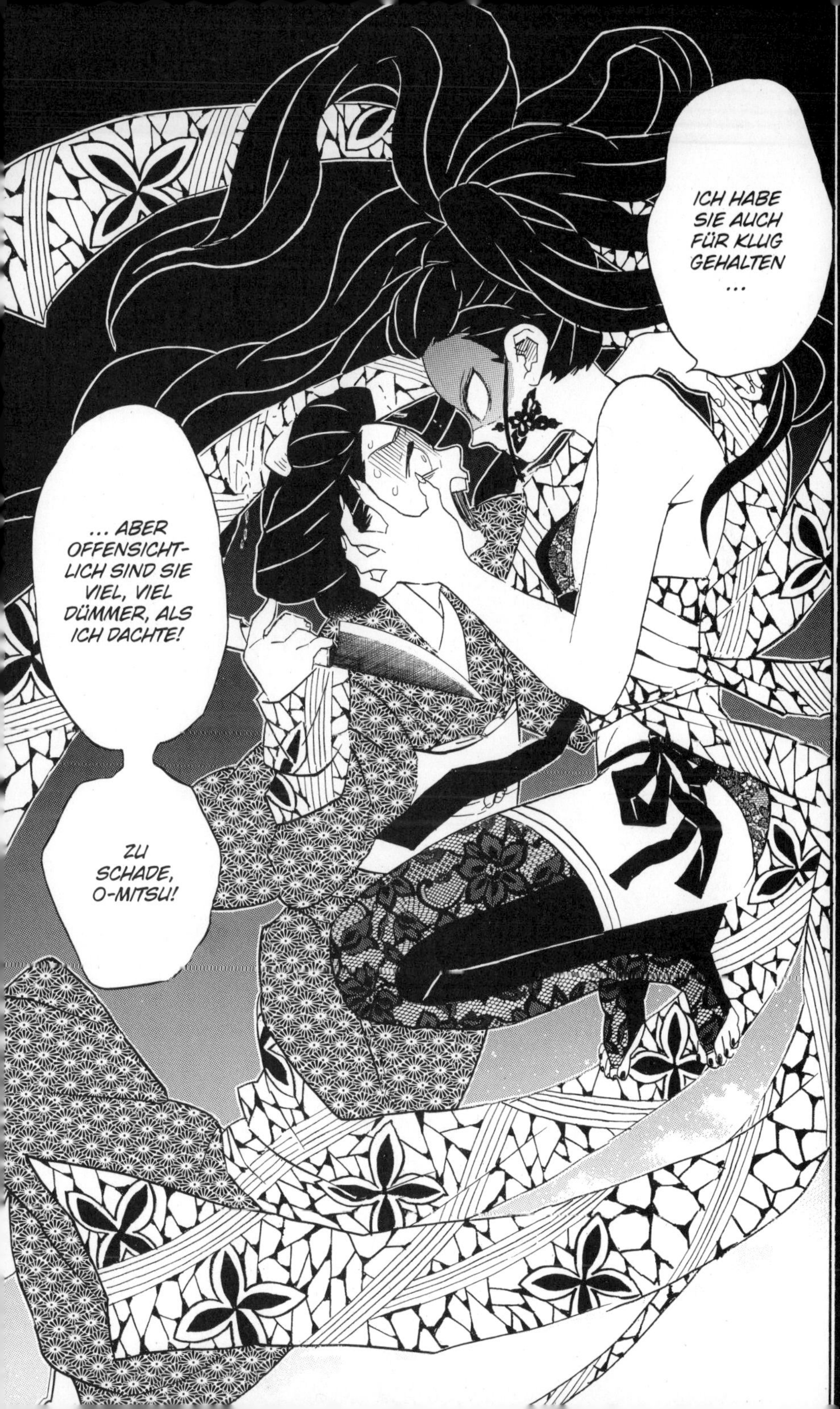
ICH HABE SIE AUCH FÜR KLUG GEHALTEN ...
... ABER OFFENSICHT-LICH SIND SIE VIEL, VIEL DÜMMER, ALS ICH DACHTE!
ZU SCHADE, O-MITSU!

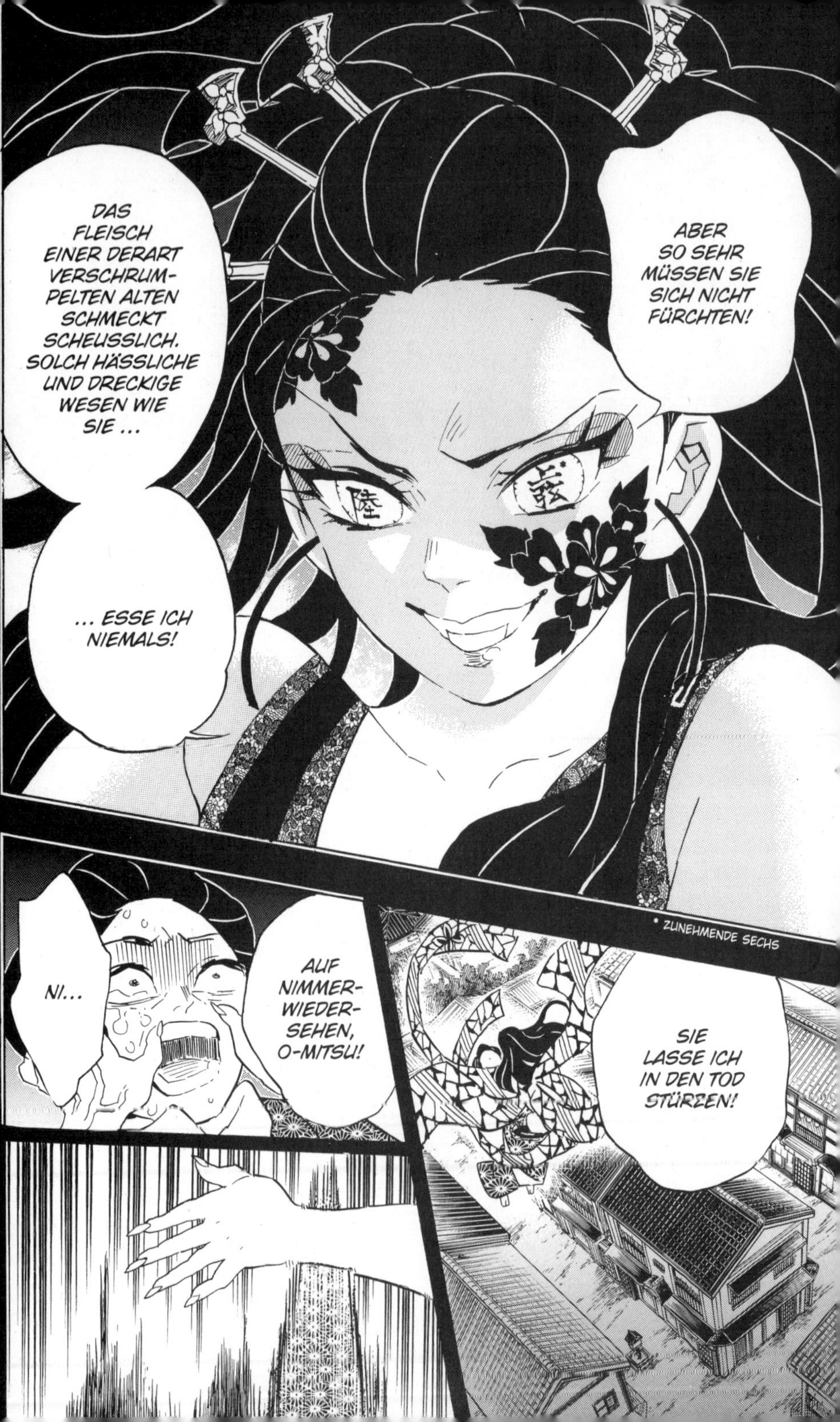
ABER SO SEHR MÜSSEN SIE SICH NICHT FÜRCHTEN!
DAS FLEISCH EINER DERART VERSCHRUMPELTEN ALTEN SCHMECKT SCHEUSSLICH. SOLCH HÄSSLICHE UND DRECKIGE WESEN WIE SIE …
… ESSE ICH NIEMALS!
* ZUNEHMENDE SECHS
SIE LASSE ICH IN DEN TOD STÜRZEN!
AUF NIMMERWIEDERSEHEN, O-MITSU!
NI…

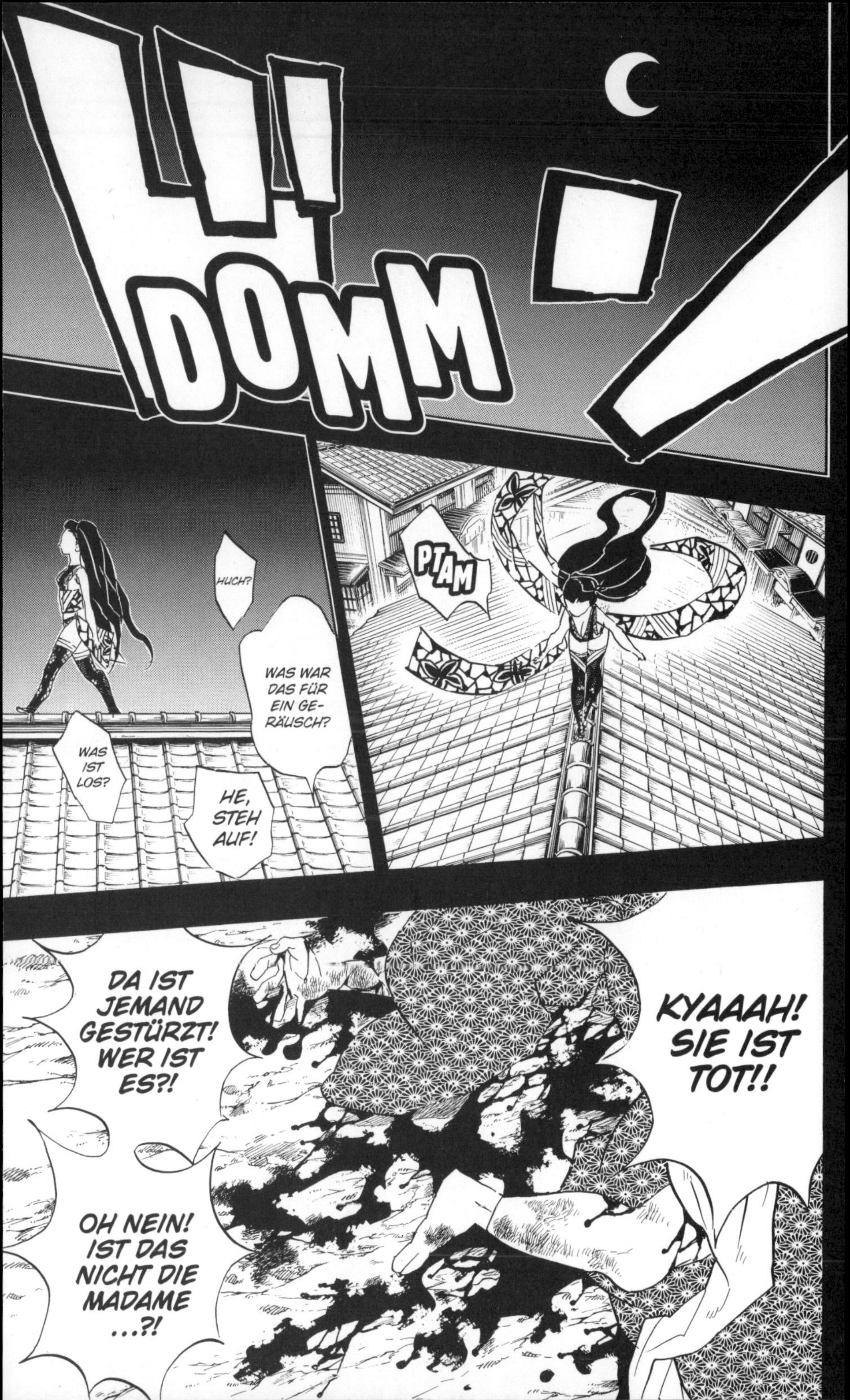
DOMM
HUCH?
WAS WAR DAS FÜR EIN GE-RÄUSCH?
PTAM
WAS IST LOS?
HE, STEH AUF!
KYAAAH! SIE IST TOT!!
DA IST JEMAND GESTÜRZT! WER IST ES?!
OH NEIN! IST DAS NICHT DIE MADAME ...?!

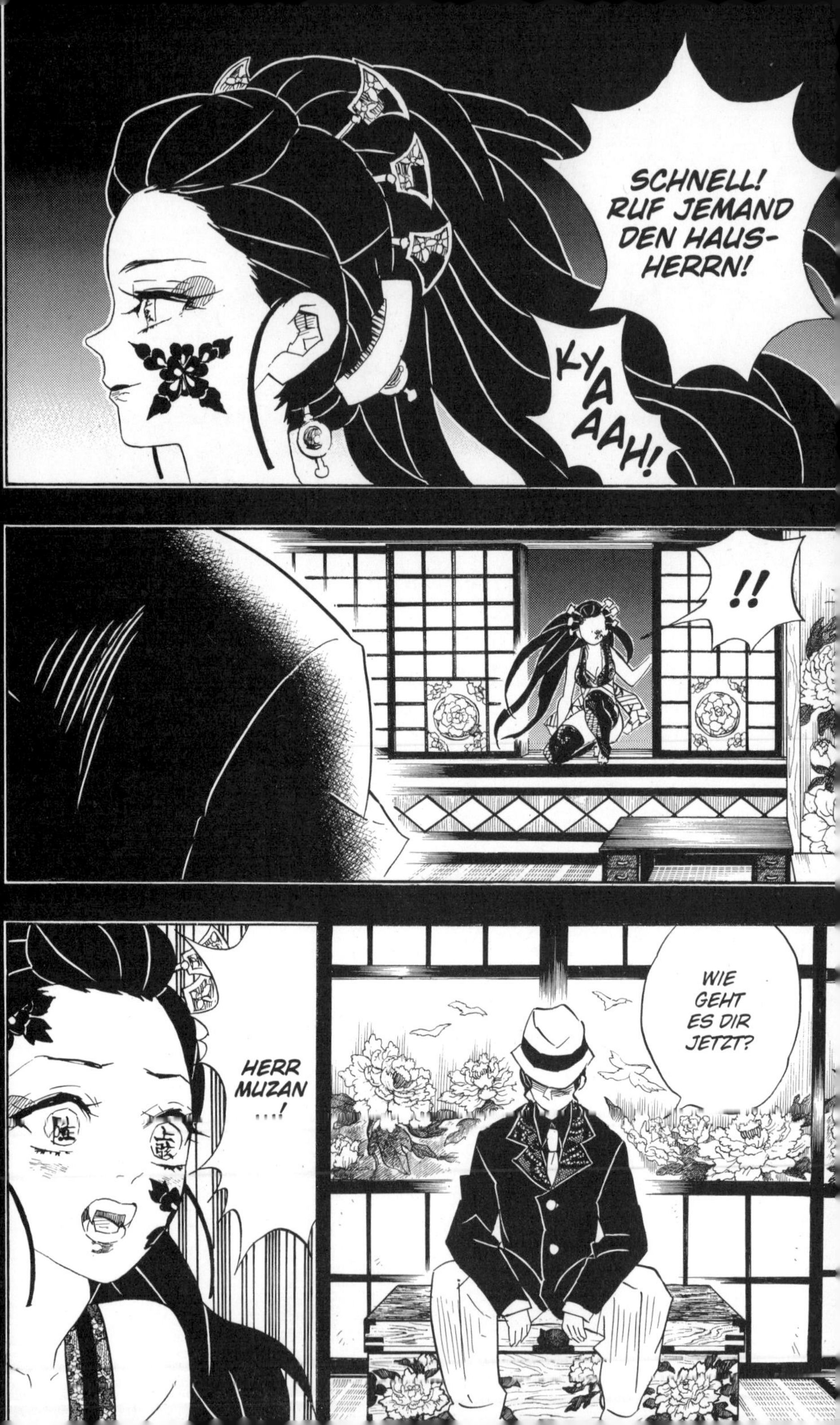
SCHNELL! RUF JEMAND DEN HAUS-HERRN!
KYAAAH!
!!
WIE GEHT ES DIR JETZT?
HERR MUZAN ...!

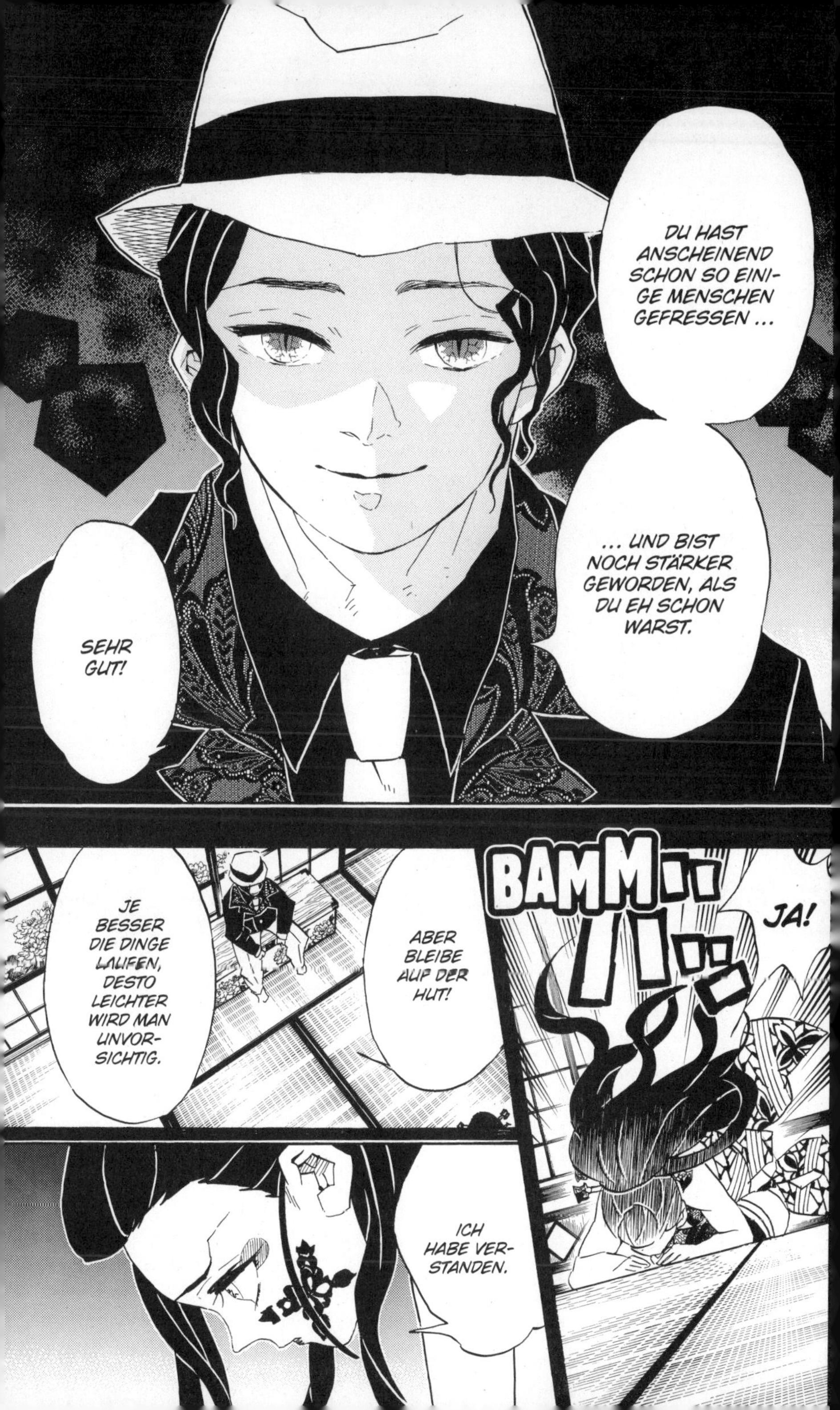
DU HAST ANSCHEINEND SCHON SO EINIGE MENSCHEN GEFRESSEN ...
... UND BIST NOCH STÄRKER GEWORDEN, ALS DU EH SCHON WARST.
SEHR GUT!
BAMM...
JA!
ABER BLEIBE AUF DER HUT!
JE BESSER DIE DINGE LAUFEN, DESTO LEICHTER WIRD MAN UNVORSICHTIG.
ICH HABE VERSTANDEN.

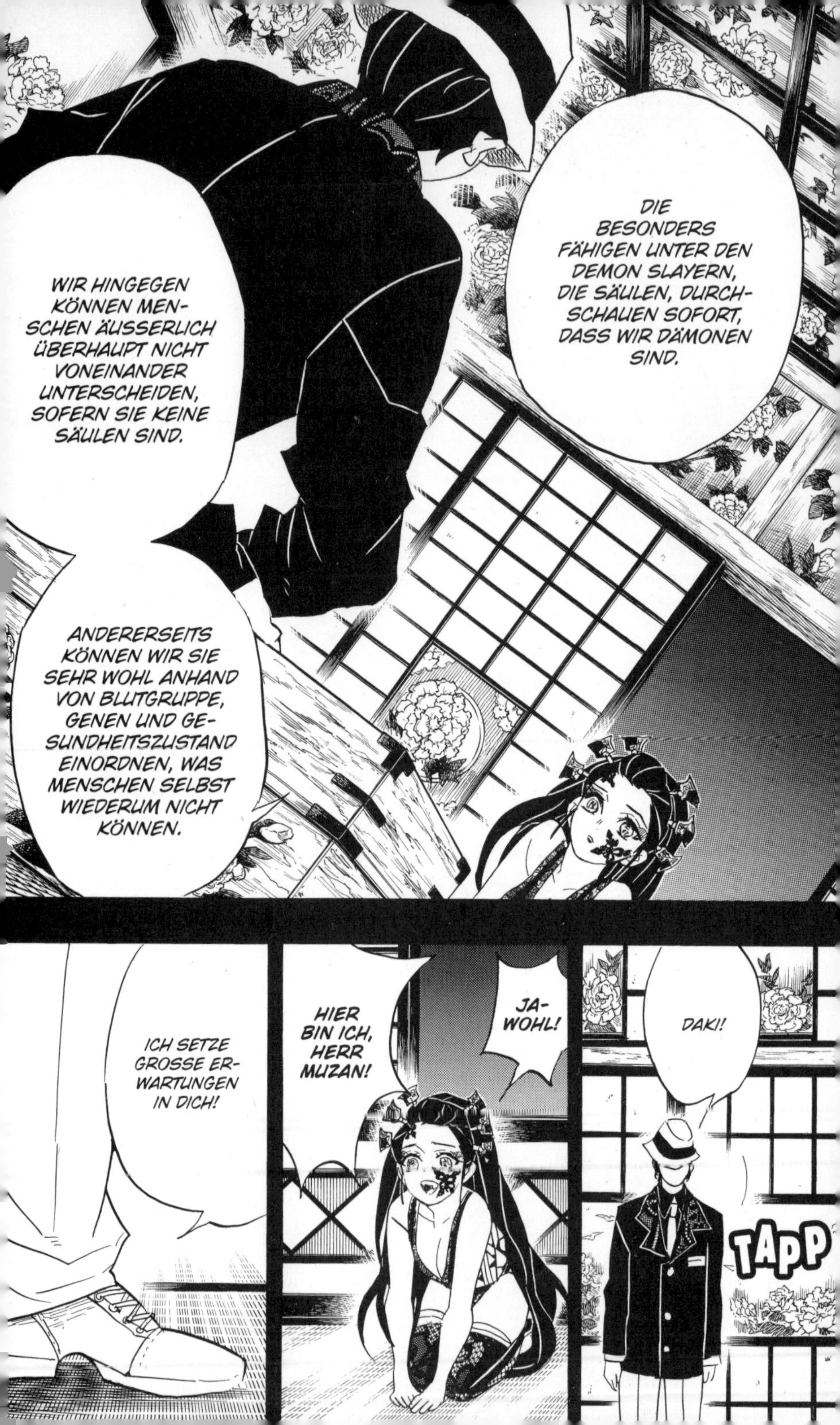
DIE BESONDERS FÄHIGEN UNTER DEN DEMON SLAYERN, DIE SÄULEN, DURCHSCHAUEN SOFORT, DASS WIR DÄMONEN SIND.
WIR HINGEGEN KÖNNEN MENSCHEN ÄUSSERLICH ÜBERHAUPT NICHT VONEINANDER UNTERSCHEIDEN, SOFERN SIE KEINE SÄULEN SIND.
ANDERERSEITS KÖNNEN WIR SIE SEHR WOHL ANHAND VON BLUTGRUPPE, GENEN UND GESUNDHEITSZUSTAND EINORDNEN, WAS MENSCHEN SELBST WIEDERUM NICHT KÖNNEN.
TAPP
DAKI!
JAWOHL!
HIER BIN ICH, HERR MUZAN!
ICH SETZE GROSSE ERWARTUNGEN IN DICH!

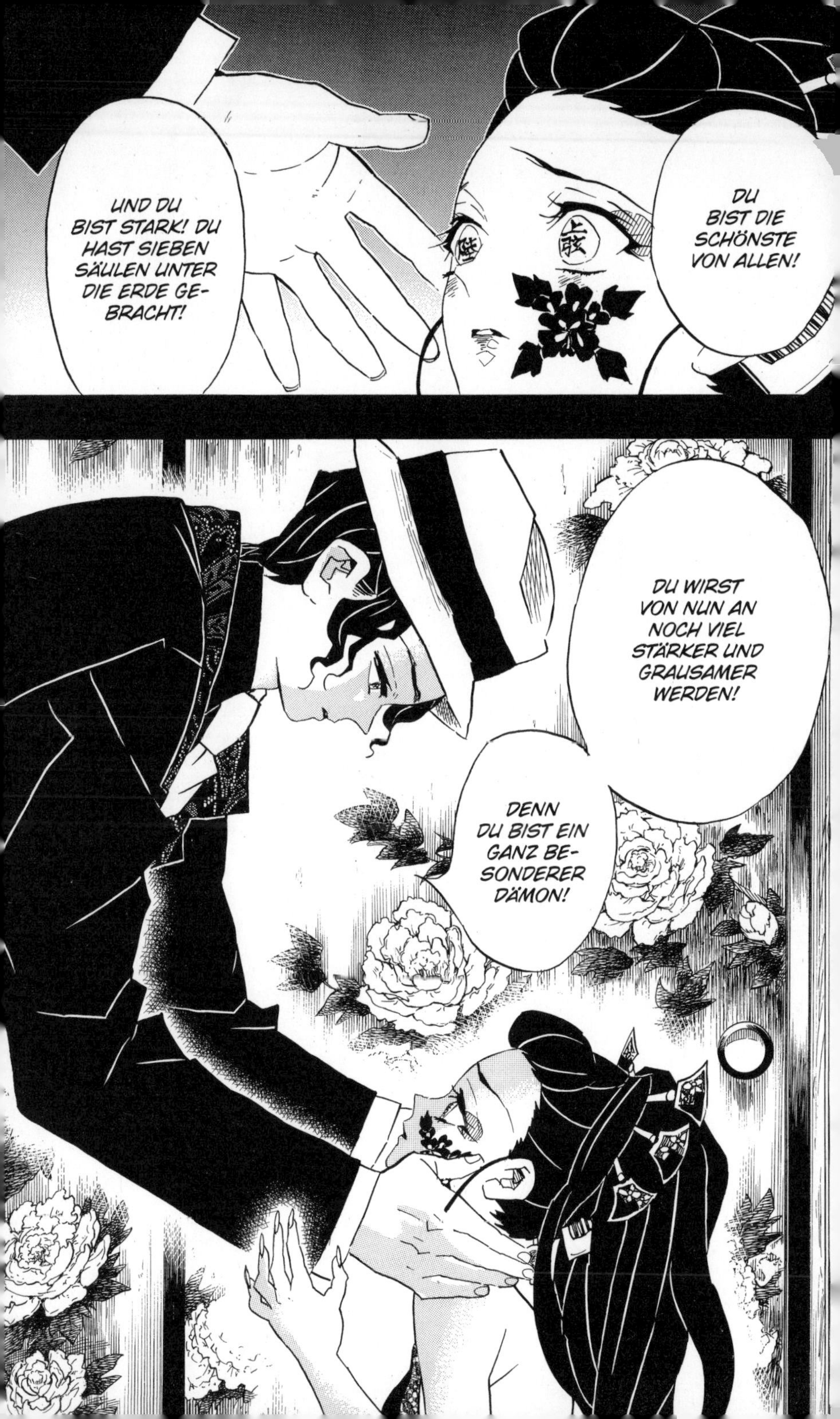
DU BIST DIE SCHÖNSTE VON ALLEN!
UND DU BIST STARK! DU HAST SIEBEN SÄULEN UNTER DIE ERDE GEBRACHT!
DU WIRST VON NUN AN NOCH VIEL STÄRKER UND GRAUSAMER WERDEN!
DENN DU BIST EIN GANZ BESONDERER DÄMON!

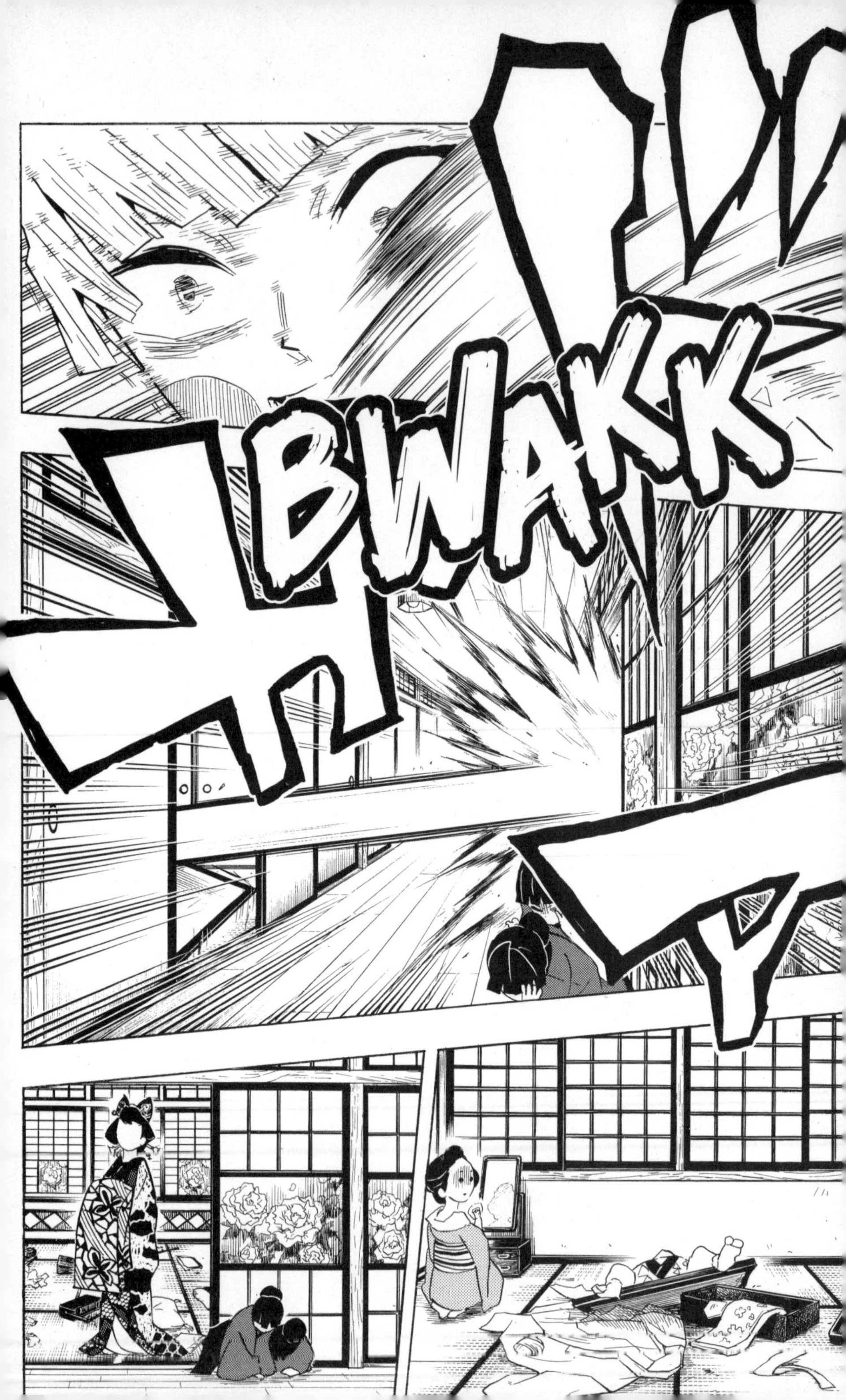
BWAKK

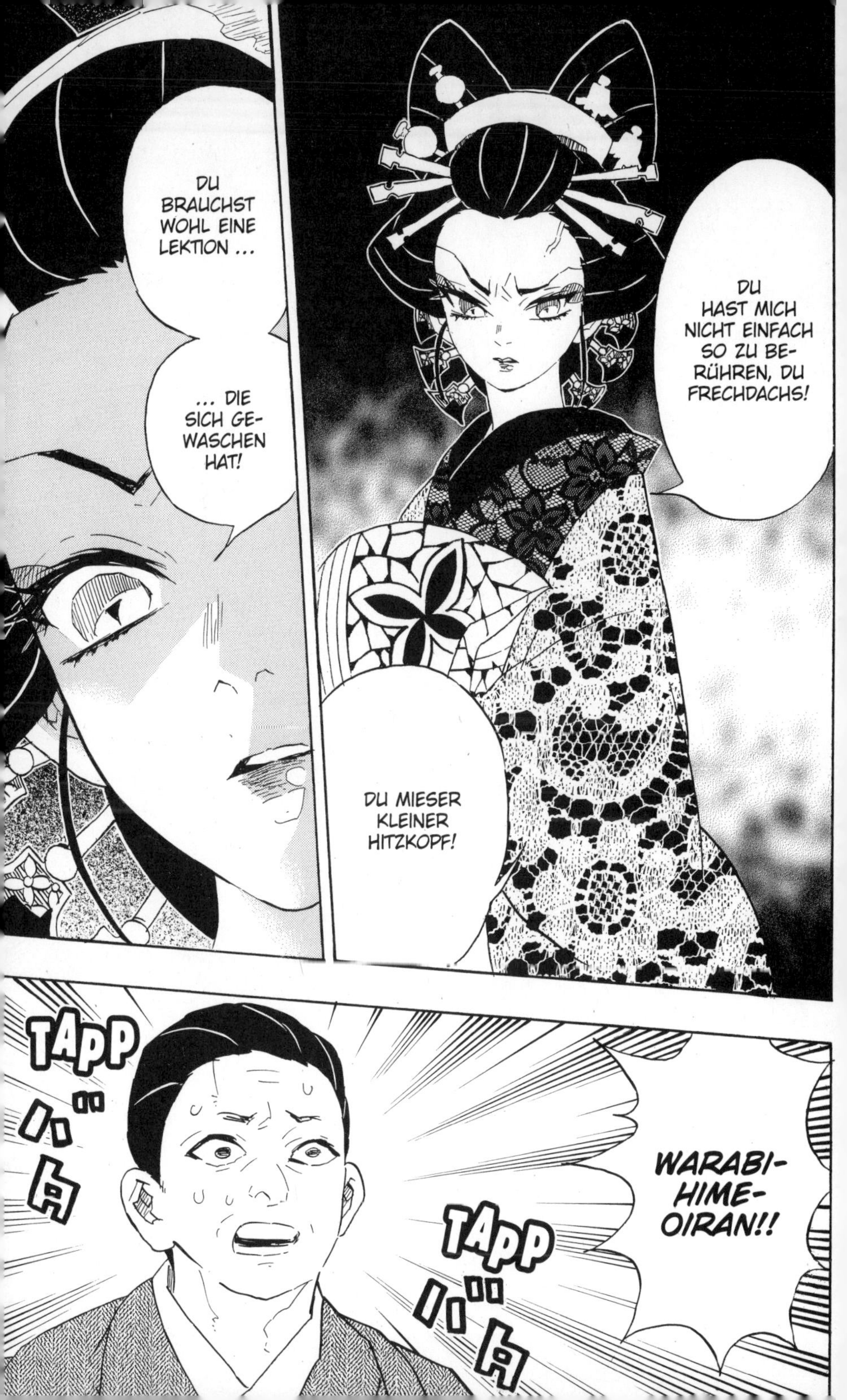
DU HAST MICH NICHT EINFACH SO ZU BERÜHREN, DU FRECHDACHS!
DU MIESER KLEINER HITZKOPF!
DU BRAUCHST WOHL EINE LEKTION …
… DIE SICH GEWASCHEN HAT!
WARABI-HIME-OIRAN!!
TAPP
TAPP

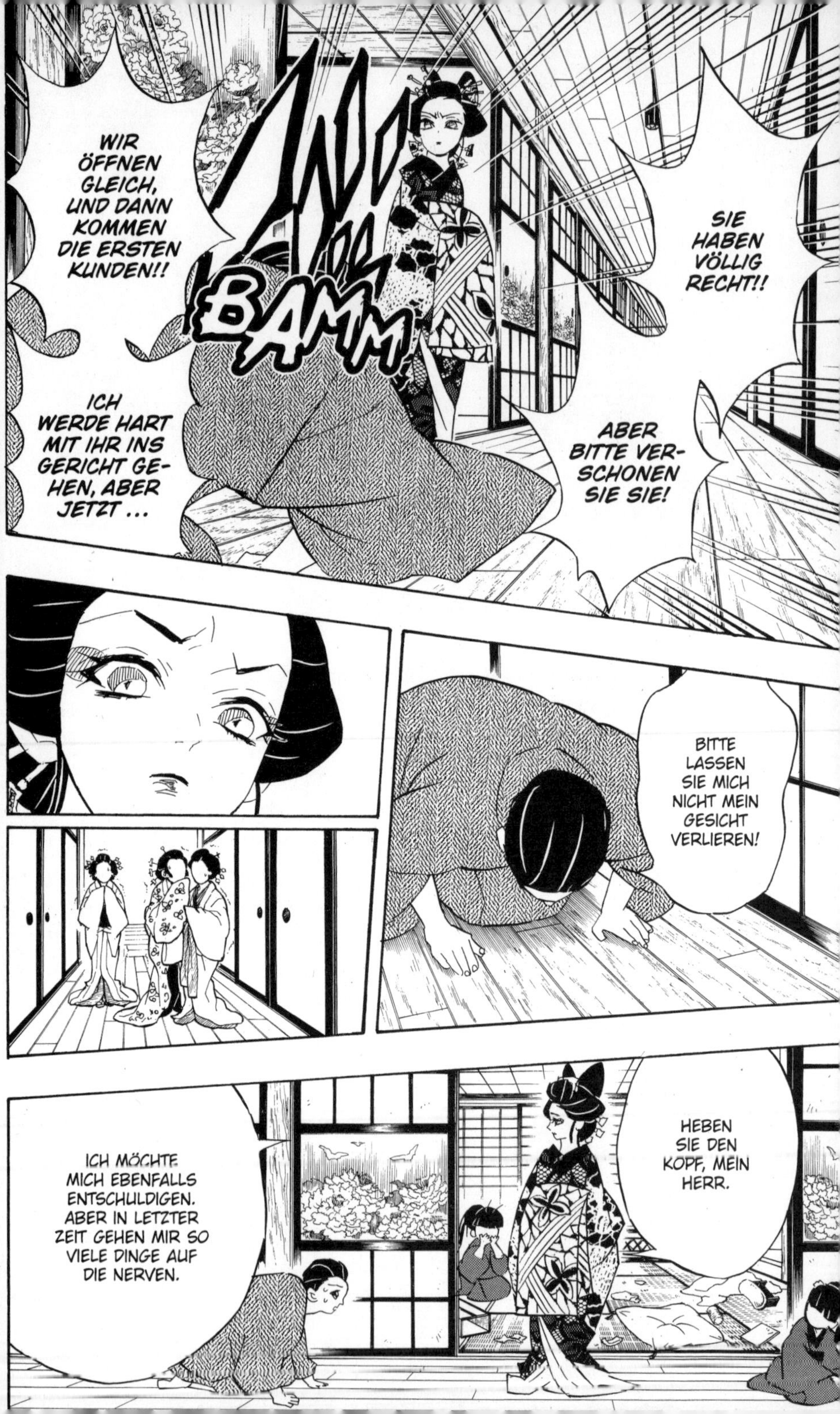
SIE HABEN VÖLLIG RECHT!!
ABER BITTE VERSCHONEN SIE SIE!
WIR ÖFFNEN GLEICH, UND DANN KOMMEN DIE ERSTEN KUNDEN!!
ICH WERDE HART MIT IHR INS GERICHT GEHEN, ABER JETZT ...
BAMM
BITTE LASSEN SIE MICH NICHT MEIN GESICHT VERLIEREN!
HEBEN SIE DEN KOPF, MEIN HERR.
ICH MÖCHTE MICH EBENFALLS ENTSCHULDIGEN. ABER IN LETZTER ZEIT GEHEN MIR SO VIELE DINGE AUF DIE NERVEN.

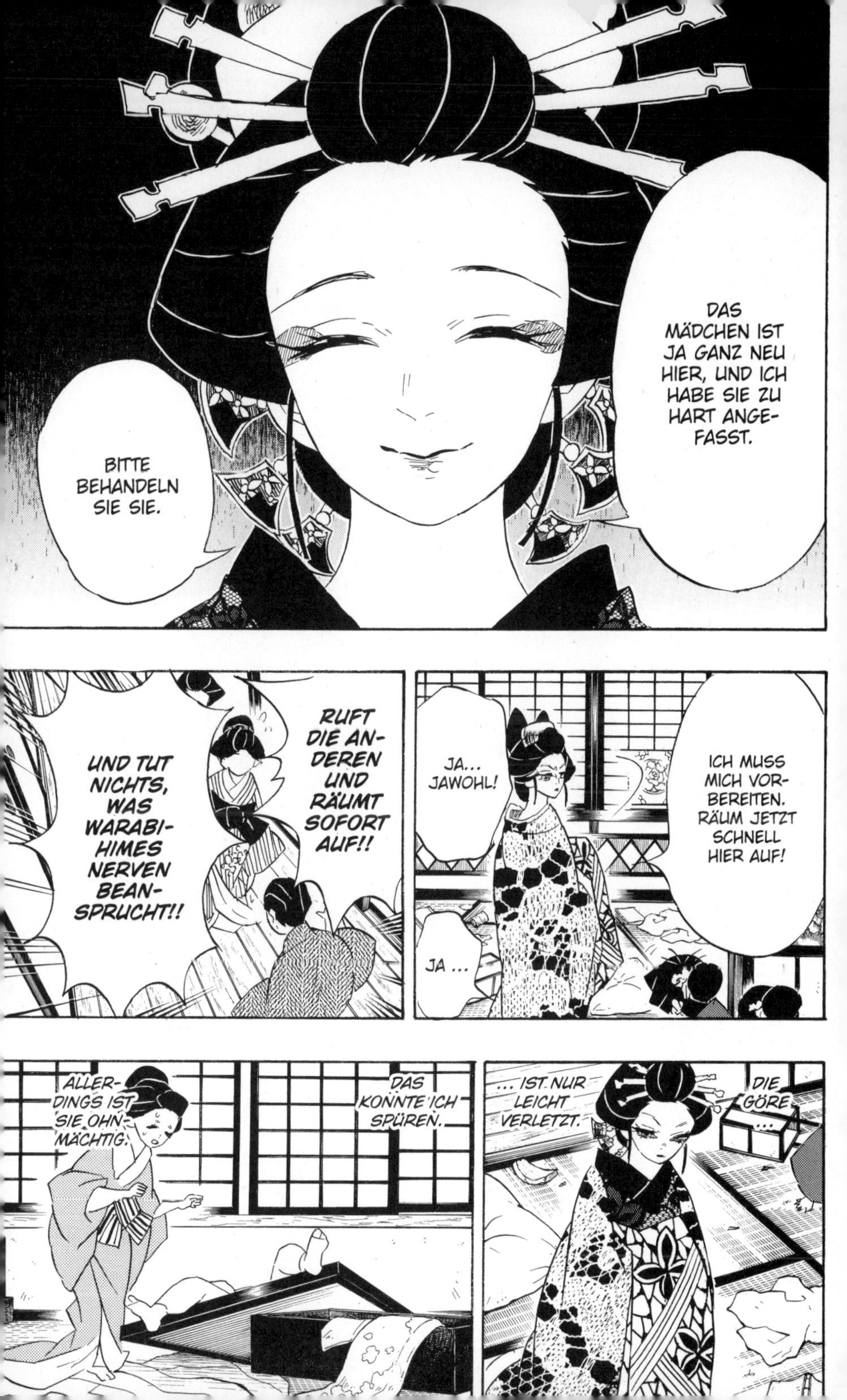

DAS MÄDCHEN IST JA GANZ NEU HIER, UND ICH HABE SIE ZU HART ANGE-FASST.
BITTE BEHANDELN SIE SIE.
ICH MUSS MICH VOR-BEREITEN. RÄUM JETZT SCHNELL HIER AUF!
JA... JAWOHL!
JA ...
RUFT DIE AN-DEREN UND RÄUMT SOFORT AUF!!
UND TUT NICHTS, WAS WARABI-HIMES NERVEN BEAN-SPRUCHT!!
DIE GÖRE ...
... IST NUR LEICHT VERLETZT.
DAS KONNTE ICH SPÜREN.
ALLER-DINGS IST SIE OHN-MÄCHTIG.

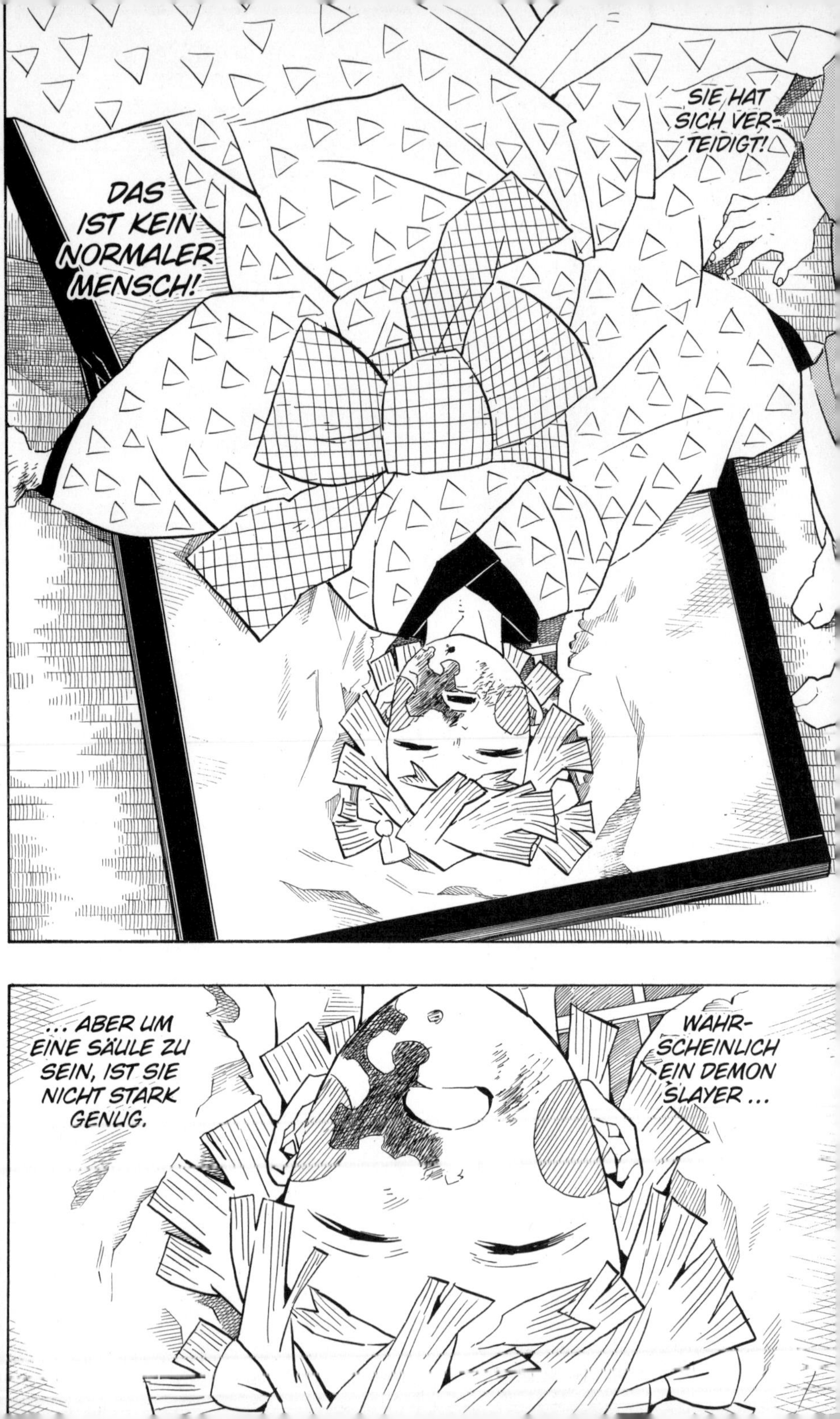
SIE HAT SICH VERTEIDIGT!
DAS IST KEIN NORMALER MENSCH!
WAHRSCHEINLICH EIN DEMON SLAYER …
… ABER UM EINE SÄULE ZU SEIN, IST SIE NICHT STARK GENUG.

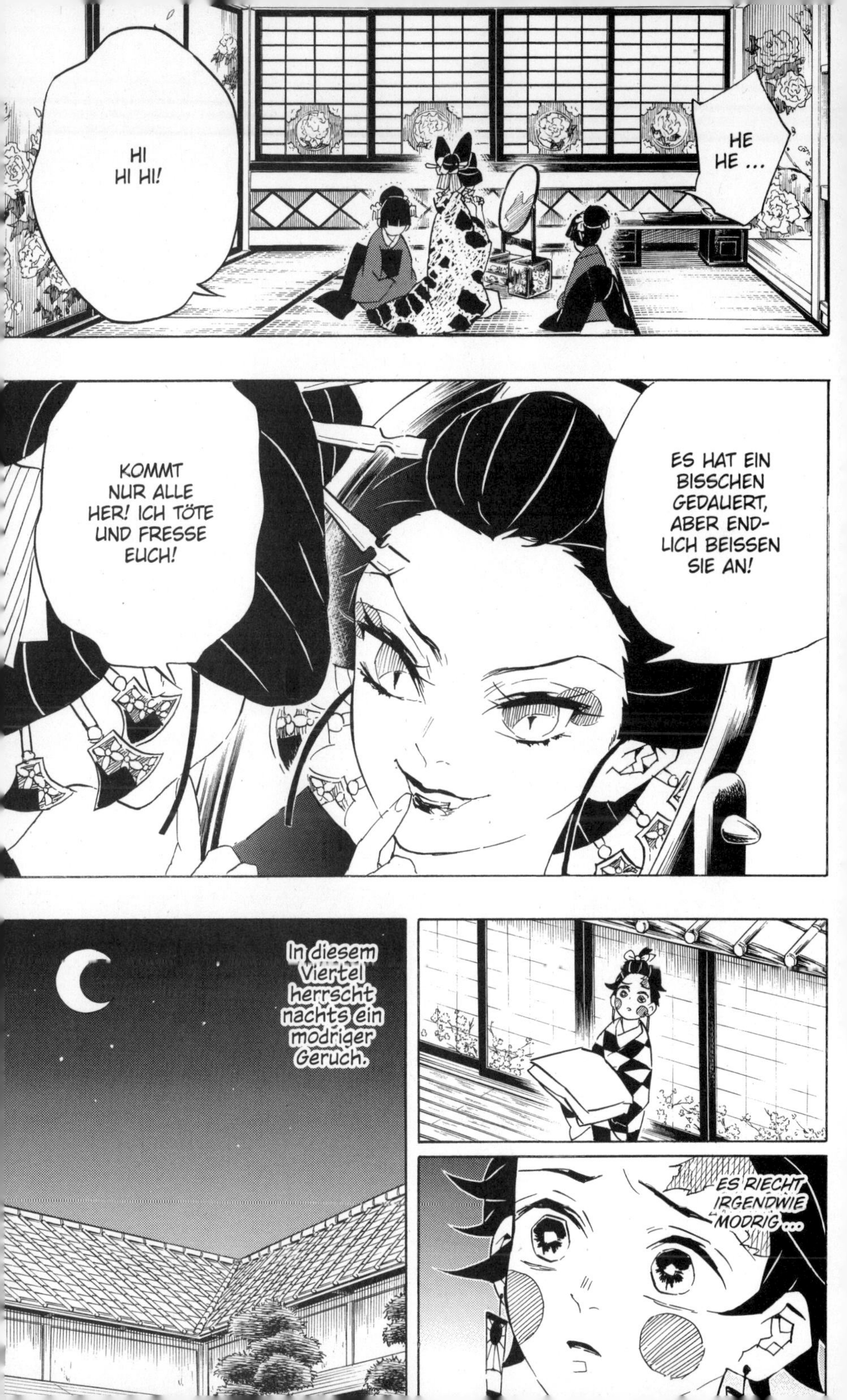

HE
HE …
HI
HI HI!
ES HAT EIN BISSCHEN GEDAUERT, ABER END-LICH BEISSEN SIE AN!
KOMMT NUR ALLE HER! ICH TÖTE UND FRESSE EUCH!
In diesem Viertel herrscht nachts ein modriger Geruch.
ES RIECHT IRGENDWIE MODRIG …

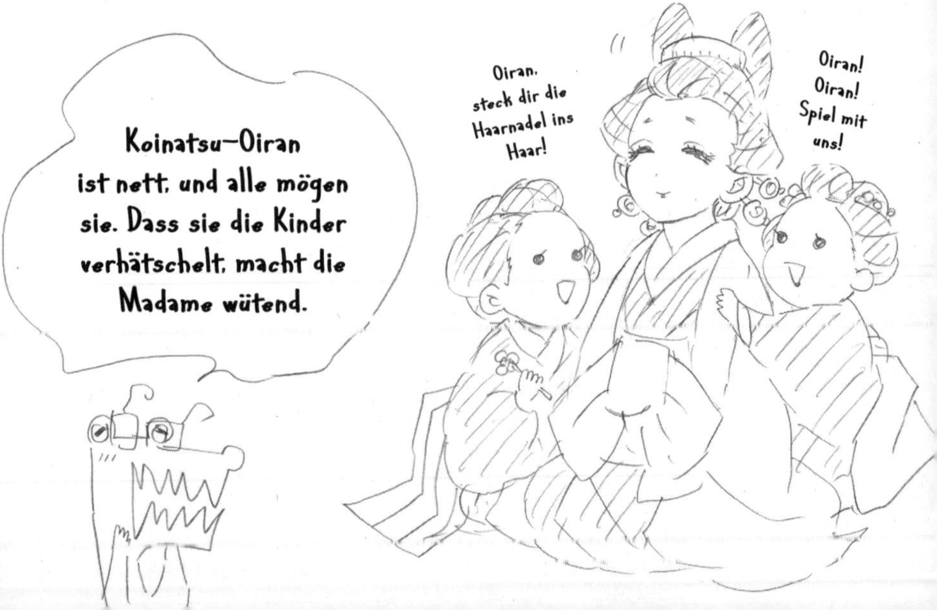

Oiran! Oiran! Spiel mit uns!
Oiran, steck dir die Haarnadel ins Haar!
Koinatsu-Oiran ist nett, und alle mögen sie. Dass sie die Kinder verhätschelt, macht die Madame wütend.

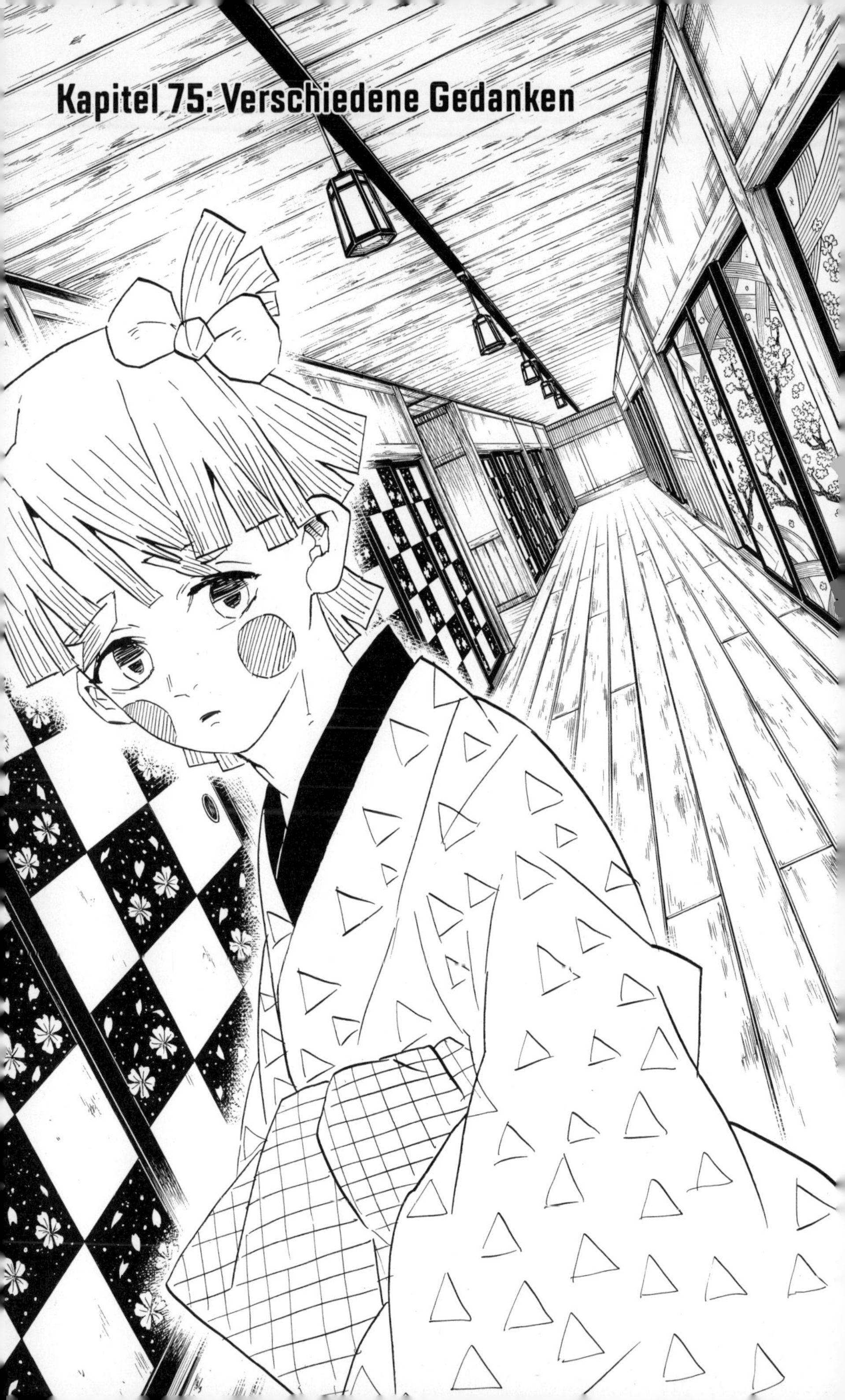
Kapitel 75: Verschiedene Gedanken

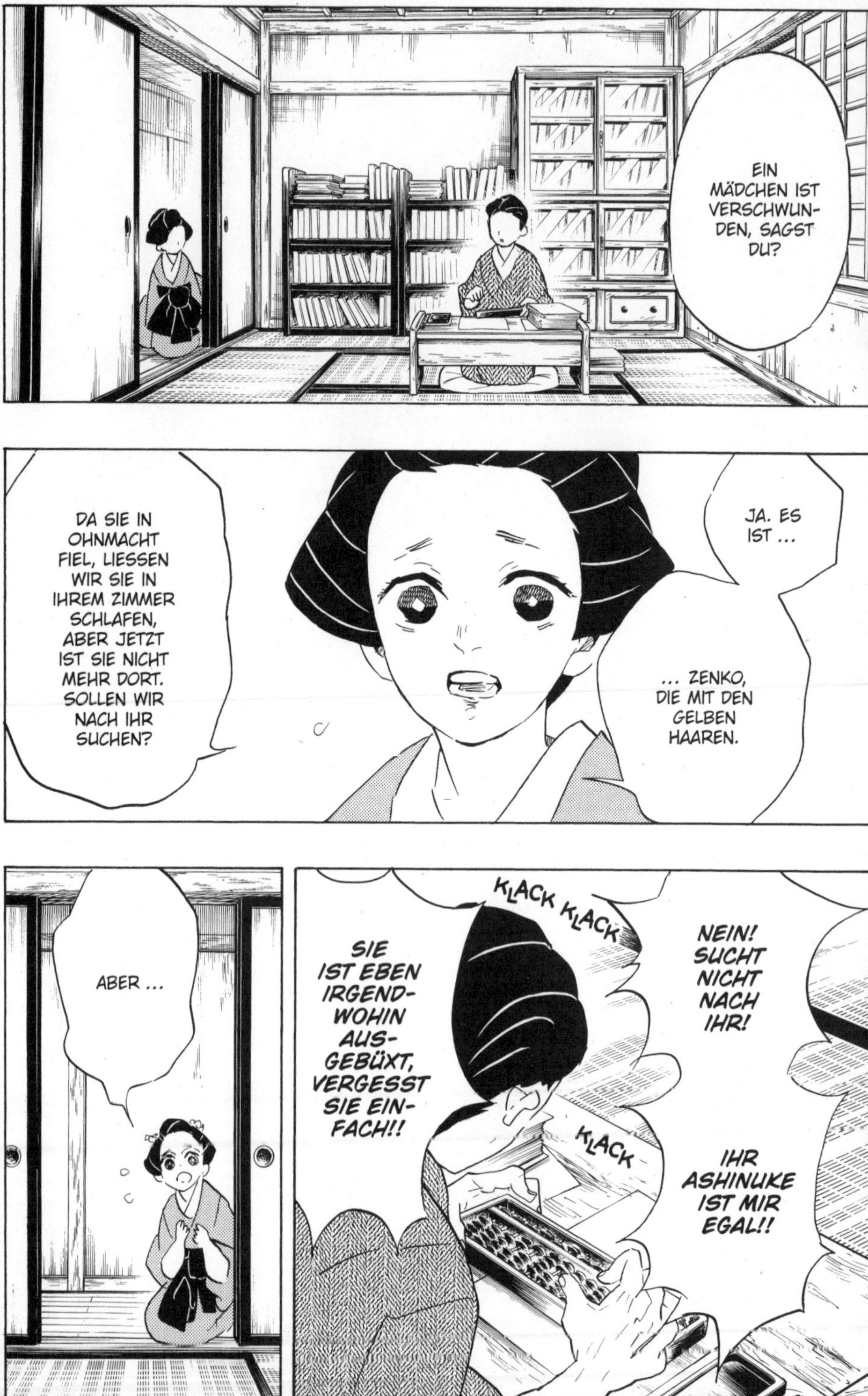
EIN MÄDCHEN IST VERSCHWUNDEN, SAGST DU?
JA. ES IST …
… ZENKO, DIE MIT DEN GELBEN HAAREN.
DA SIE IN OHNMACHT FIEL, LIESSEN WIR SIE IN IHREM ZIMMER SCHLAFEN, ABER JETZT IST SIE NICHT MEHR DORT. SOLLEN WIR NACH IHR SUCHEN?
NEIN! SUCHT NICHT NACH IHR!
KLACK KLACK
SIE IST EBEN IRGENDWOHIN AUSGEBÜXT, VERGESST SIE EINFACH!!
KLACK
IHR ASHINUKE IST MIR EGAL!!
ABER …

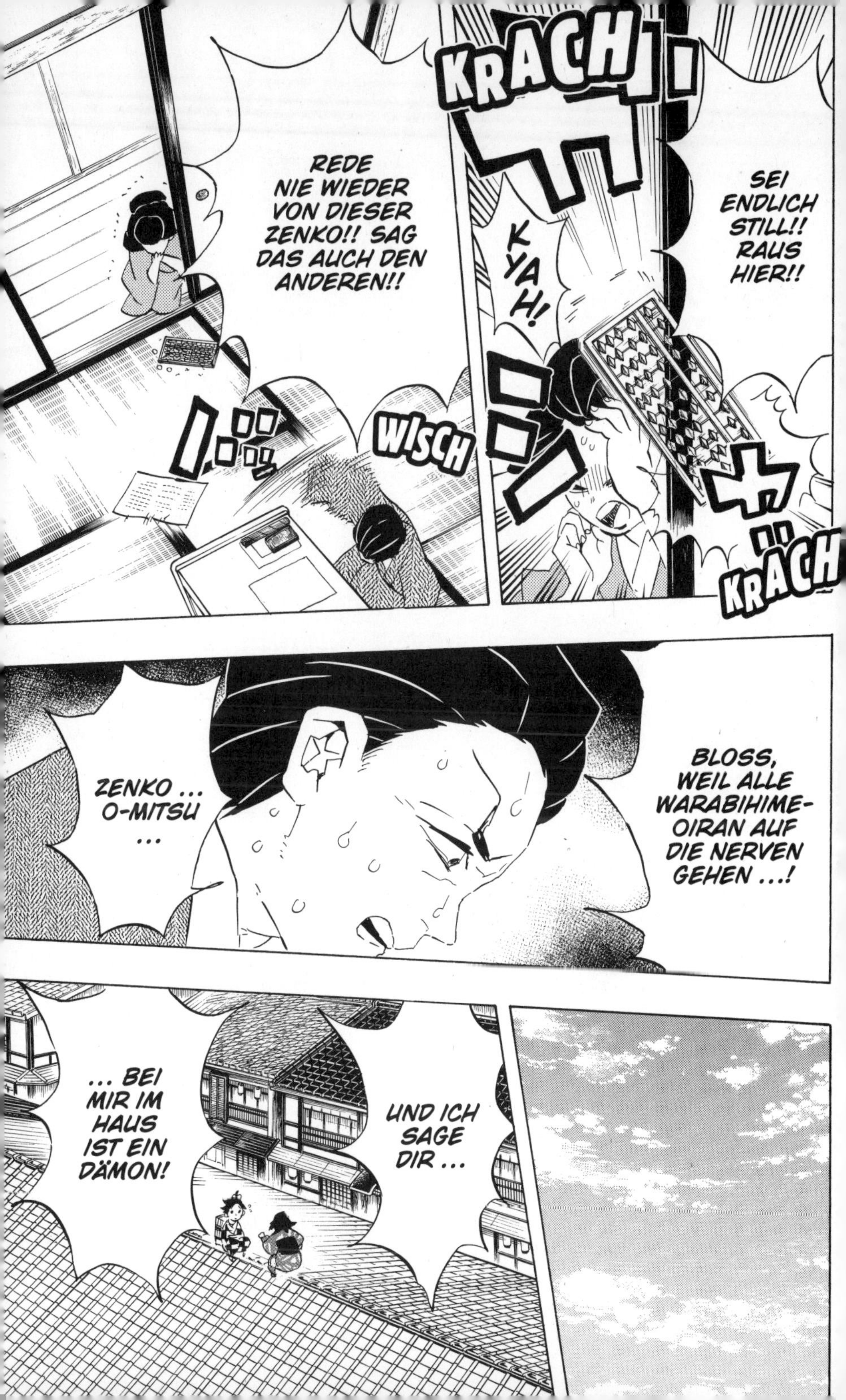

KRACH
SEI ENDLICH STILL!! RAUS HIER!!
KYAH!
KRÄCH
REDE NIE WIEDER VON DIESER ZENKO!! SAG DAS AUCH DEN ANDEREN!!
WISCH
BLOSS, WEIL ALLE WARABIHIME-OIRAN AUF DIE NERVEN GEHEN …!
ZENKO … O-MITSU …
UND ICH SAGE DIR …
… BEI MIR IM HAUS IST EIN DÄMON!

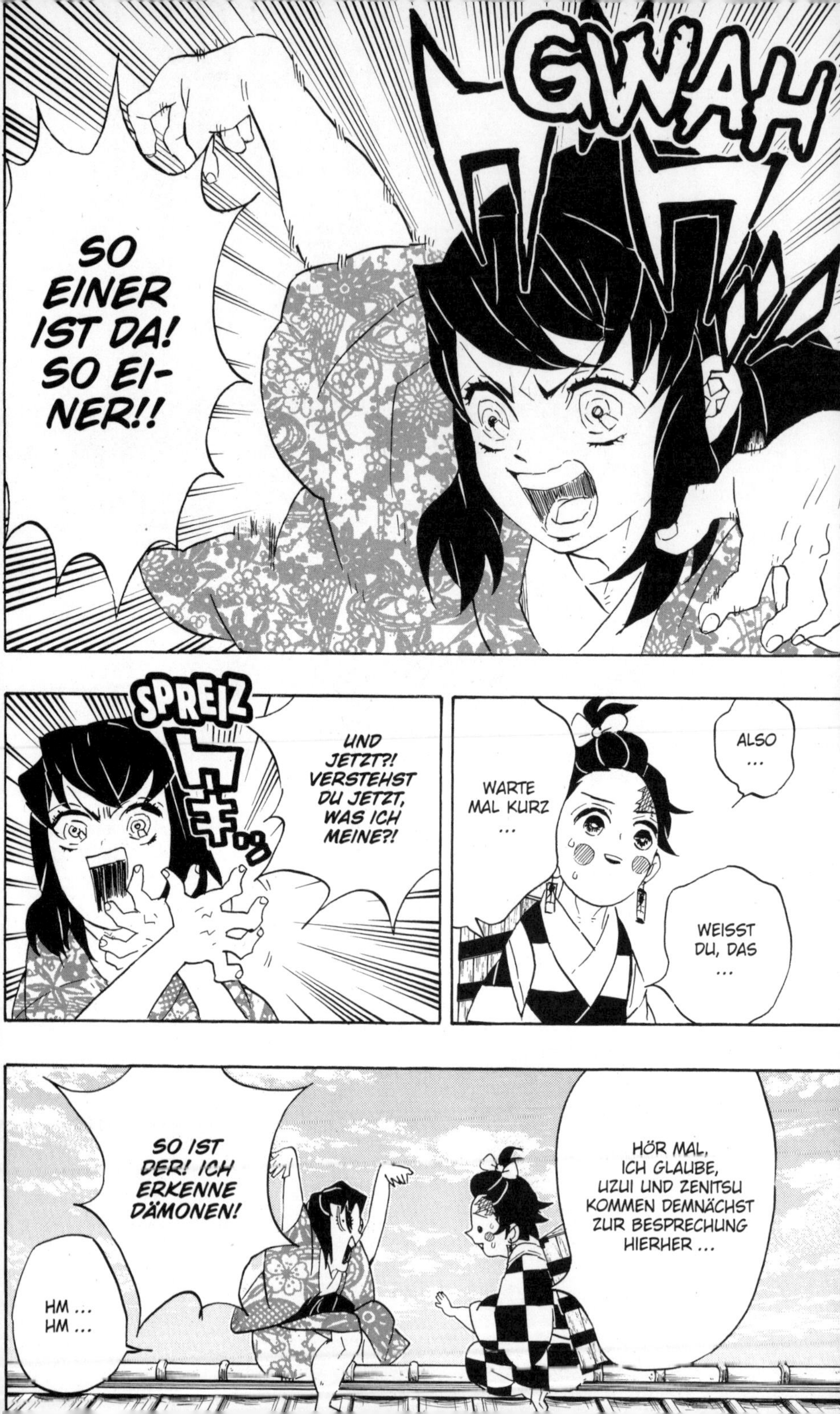
GWAH
SO EINER IST DA! SO EI-NER!!
ALSO …
WARTE MAL KURZ …
WEISST DU, DAS …
SPREIZ
UND JETZT?! VERSTEHST DU JETZT, WAS ICH MEINE?!
HÖR MAL, ICH GLAUBE, UZUI UND ZENITSU KOMMEN DEMNÄCHST ZUR BESPRECHUNG HIERHER …
SO IST DER! ICH ERKENNE DÄMONEN!
HM … HM …

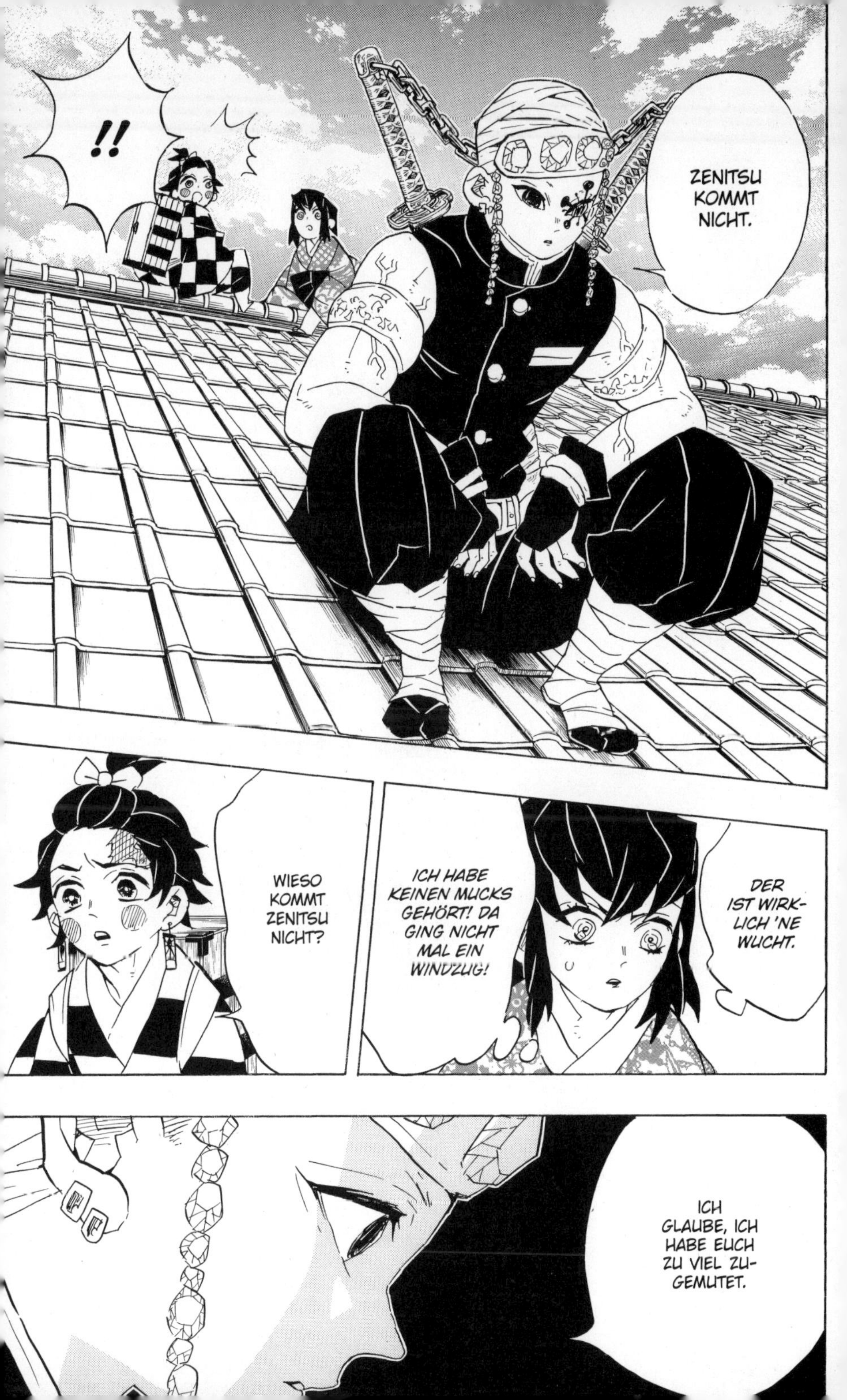
ZENITSU KOMMT NICHT.
!!
WIESO KOMMT ZENITSU NICHT?
DER IST WIRK-LICH 'NE WUCHT.
ICH HABE KEINEN MUCKS GEHÖRT! DA GING NICHT MAL EIN WINDZUG!
ICH GLAUBE, ICH HABE EUCH ZU VIEL ZU-GEMUTET.

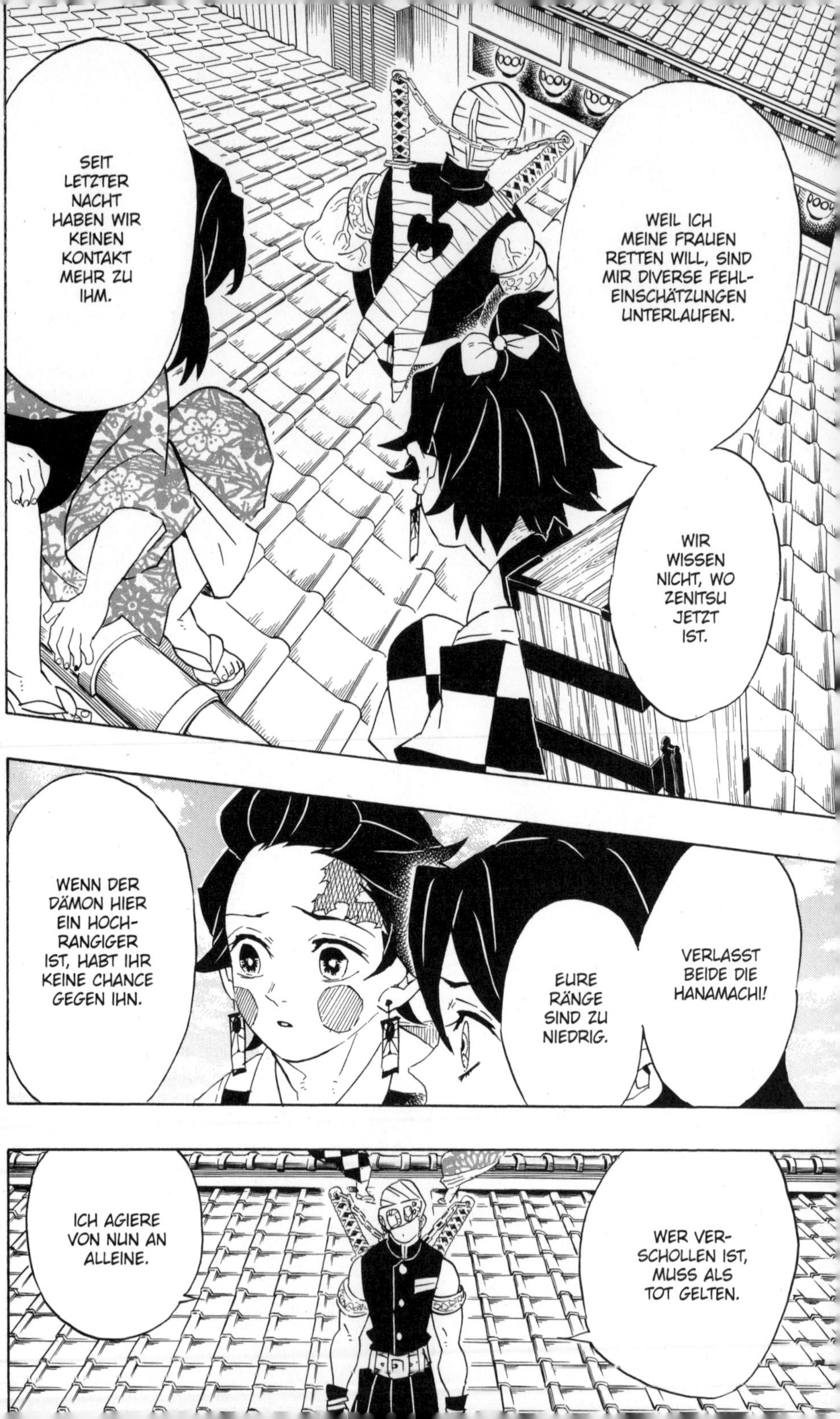
WEIL ICH MEINE FRAUEN RETTEN WILL, SIND MIR DIVERSE FEHL-EINSCHÄTZUNGEN UNTERLAUFEN.
WIR WISSEN NICHT, WO ZENITSU JETZT IST.
SEIT LETZTER NACHT HABEN WIR KEINEN KONTAKT MEHR ZU IHM.
VERLASST BEIDE DIE HANAMACHI!
EURE RÄNGE SIND ZU NIEDRIG.
WENN DER DÄMON HIER EIN HOCH-RANGIGER IST, HABT IHR KEINE CHANCE GEGEN IHN.
WER VER-SCHOLLEN IST, MUSS ALS TOT GELTEN.
ICH AGIERE VON NUN AN ALLEINE.

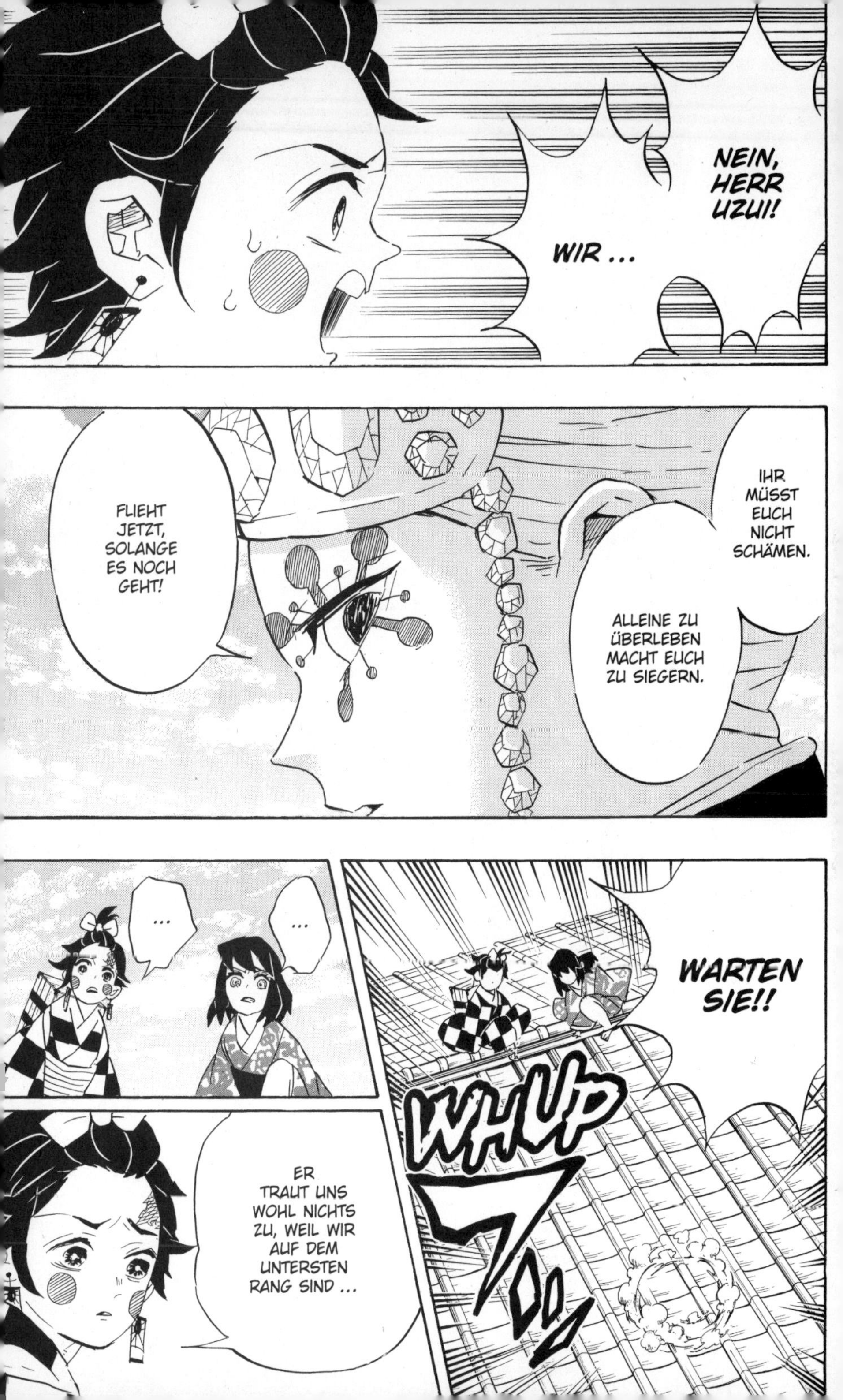
NEIN, HERR UZUI!
WIR …
IHR MÜSST EUCH NICHT SCHÄMEN.
ALLEINE ZU ÜBERLEBEN MACHT EUCH ZU SIEGERN.
FLIEHT JETZT, SOLANGE ES NOCH GEHT!
WARTEN SIE!!
WHUP
…
…
ER TRAUT UNS WOHL NICHTS ZU, WEIL WIR AUF DEM UNTERSTEN RANG SIND …

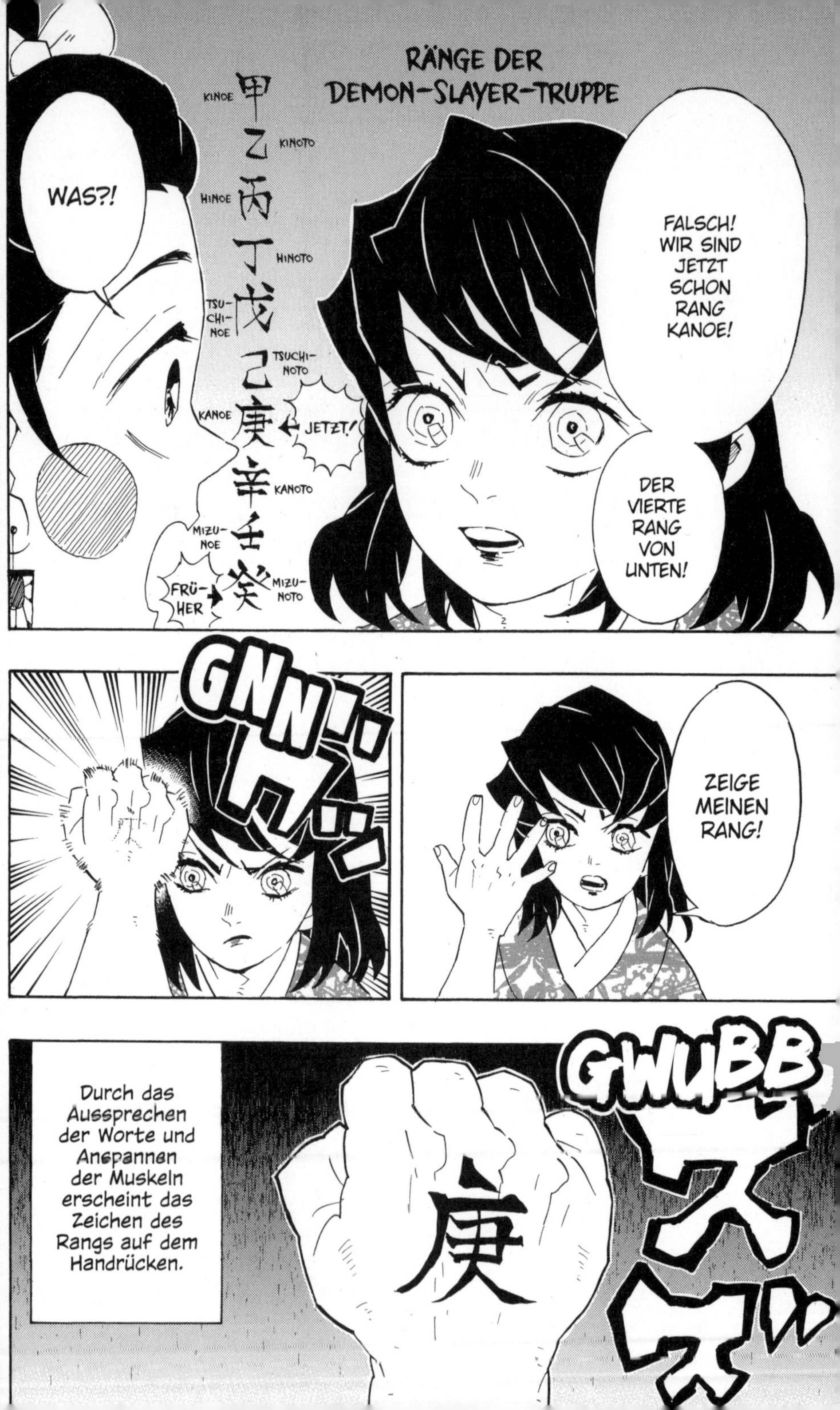
RÄNGE DER DEMON-SLAYER-TRUPPE
甲 KINOE
乙 KINOTO
丙 HINOE
丁 HINOTO
戊 TSUCHI-NOE
己 TSUCHI-NOTO
庚 KANOE ← JETZT!
辛 KANOTO
壬 MIZU-NOE
癸 MIZU-NOTO ← FRÜHER
FALSCH! WIR SIND JETZT SCHON RANG KANOE!
DER VIERTE RANG VON UNTEN!
WAS?!
ZEIGE MEINEN RANG!
GNN...
GWUBB
Durch das Aussprechen der Worte und Anspannen der Muskeln erscheint das Zeichen des Rangs auf dem Handrücken.
庚

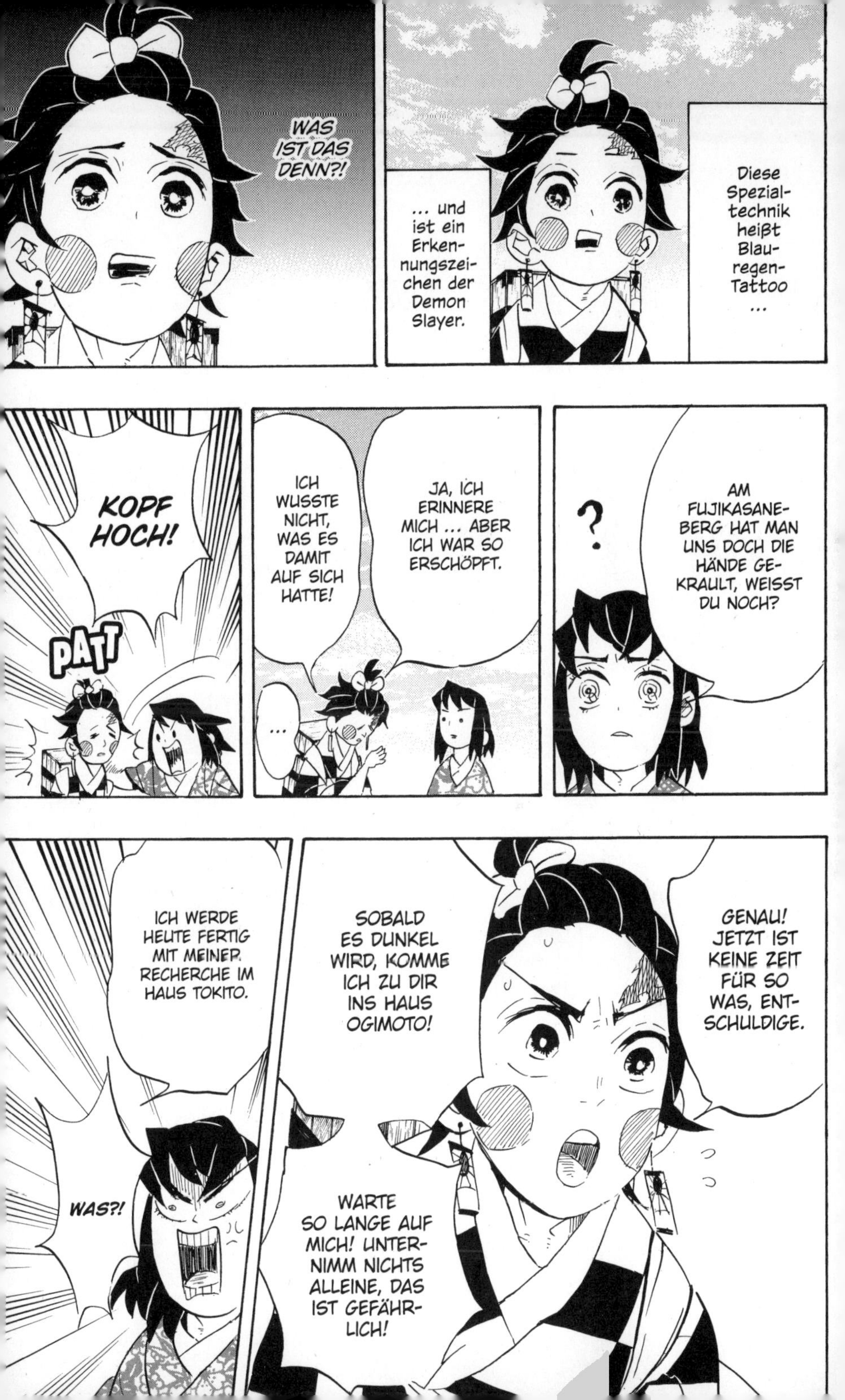
Diese Spezial-technik heißt Blau-regen-Tattoo …
… und ist ein Erken-nungszei-chen der Demon Slayer.
WAS IST DAS DENN?!
AM FUJIKASANE-BERG HAT MAN UNS DOCH DIE HÄNDE GE-KRAULT, WEISST DU NOCH?
?
JA, ICH ERINNERE MICH … ABER ICH WAR SO ERSCHÖPFT.
ICH WUSSTE NICHT, WAS ES DAMIT AUF SICH HATTE!
…
KOPF HOCH!
PATT
GENAU! JETZT IST KEINE ZEIT FÜR SO WAS, ENT-SCHULDIGE.
SOBALD ES DUNKEL WIRD, KOMME ICH ZU DIR INS HAUS OGIMOTO!
WARTE SO LANGE AUF MICH! UNTER-NIMM NICHTS ALLEINE, DAS IST GEFÄHR-LICH!
ICH WERDE HEUTE FERTIG MIT MEINER RECHERCHE IM HAUS TOKITO.
WAS?!

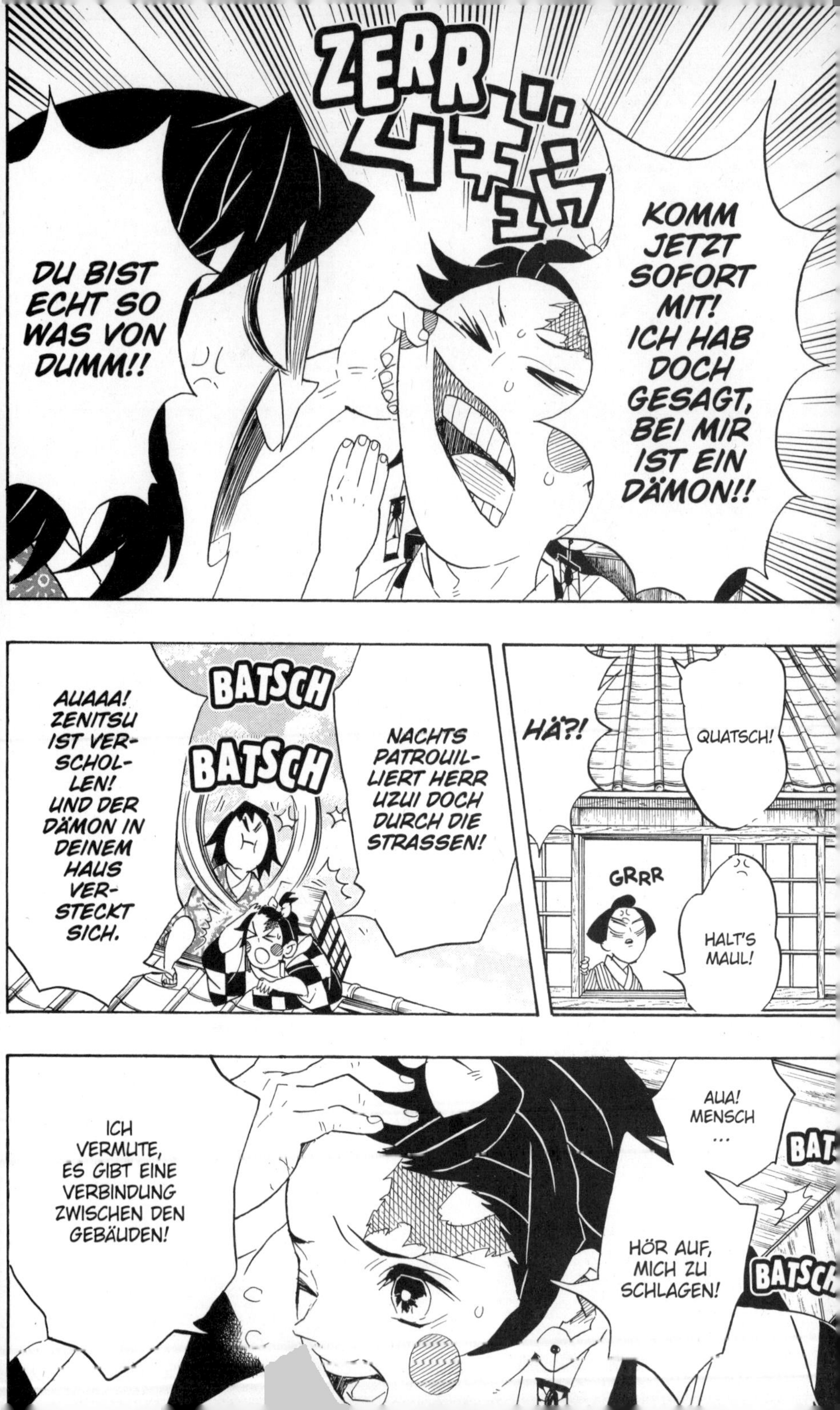
ZERR
KOMM JETZT SOFORT MIT! ICH HAB DOCH GESAGT, BEI MIR IST EIN DÄMON!!
DU BIST ECHT SO WAS VON DUMM!!
HÄ?!
QUATSCH!
GRRR
HALT'S MAUL!
NACHTS PATROUILLIERT HERR UZUI DOCH DURCH DIE STRASSEN!
BATSCH
BATSCH
AUAAA! ZENITSU IST VERSCHOLLEN! UND DER DÄMON IN DEINEM HAUS VERSTECKT SICH.
BAT
BATSCH
AUA! MENSCH ...
HÖR AUF, MICH ZU SCHLAGEN!
ICH VERMUTE, ES GIBT EINE VERBINDUNG ZWISCHEN DEN GEBÄUDEN!

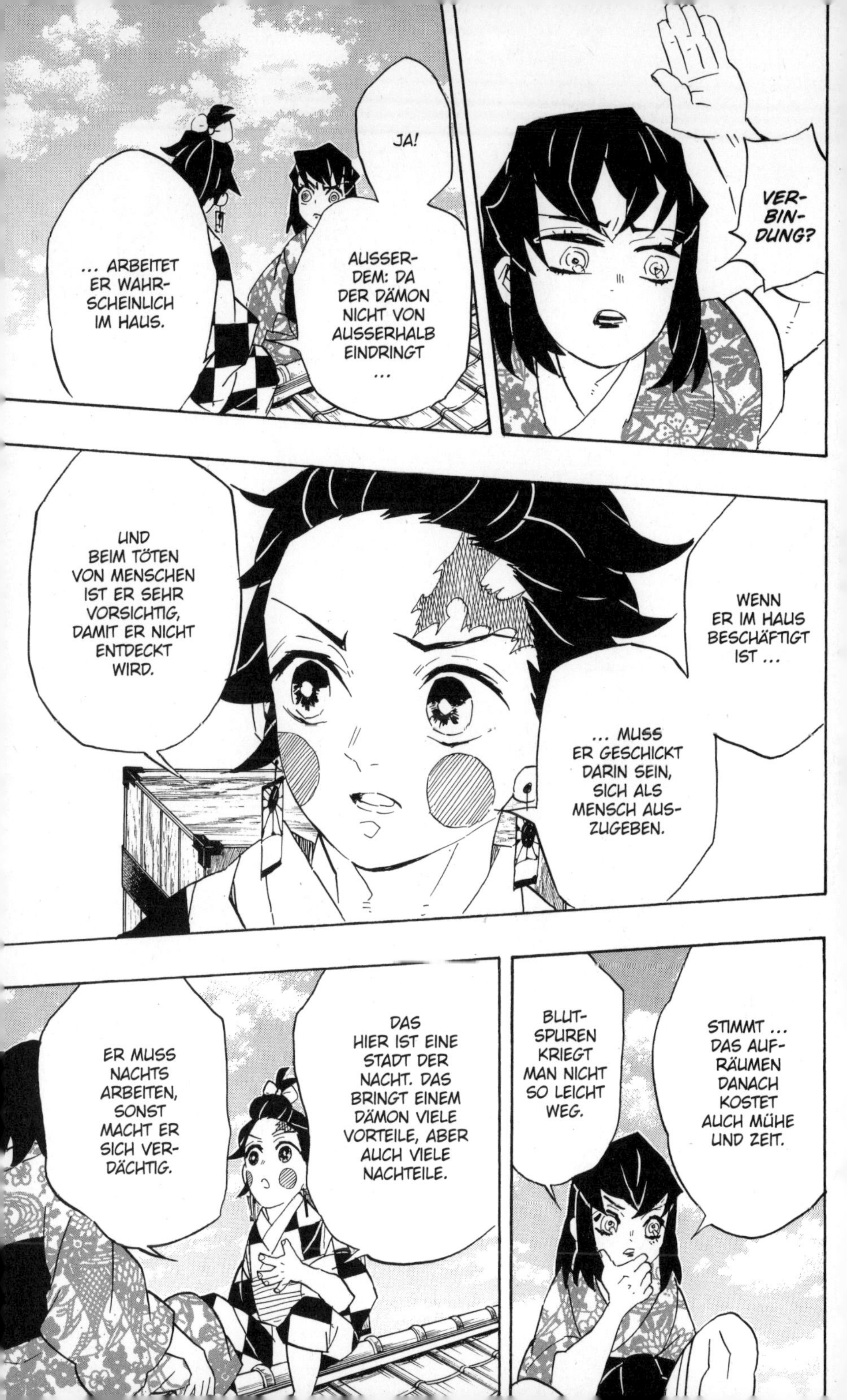
VERBINDUNG?
JA!
AUSSERDEM: DA DER DÄMON NICHT VON AUSSERHALB EINDRINGT …
… ARBEITET ER WAHRSCHEINLICH IM HAUS.
WENN ER IM HAUS BESCHÄFTIGT IST …
… MUSS ER GESCHICKT DARIN SEIN, SICH ALS MENSCH AUSZUGEBEN.
UND BEIM TÖTEN VON MENSCHEN IST ER SEHR VORSICHTIG, DAMIT ER NICHT ENTDECKT WIRD.
STIMMT … DAS AUFRÄUMEN DANACH KOSTET AUCH MÜHE UND ZEIT.
BLUTSPUREN KRIEGT MAN NICHT SO LEICHT WEG.
DAS HIER IST EINE STADT DER NACHT. DAS BRINGT EINEM DÄMON VIELE VORTEILE, ABER AUCH VIELE NACHTEILE.
ER MUSS NACHTS ARBEITEN, SONST MACHT ER SICH VERDÄCHTIG.

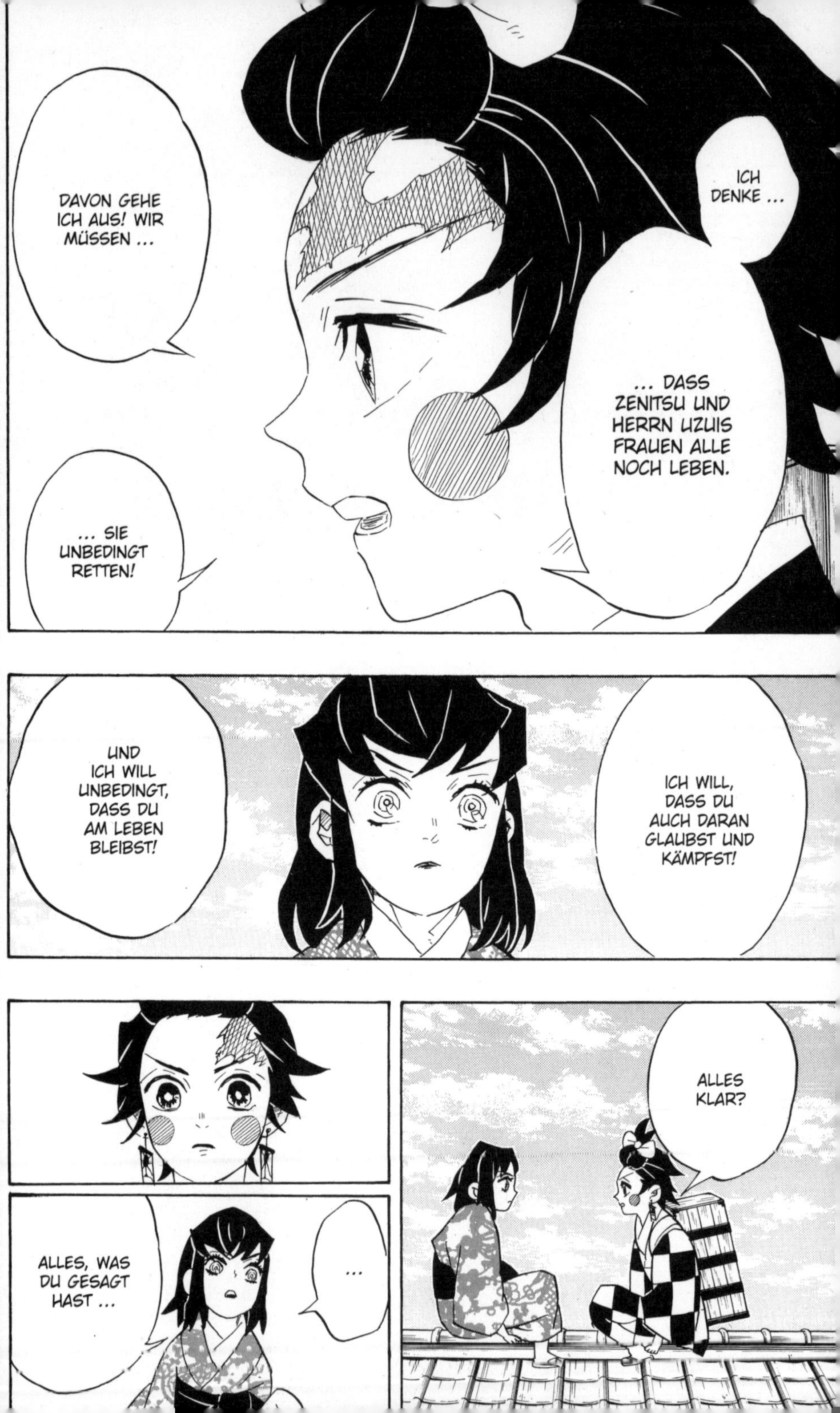
ICH DENKE ...
... DASS ZENITSU UND HERRN UZUIS FRAUEN ALLE NOCH LEBEN.
DAVON GEHE ICH AUS! WIR MÜSSEN ...
... SIE UNBEDINGT RETTEN!
ICH WILL, DASS DU AUCH DARAN GLAUBST UND KÄMPFST!
UND ICH WILL UNBEDINGT, DASS DU AM LEBEN BLEIBST!
ALLES KLAR?
...
ALLES, WAS DU GESAGT HAST ...

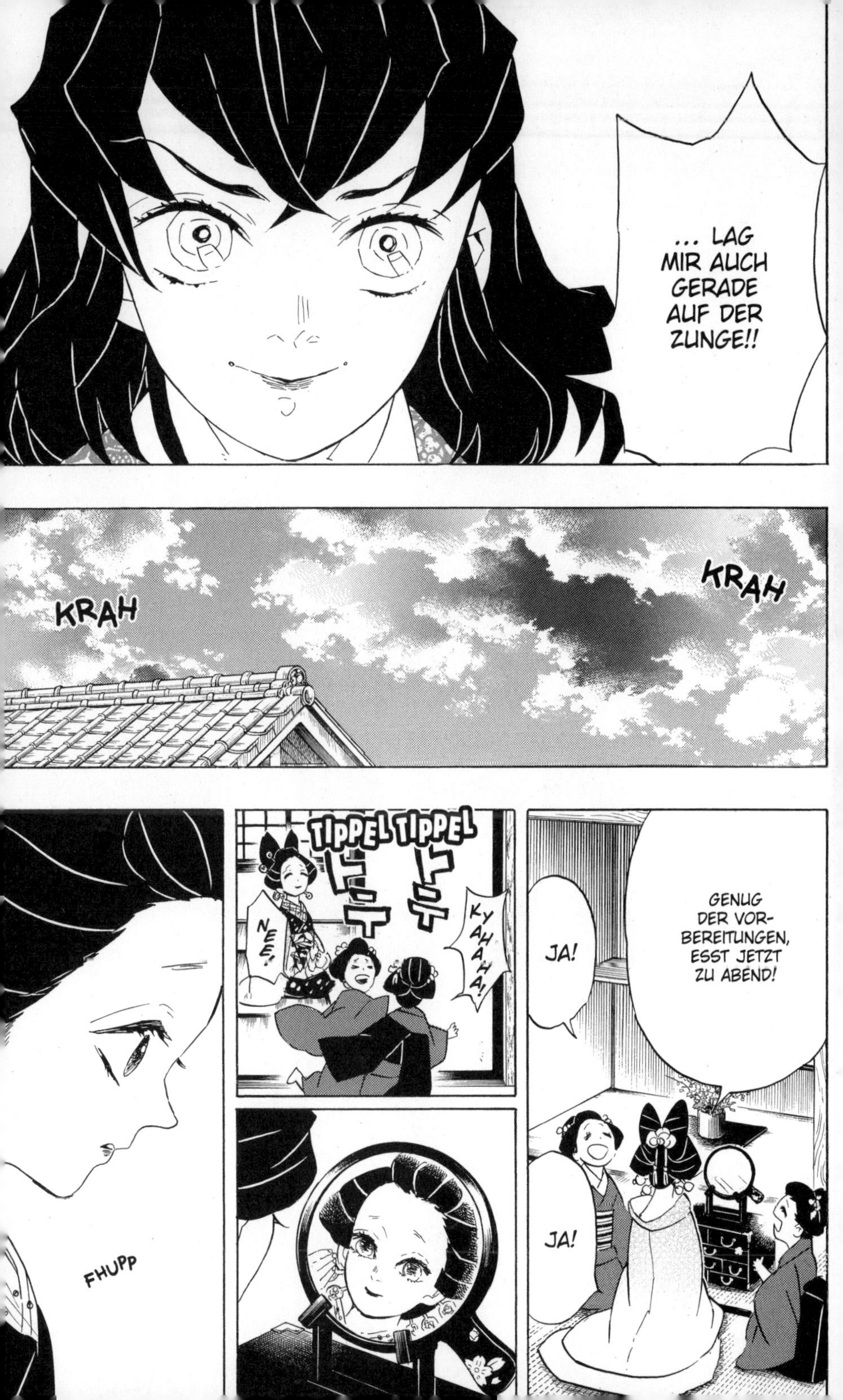
... LAG MIR AUCH GERADE AUF DER ZUNGE!!
KRAH
KRAH
GENUG DER VOR-BEREITUNGEN, ESST JETZT ZU ABEND!
JA!
JA!
TIPPEL TIPPEL
KYAHAHA!
NEE!
FHUPP

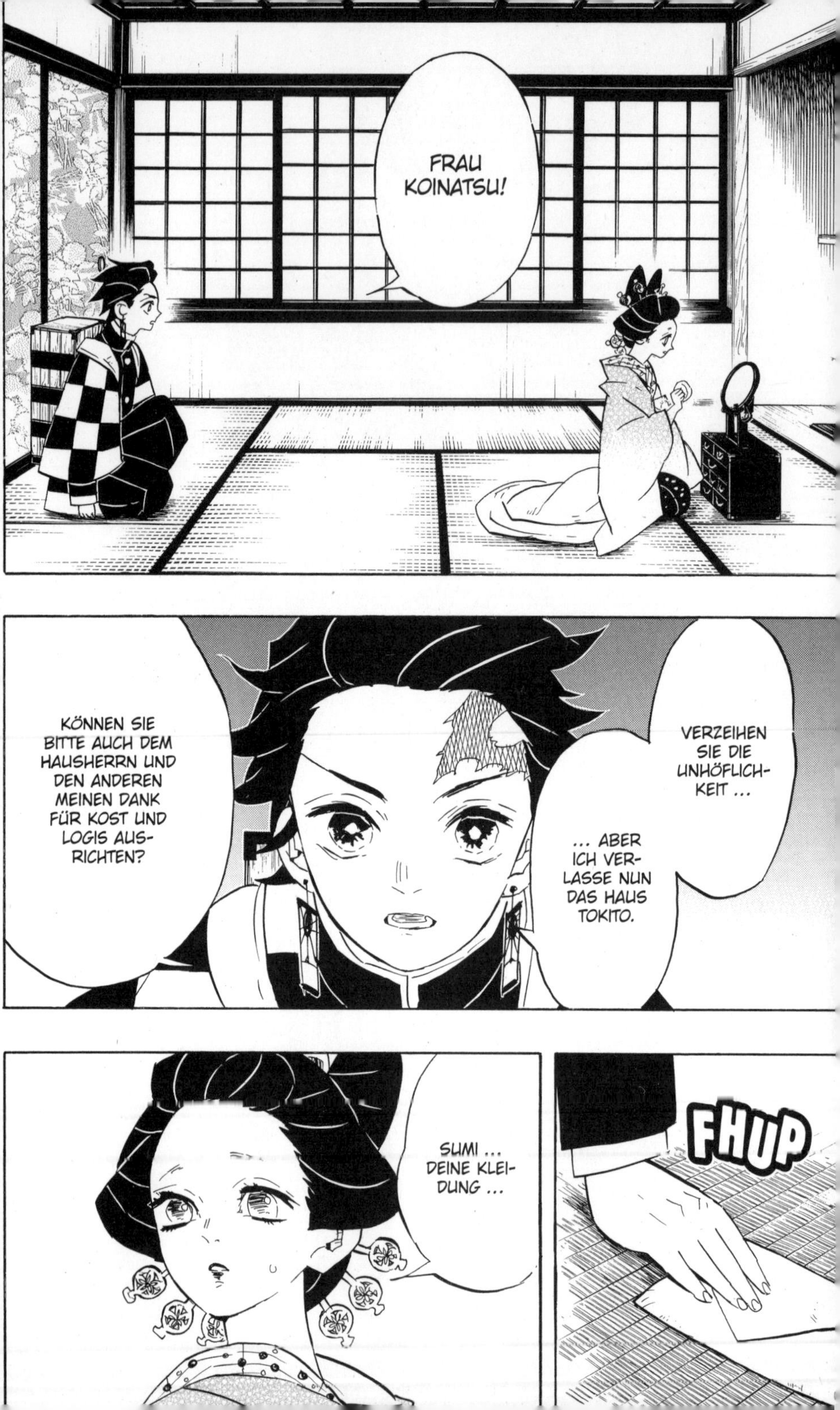
FRAU KOINATSU!
VERZEIHEN SIE DIE UNHÖFLICH-KEIT …
… ABER ICH VER-LASSE NUN DAS HAUS TOKITO.
KÖNNEN SIE BITTE AUCH DEM HAUSHERRN UND DEN ANDEREN MEINEN DANK FÜR KOST UND LOGIS AUS-RICHTEN?
FHUP
SUMI … DEINE KLEI-DUNG …

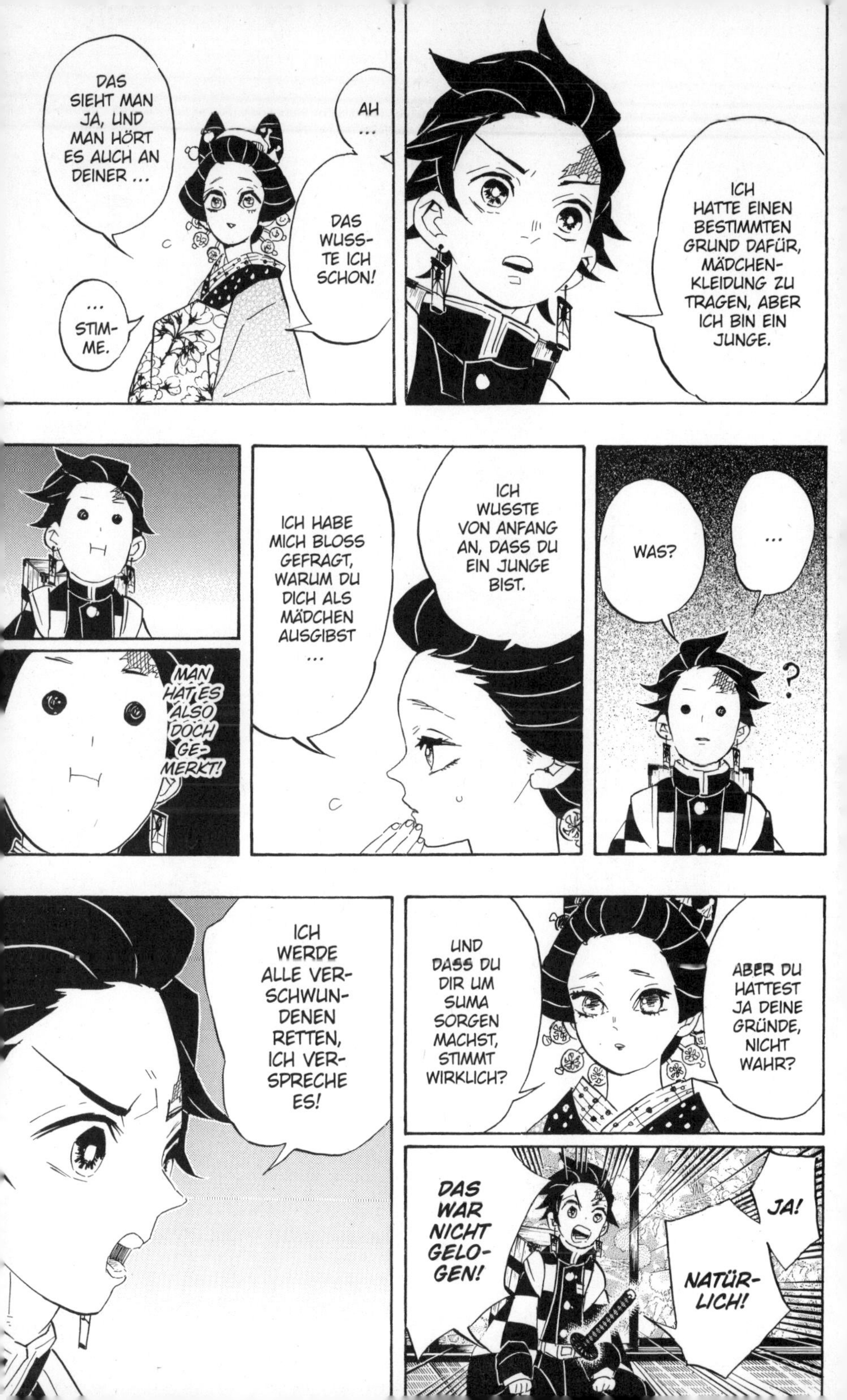
ICH HATTE EINEN BESTIMMTEN GRUND DAFÜR, MÄDCHENKLEIDUNG ZU TRAGEN, ABER ICH BIN EIN JUNGE.
AH ...
DAS WUSSTE ICH SCHON!
DAS SIEHT MAN JA, UND MAN HÖRT ES AUCH AN DEINER ...
... STIMME.
...
WAS?
?
ICH WUSSTE VON ANFANG AN, DASS DU EIN JUNGE BIST.
ICH HABE MICH BLOSS GEFRAGT, WARUM DU DICH ALS MÄDCHEN AUSGIBST ...
MAN HAT ES ALSO DOCH GEMERKT!
ABER DU HATTEST JA DEINE GRÜNDE, NICHT WAHR?
UND DASS DU DIR UM SUMA SORGEN MACHST, STIMMT WIRKLICH?
JA!
NATÜRLICH!
DAS WAR NICHT GELOGEN!
ICH WERDE ALLE VERSCHWUNDENEN RETTEN, ICH VERSPRECHE ES!

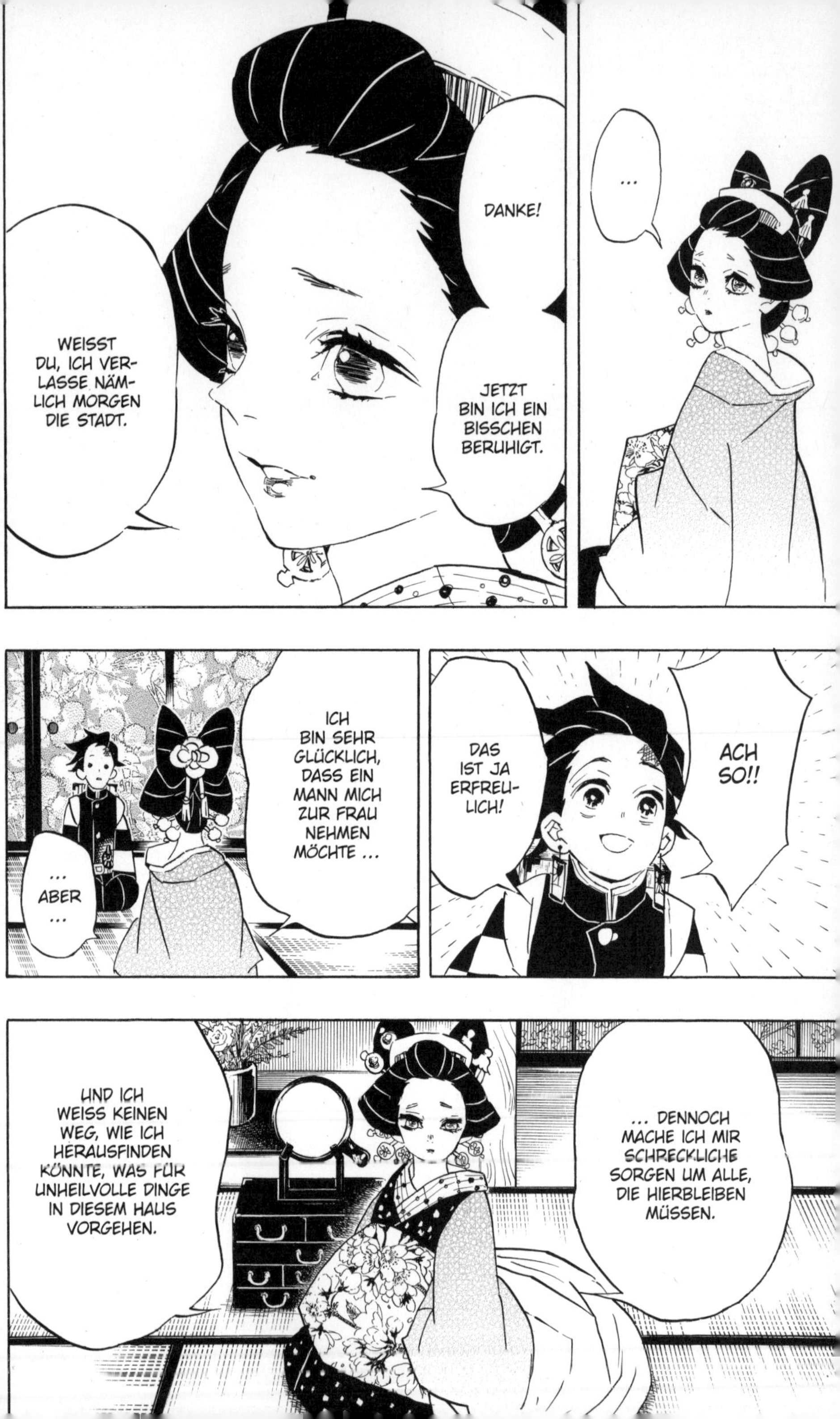
...
DANKE!
JETZT BIN ICH EIN BISSCHEN BERUHIGT.
WEISST DU, ICH VERLASSE NÄMLICH MORGEN DIE STADT.
ACH SO!!
DAS IST JA ERFREULICH!
ICH BIN SEHR GLÜCKLICH, DASS EIN MANN MICH ZUR FRAU NEHMEN MÖCHTE ...
... ABER ...
... DENNOCH MACHE ICH MIR SCHRECKLICHE SORGEN UM ALLE, DIE HIERBLEIBEN MÜSSEN.
UND ICH WEISS KEINEN WEG, WIE ICH HERAUSFINDEN KÖNNTE, WAS FÜR UNHEILVOLLE DINGE IN DIESEM HAUS VORGEHEN.

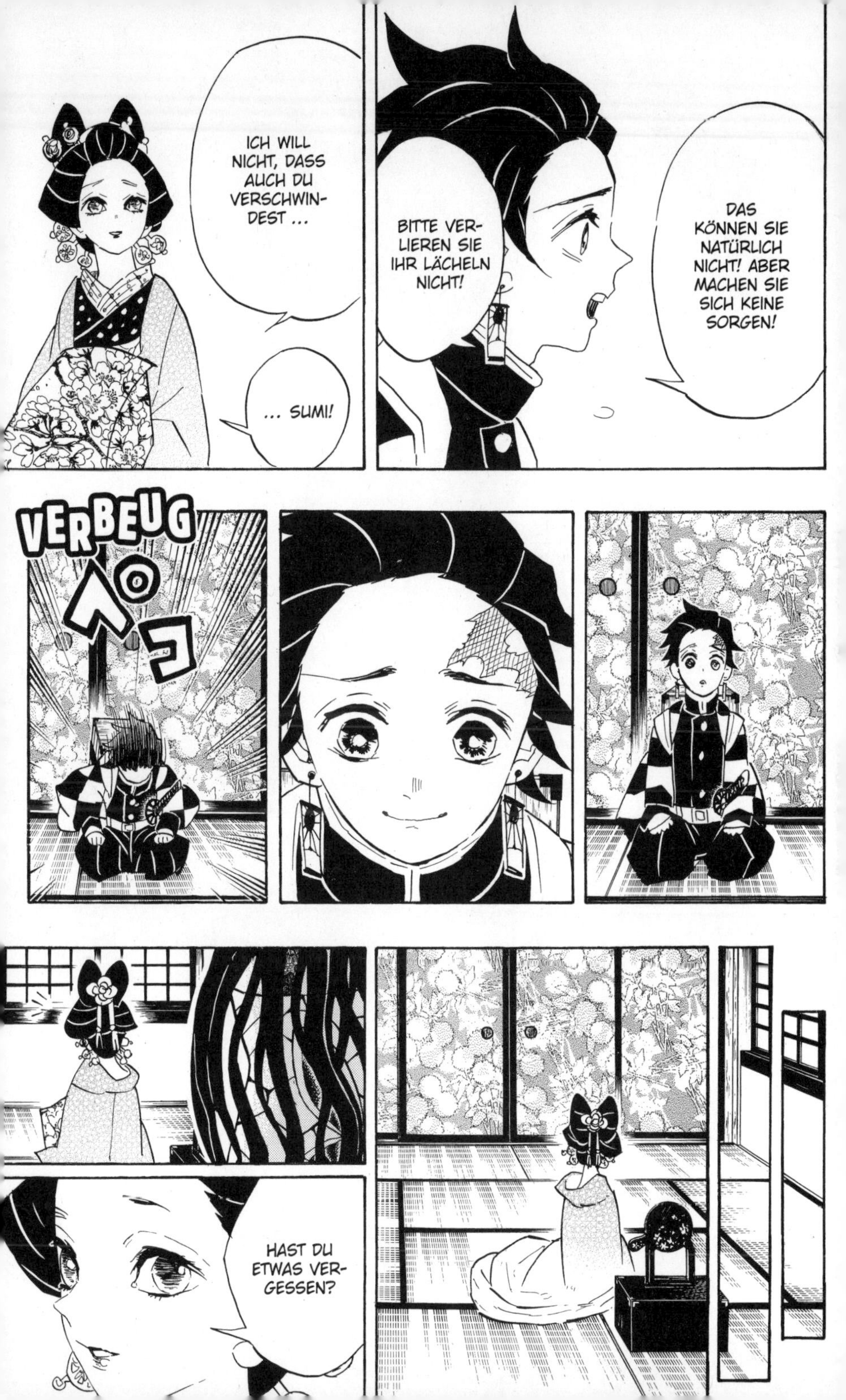
DAS KÖNNEN SIE NATÜRLICH NICHT! ABER MACHEN SIE SICH KEINE SORGEN!
BITTE VERLIEREN SIE IHR LÄCHELN NICHT!
ICH WILL NICHT, DASS AUCH DU VERSCHWINDEST …
… SUMI!
VERBEUG
ペコ
HAST DU ETWAS VERGESSEN?

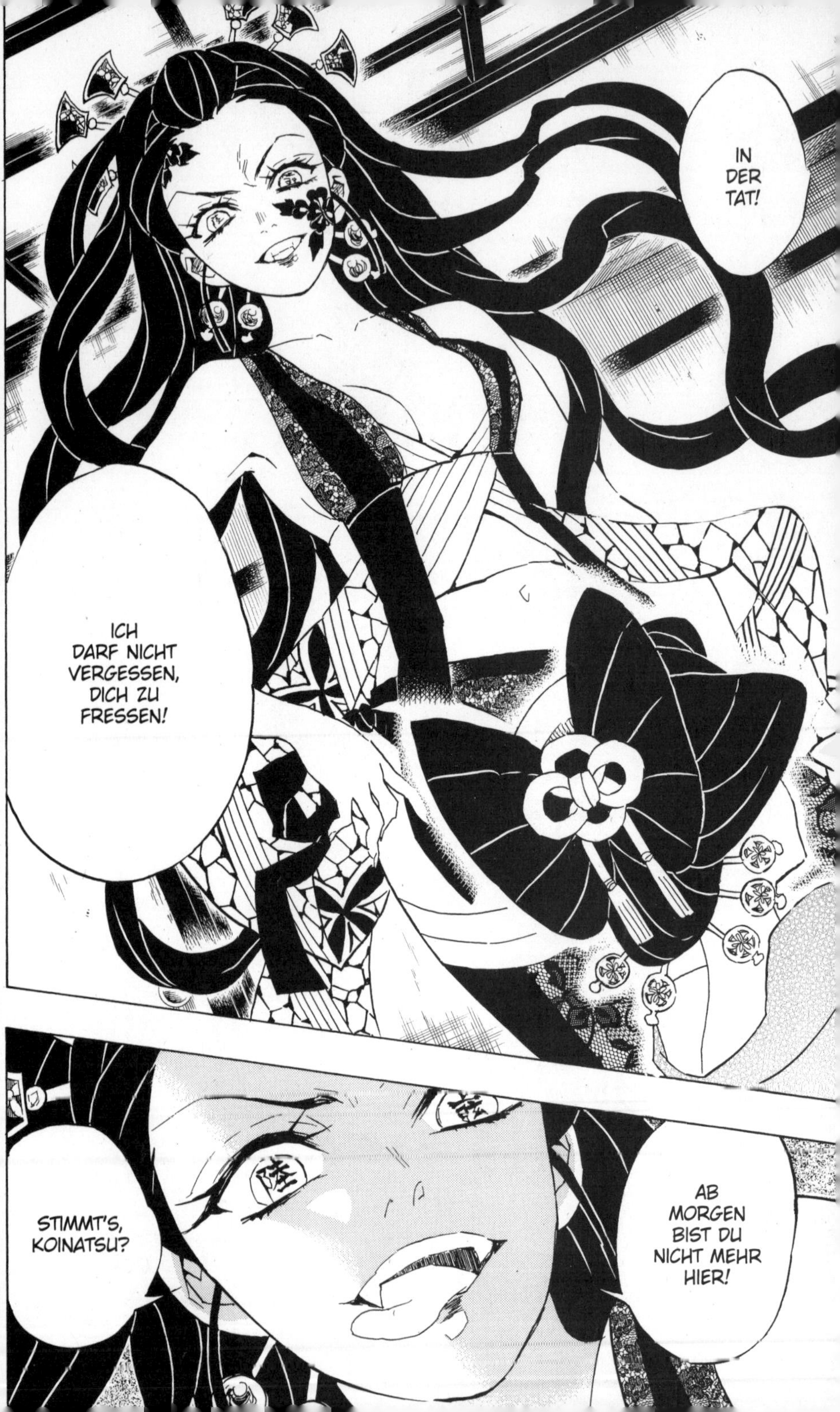
IN DER TAT!
ICH DARF NICHT VERGESSEN, DICH ZU FRESSEN!
AB MORGEN BIST DU NICHT MEHR HIER!
STIMMT'S, KOINATSU?

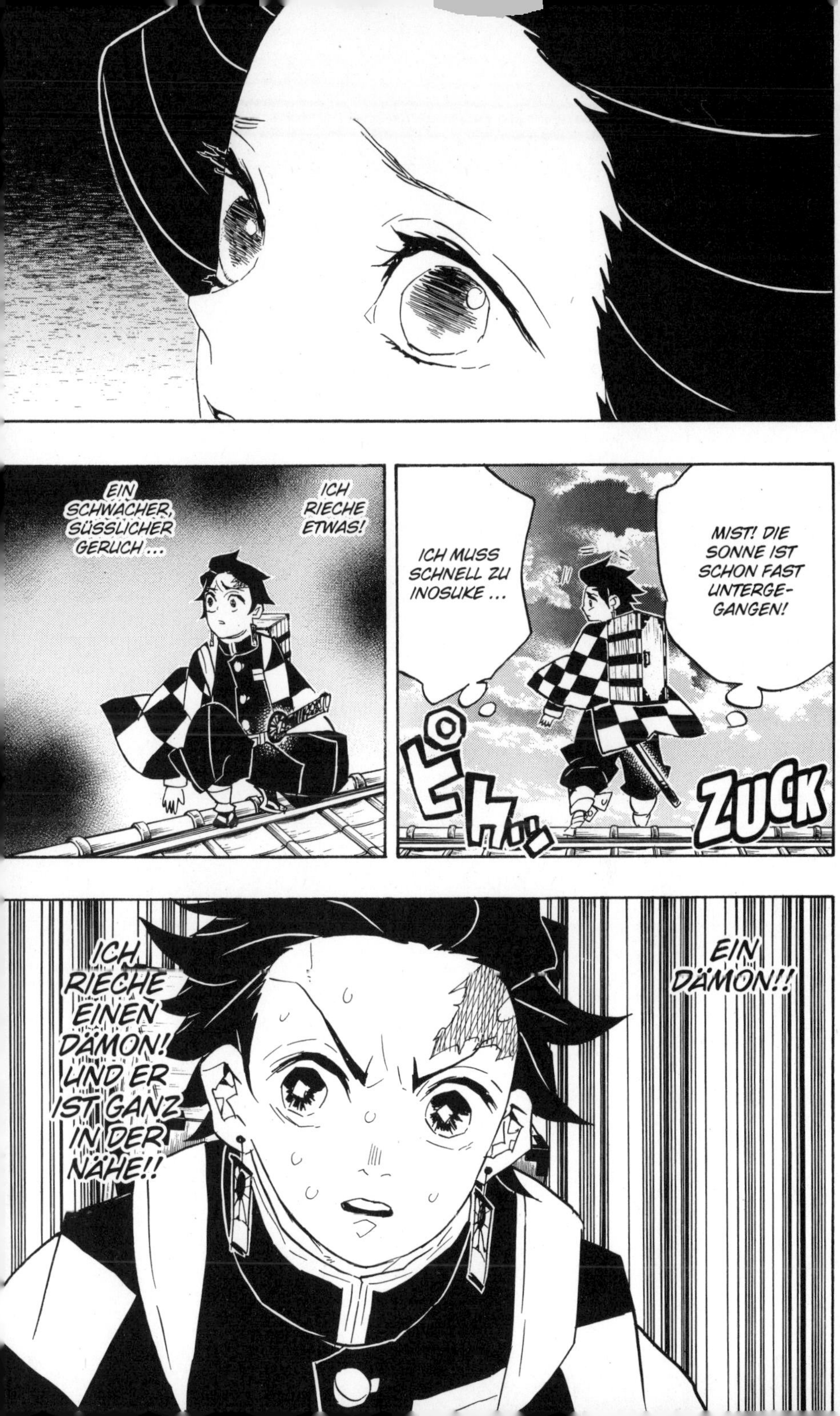
MIST! DIE SONNE IST SCHON FAST UNTERGE-GANGEN!
ICH MUSS SCHNELL ZU INOSUKE …
ZUCK
ICH RIECHE ETWAS!
EIN SCHWACHER, SÜSSLICHER GERUCH …
EIN DÄMON!!
ICH RIECHE EINEN DÄMON! UND ER IST GANZ IN DER NÄHE!!

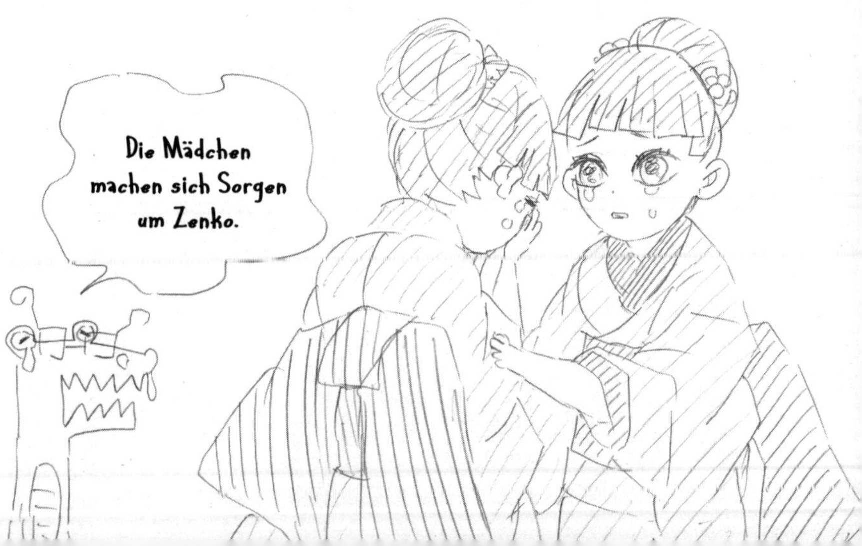
Die Mädchen
machen sich Sorgen
um Zenko.

Kapitel 76: Verschiedene Orte

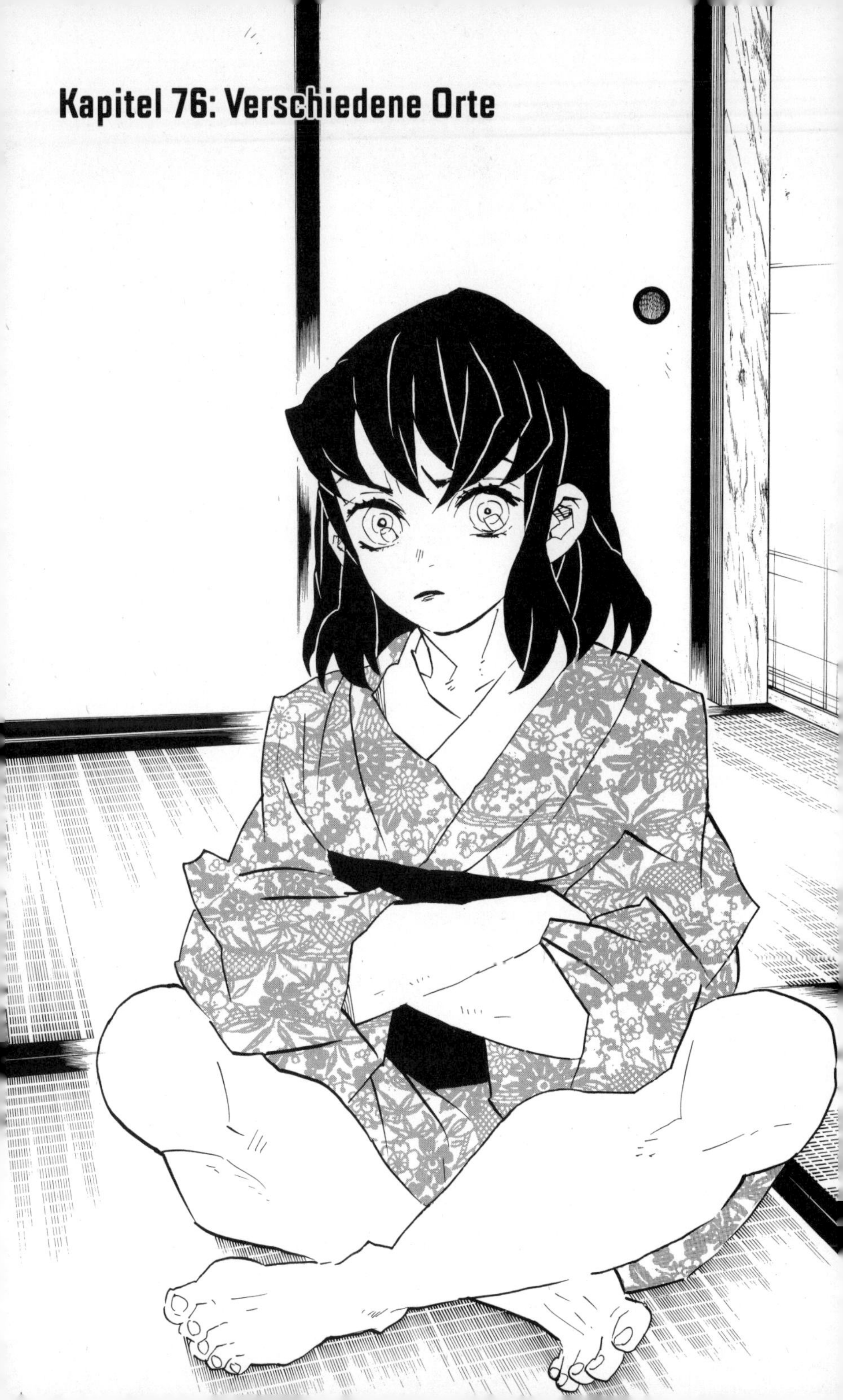

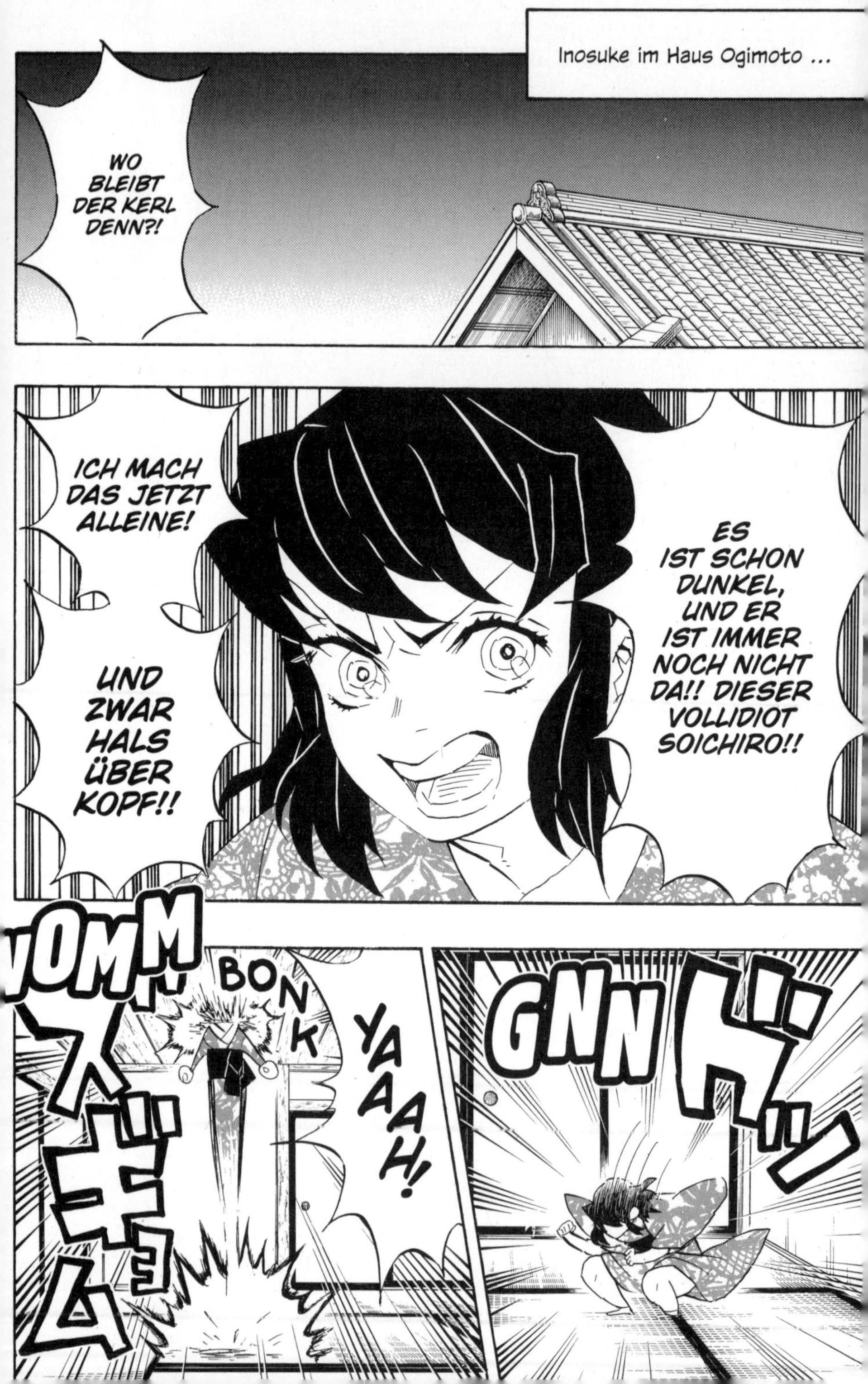
Inosuke im Haus Ogimoto ...
WO BLEIBT DER KERL DENN?!
ES IST SCHON DUNKEL, UND ER IST IMMER NOCH NICHT DA!! DIESER VOLLIDIOT SOICHIRO!!
ICH MACH DAS JETZT ALLEINE!
UND ZWAR HALS ÜBER KOPF!!
GNN
WOMM
BONK
YAAAH!

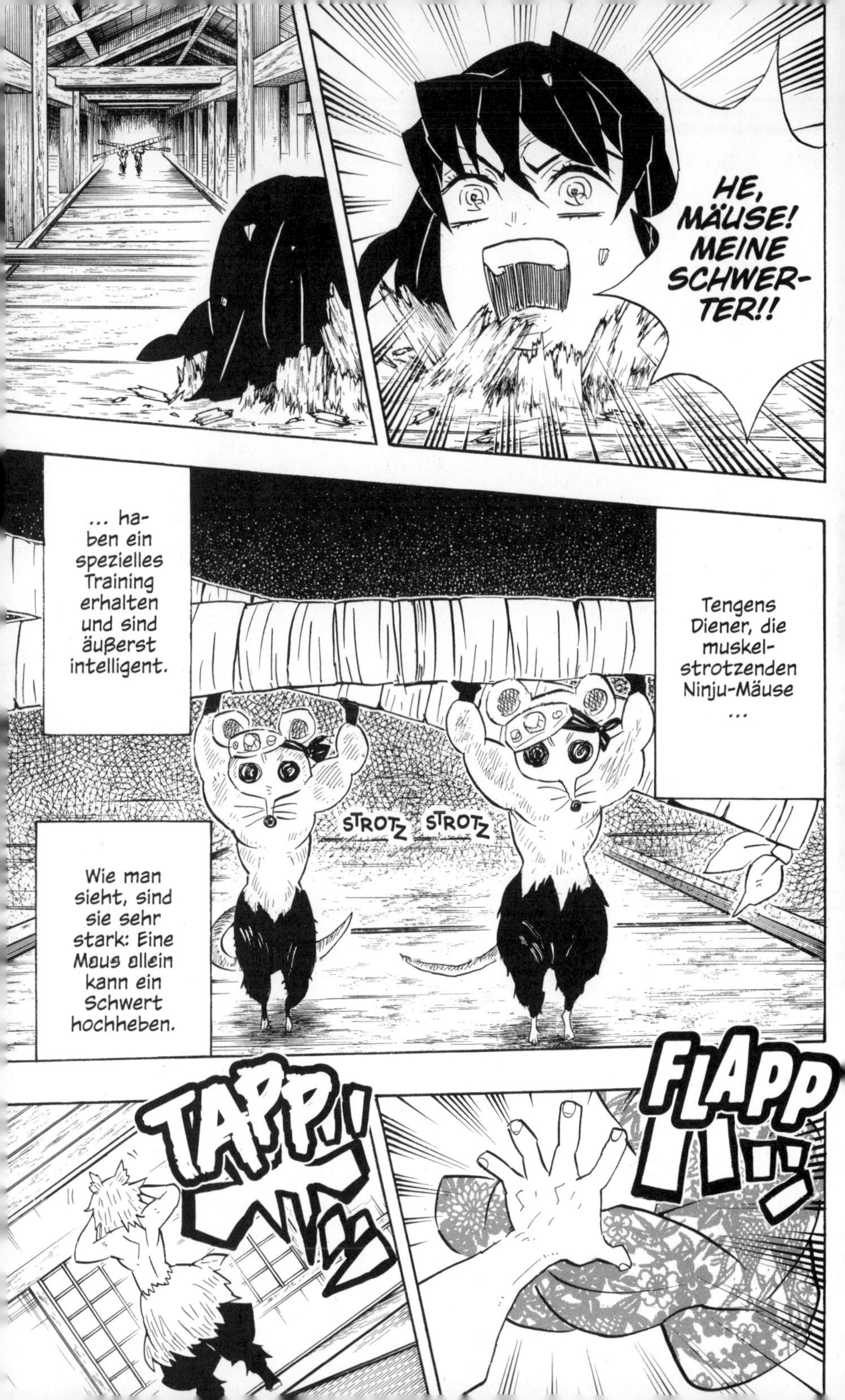

HE, MÄUSE! MEINE SCHWERTER!!
Tengens Diener, die muskelstrotzenden Ninju-Mäuse …
… haben ein spezielles Training erhalten und sind äußerst intelligent.
STROTZ STROTZ
Wie man sieht, sind sie sehr stark: Eine Maus allein kann ein Schwert hochheben.
FLAPP
TAPP

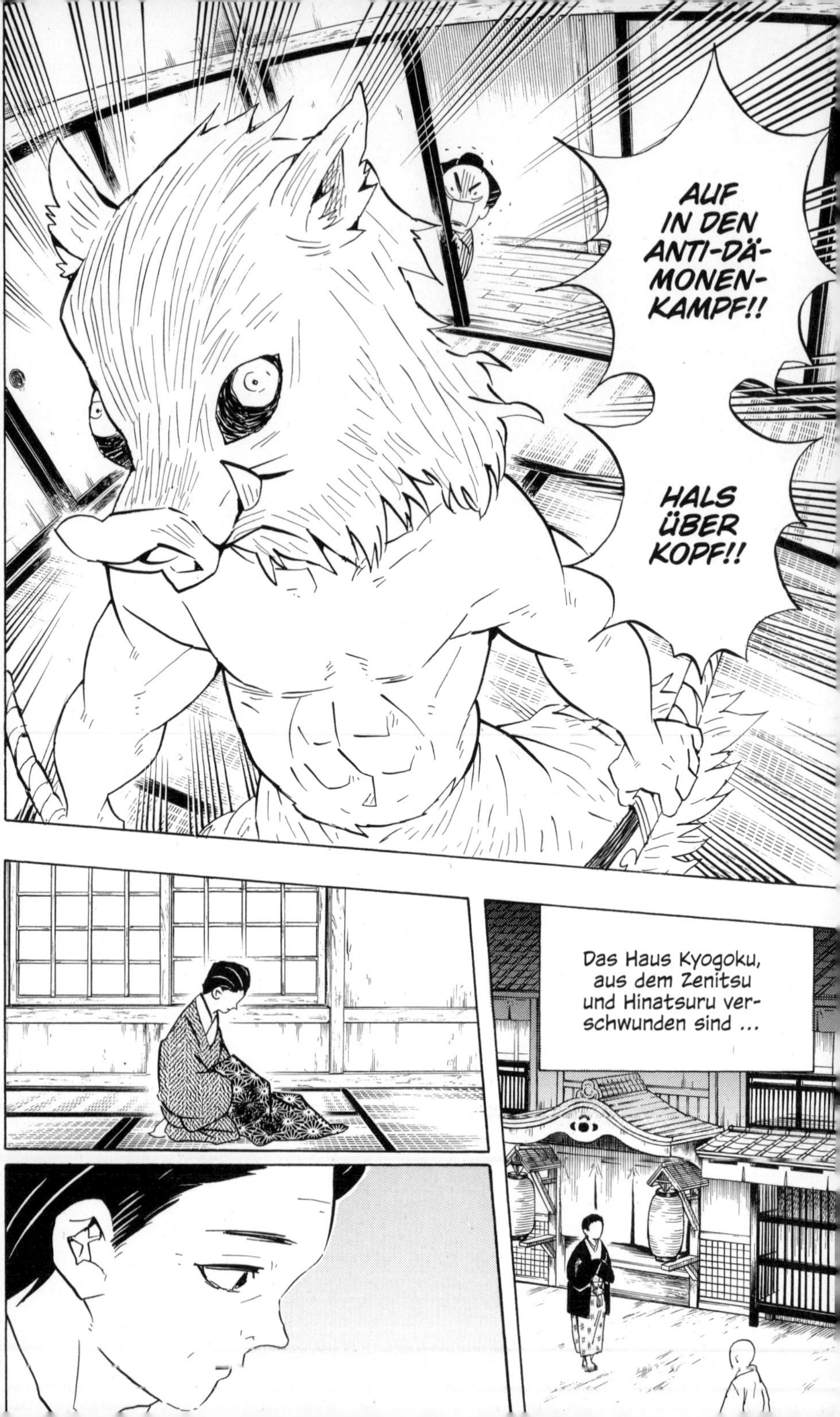
AUF IN DEN ANTI-DÄ-MONEN-KAMPF!!
HALS ÜBER KOPF!!
Das Haus Kyogoku, aus dem Zenitsu und Hinatsuru verschwunden sind ...

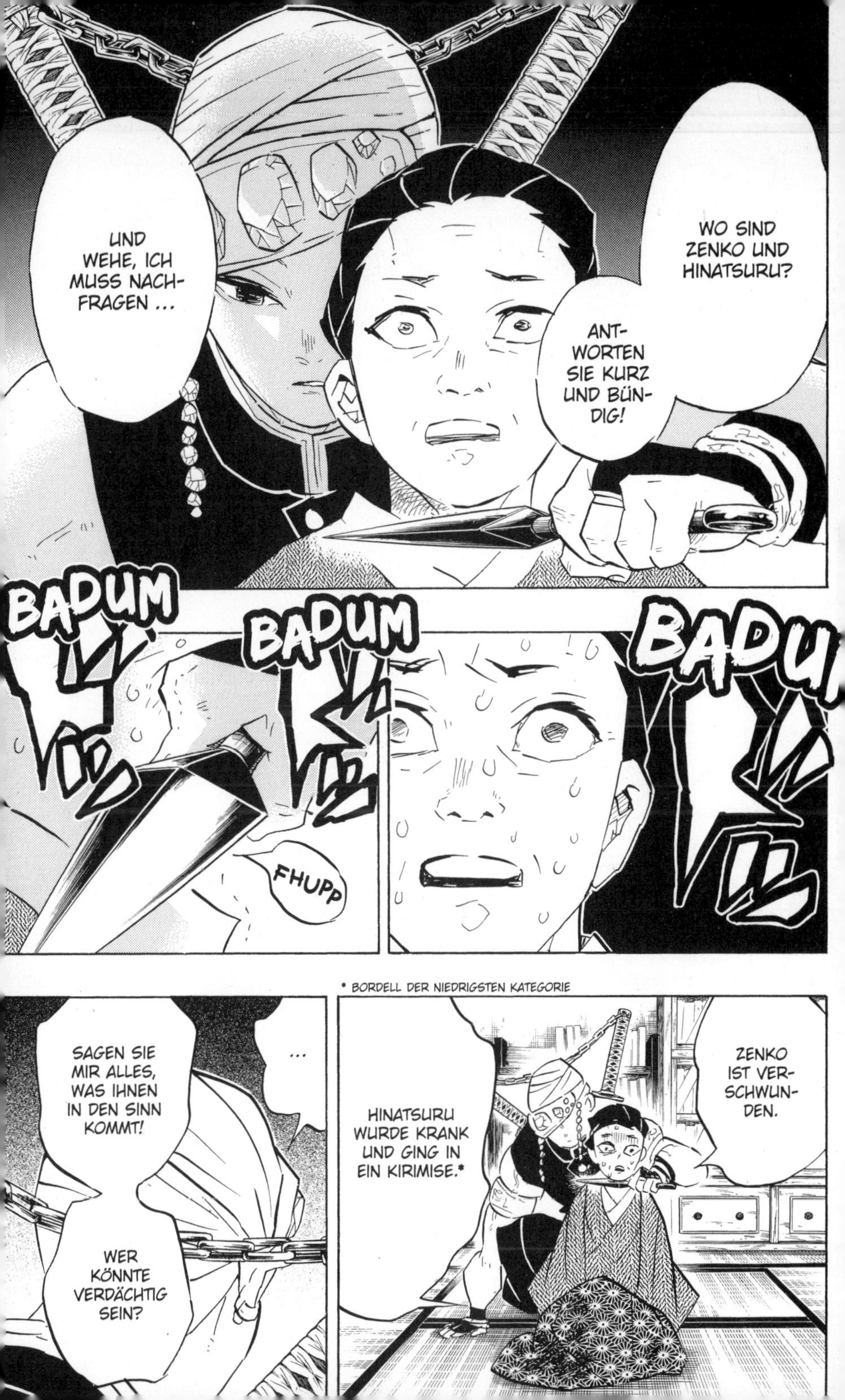
WO SIND ZENKO UND HINATSURU?
ANT-WORTEN SIE KURZ UND BÜN-DIG!
UND WEHE, ICH MUSS NACH-FRAGEN …
BADU
BADUM
BADUM
FHUPP
* BORDELL DER NIEDRIGSTEN KATEGORIE
ZENKO IST VER-SCHWUN-DEN.
HINATSURU WURDE KRANK UND GING IN EIN KIRIMISE.*
…
SAGEN SIE MIR ALLES, WAS IHNEN IN DEN SINN KOMMT!
WER KÖNNTE VERDÄCHTIG SEIN?

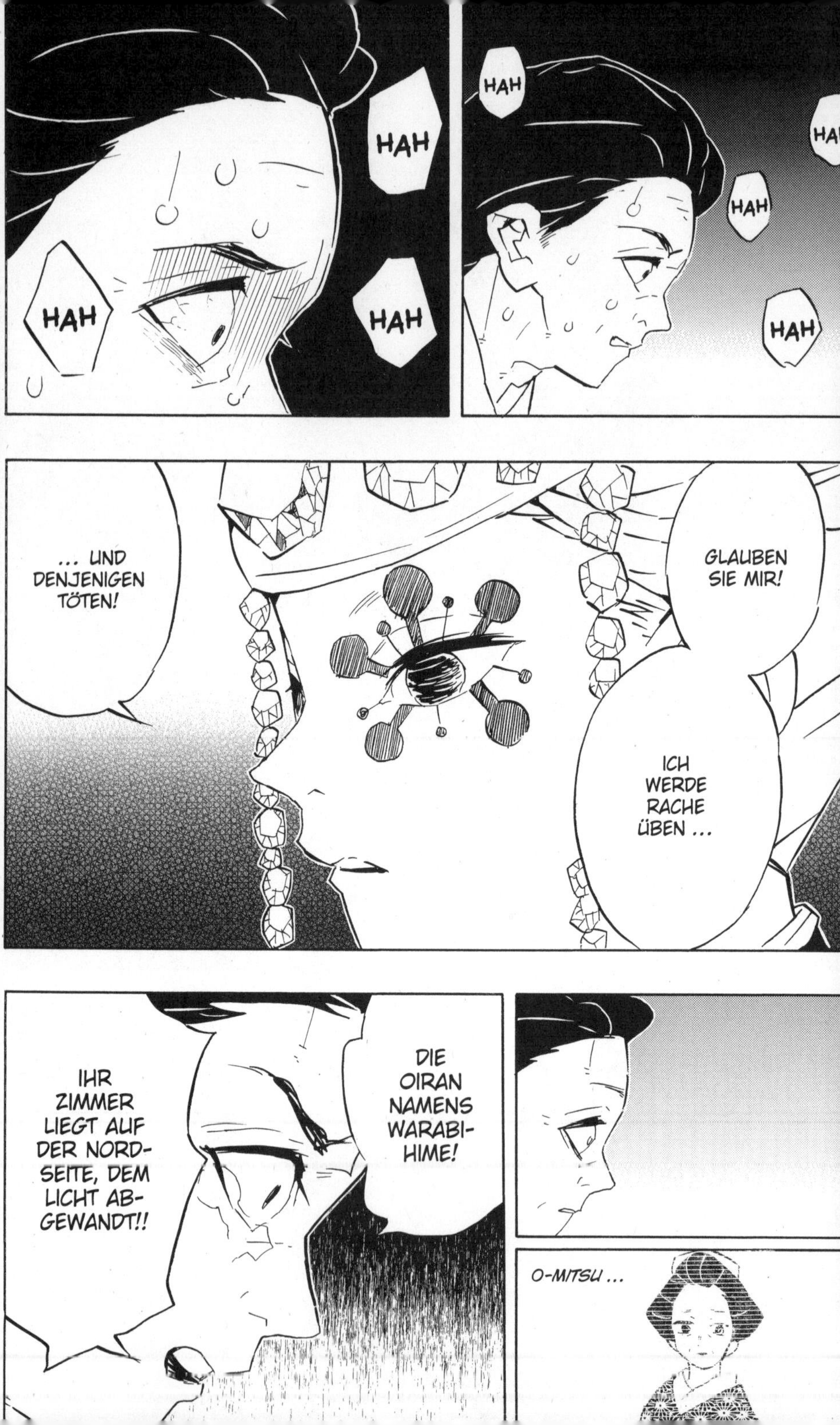

HAH
HAH
HAH
HAH
HAH
HAH
HAH
GLAUBEN SIE MIR!
ICH WERDE RACHE ÜBEN …
… UND DENJENIGEN TÖTEN!
O-MITSU …
DIE OIRAN NAMENS WARABI-HIME!
IHR ZIMMER LIEGT AUF DER NORD-SEITE, DEM LICHT AB-GEWANDT!!

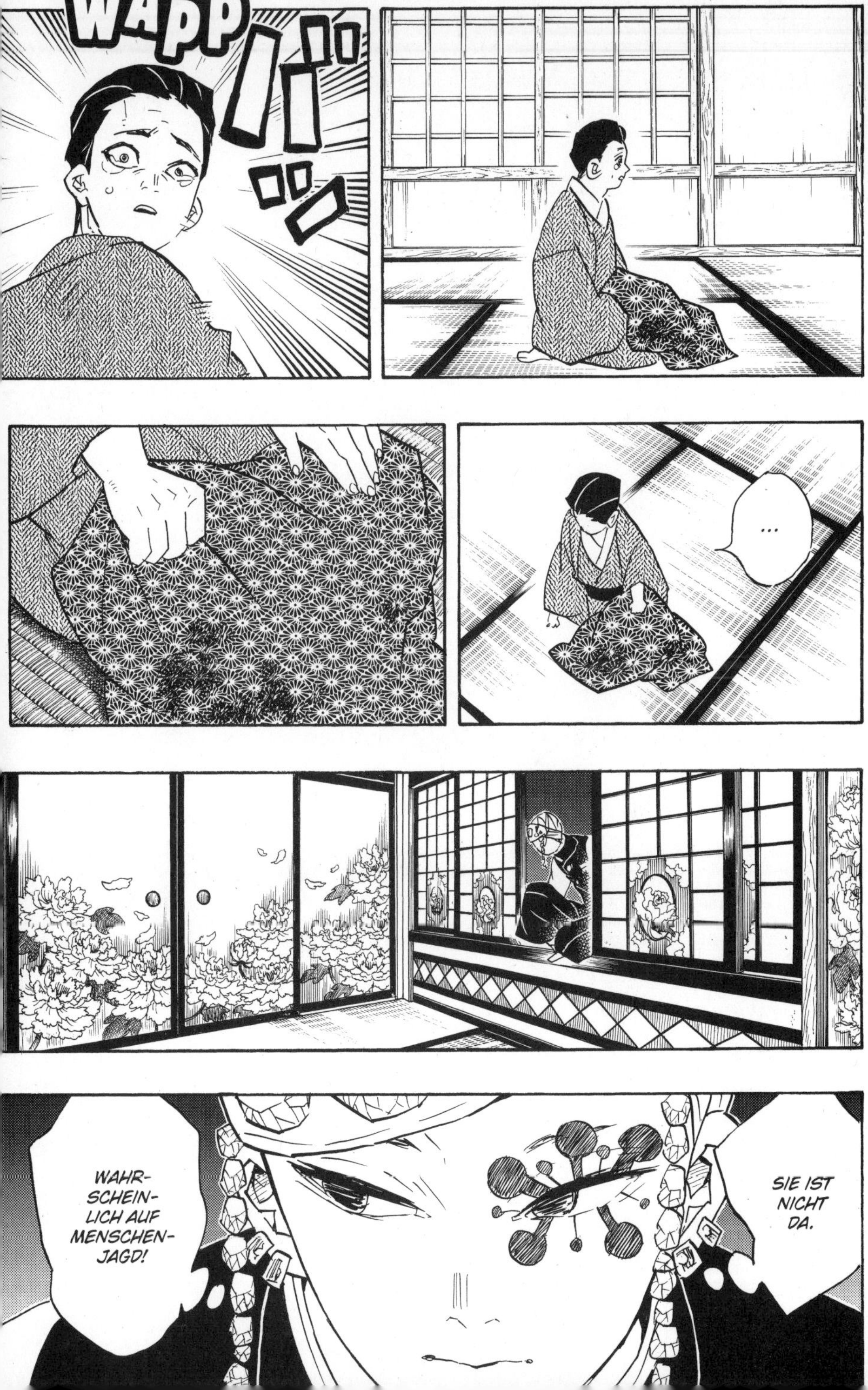
WAPP
...
SIE IST NICHT DA.
WAHR-SCHEIN-LICH AUF MENSCHEN-JAGD!

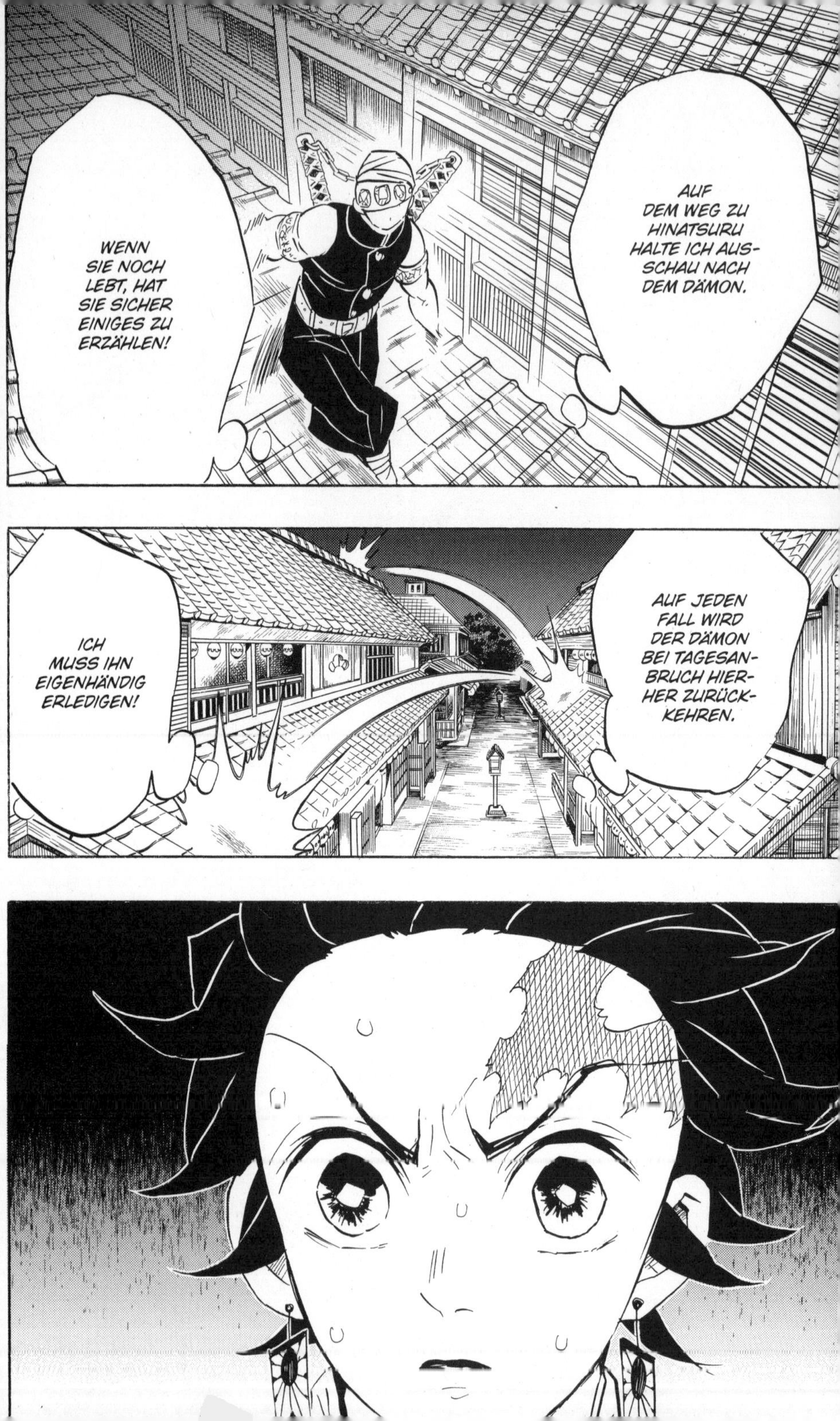
AUF DEM WEG ZU HINATSURU HALTE ICH AUS-SCHAU NACH DEM DÄMON.
WENN SIE NOCH LEBT, HAT SIE SICHER EINIGES ZU ERZÄHLEN!
AUF JEDEN FALL WIRD DER DÄMON BEI TAGESAN-BRUCH HIERHER ZURÜCK-KEHREN.
ICH MUSS IHN EIGENHÄNDIG ERLEDIGEN!

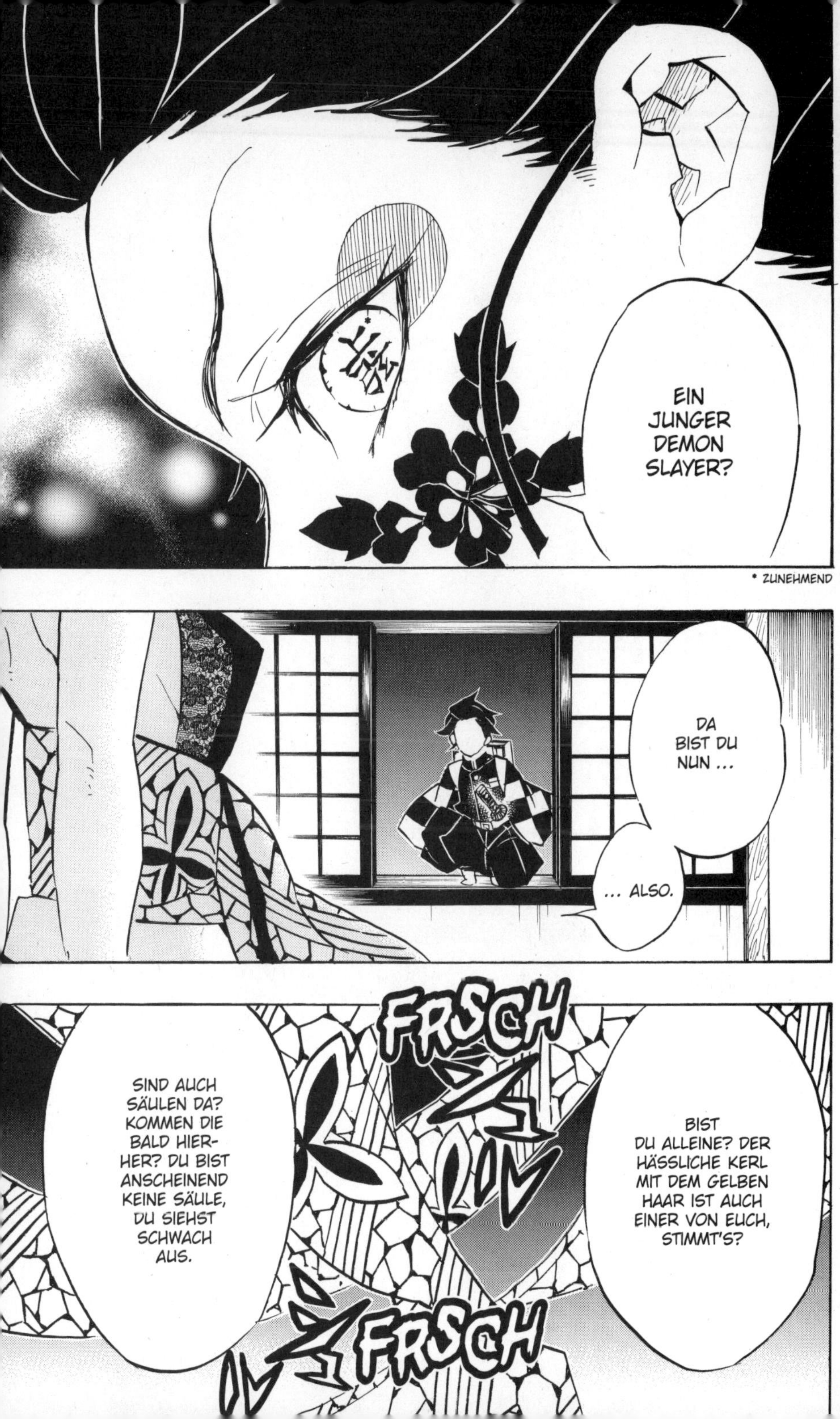
EIN JUNGER DEMON SLAYER?
* ZUNEHMEND
DA BIST DU NUN …
… ALSO.
FRSCH
BIST DU ALLEINE? DER HÄSSLICHE KERL MIT DEM GELBEN HAAR IST AUCH EINER VON EUCH, STIMMT'S?
SIND AUCH SÄULEN DA? KOMMEN DIE BALD HIERHER? DU BIST ANSCHEINEND KEINE SÄULE, DU SIEHST SCHWACH AUS.
FRSCH

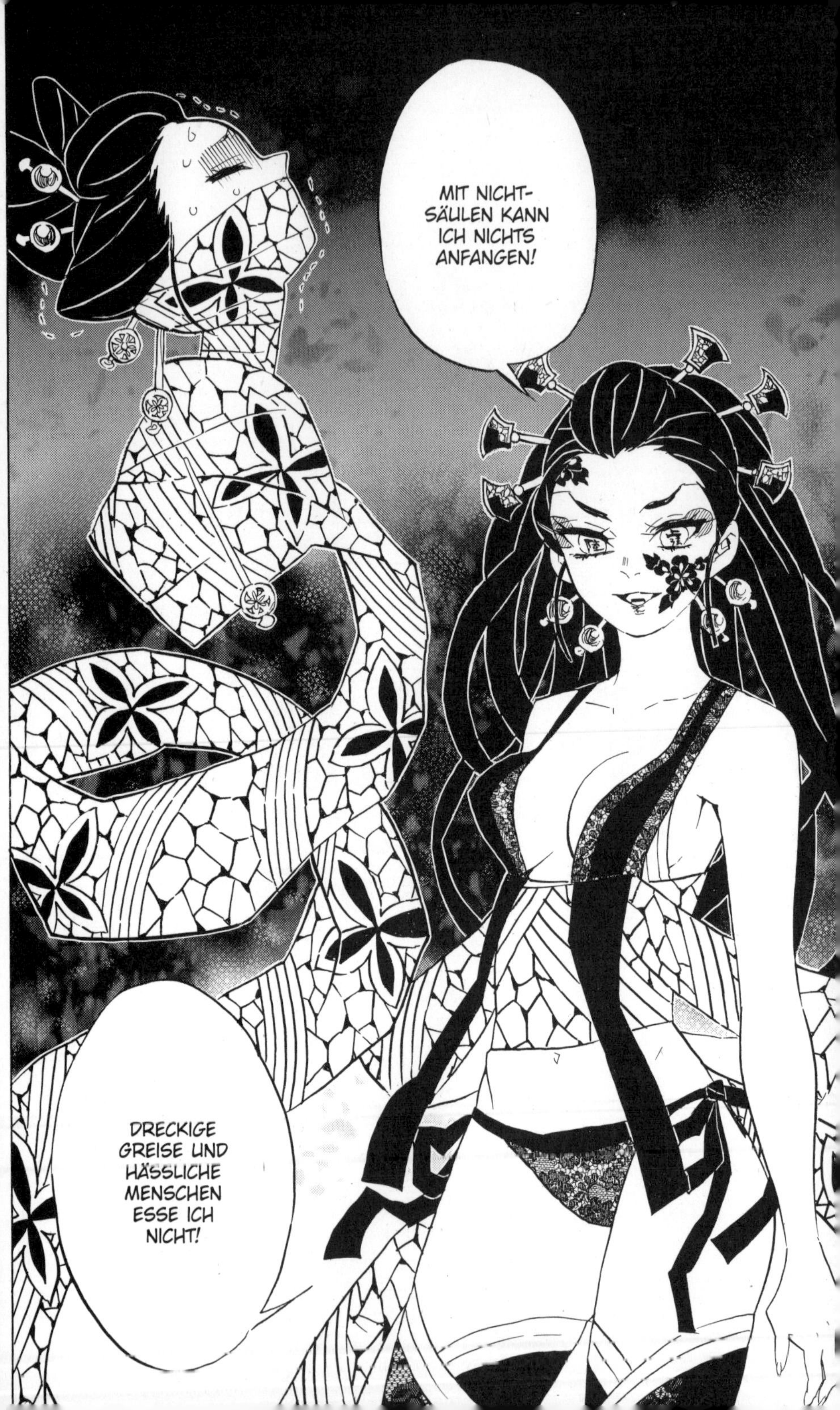
MIT NICHT-SÄULEN KANN ICH NICHTS ANFANGEN!
DRECKIGE GREISE UND HÄSSLICHE MENSCHEN ESSE ICH NICHT!

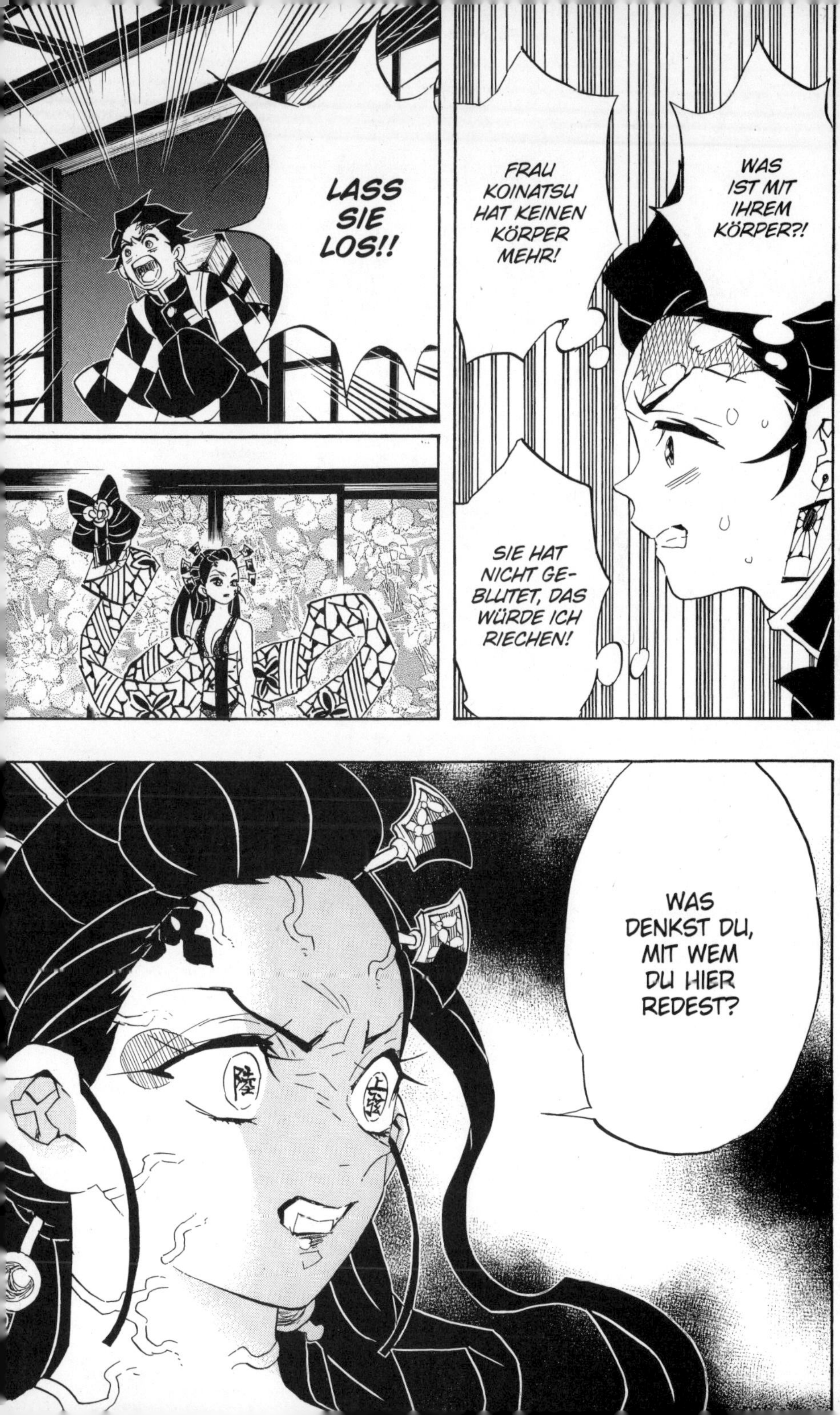
WAS IST MIT IHREM KÖRPER?!
FRAU KOINATSU HAT KEINEN KÖRPER MEHR!
SIE HAT NICHT GE-BLUTET, DAS WÜRDE ICH RIECHEN!
LASS SIE LOS!!
WAS DENKST DU, MIT WEM DU HIER REDEST?

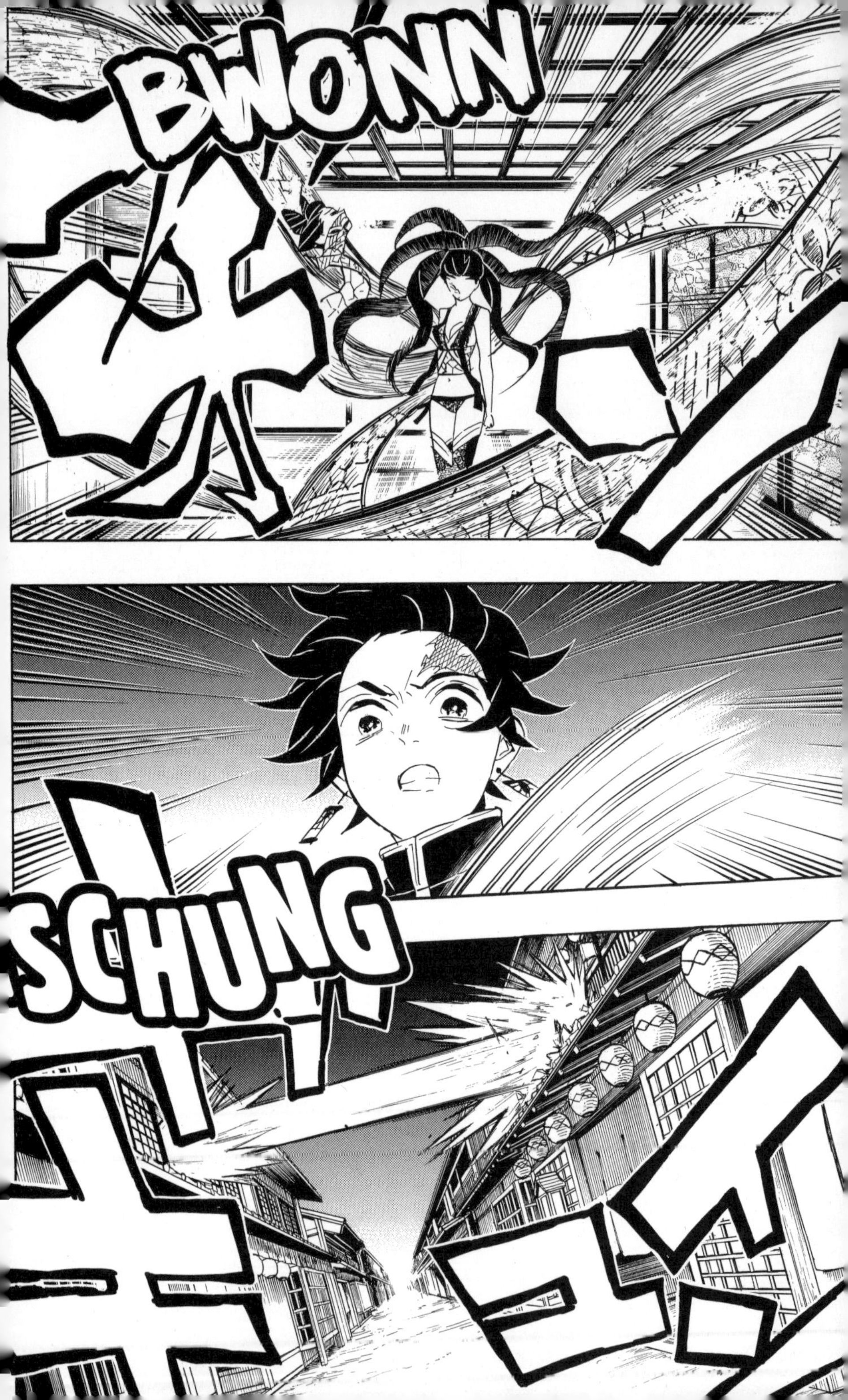
BWONN
SCHUNG

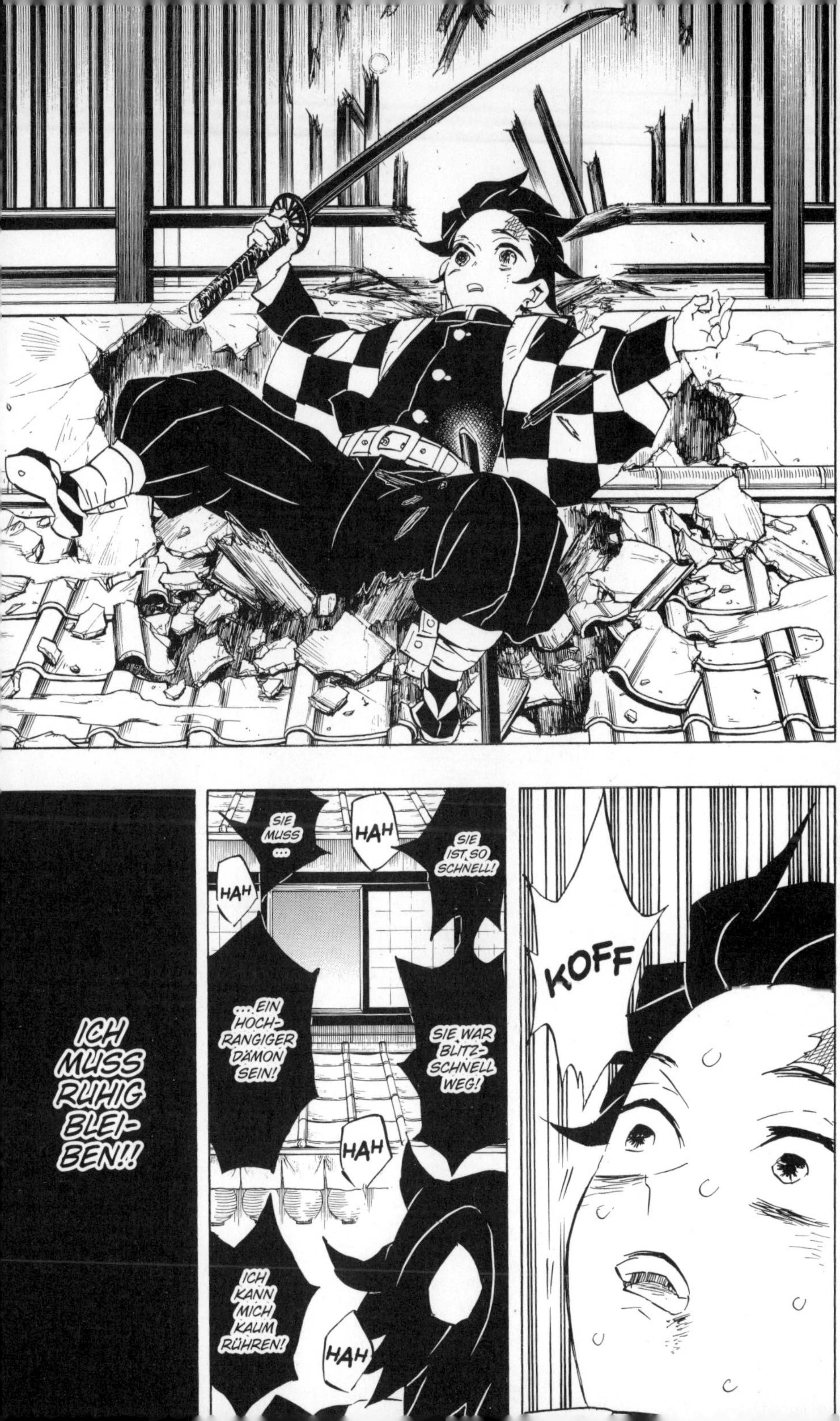
KOFF
SIE IST SO SCHNELL!
HAH
SIE MUSS ...
HAH
SIE WAR BLITZSCHNELL WEG!
... EIN HOCHRANGIGER DÄMON SEIN!
HAH
ICH KANN MICH KAUM RÜHREN!
HAH
ICH MUSS RUHIG BLEIBEN!!

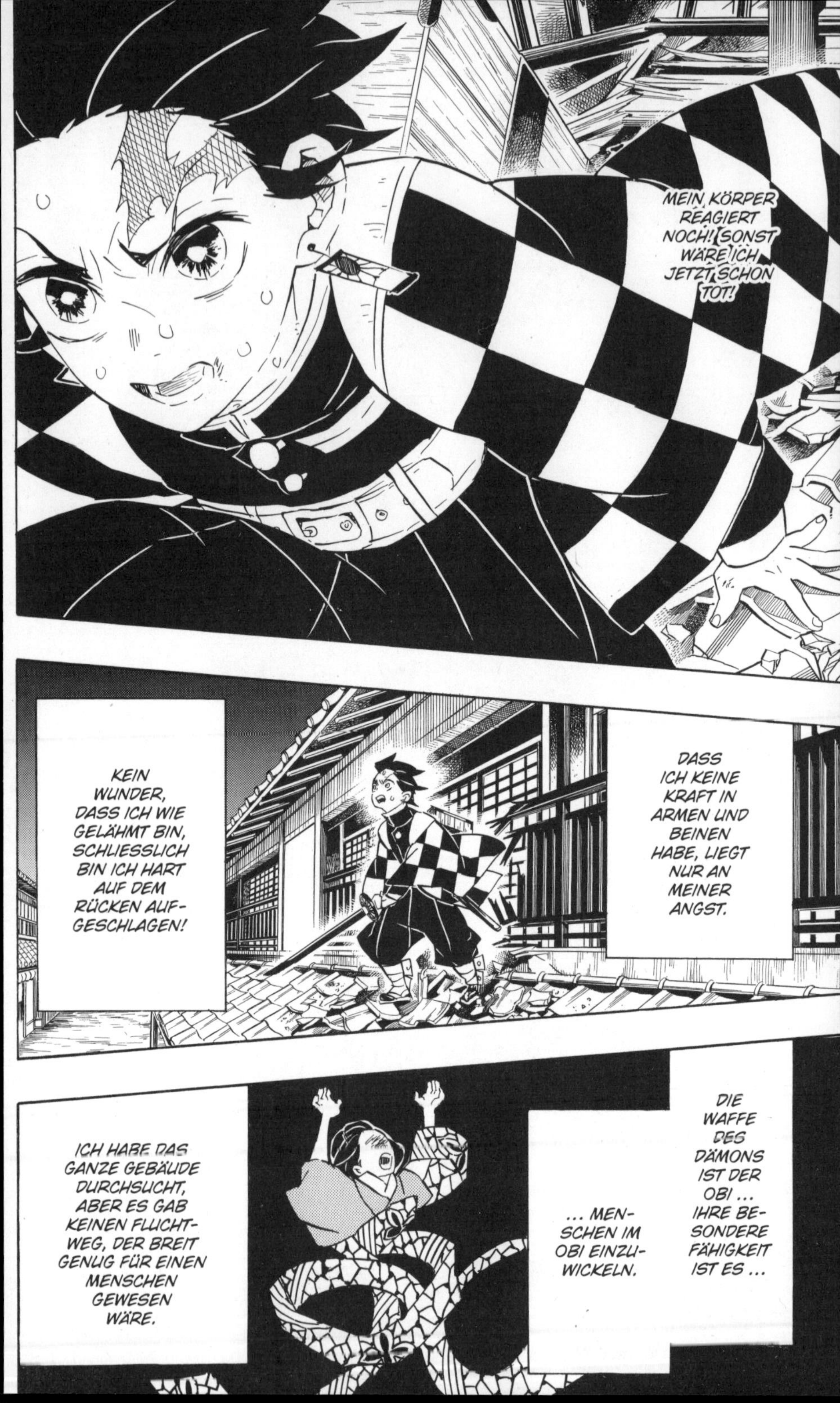
MEIN KÖRPER REAGIERT NOCH! SONST WÄRE ICH JETZT SCHON TOT!
DASS ICH KEINE KRAFT IN ARMEN UND BEINEN HABE, LIEGT NUR AN MEINER ANGST.
KEIN WUNDER, DASS ICH WIE GELÄHMT BIN, SCHLIESSLICH BIN ICH HART AUF DEM RÜCKEN AUF-GESCHLAGEN!
DIE WAFFE DES DÄMONS IST DER OBI … IHRE BE-SONDERE FÄHIGKEIT IST ES …
… MEN-SCHEN IM OBI EINZU-WICKELN.
ICH HABE DAS GANZE GEBÄUDE DURCHSUCHT, ABER ES GAB KEINEN FLUCHT-WEG, DER BREIT GENUG FÜR EINEN MENSCHEN GEWESEN WÄRE.

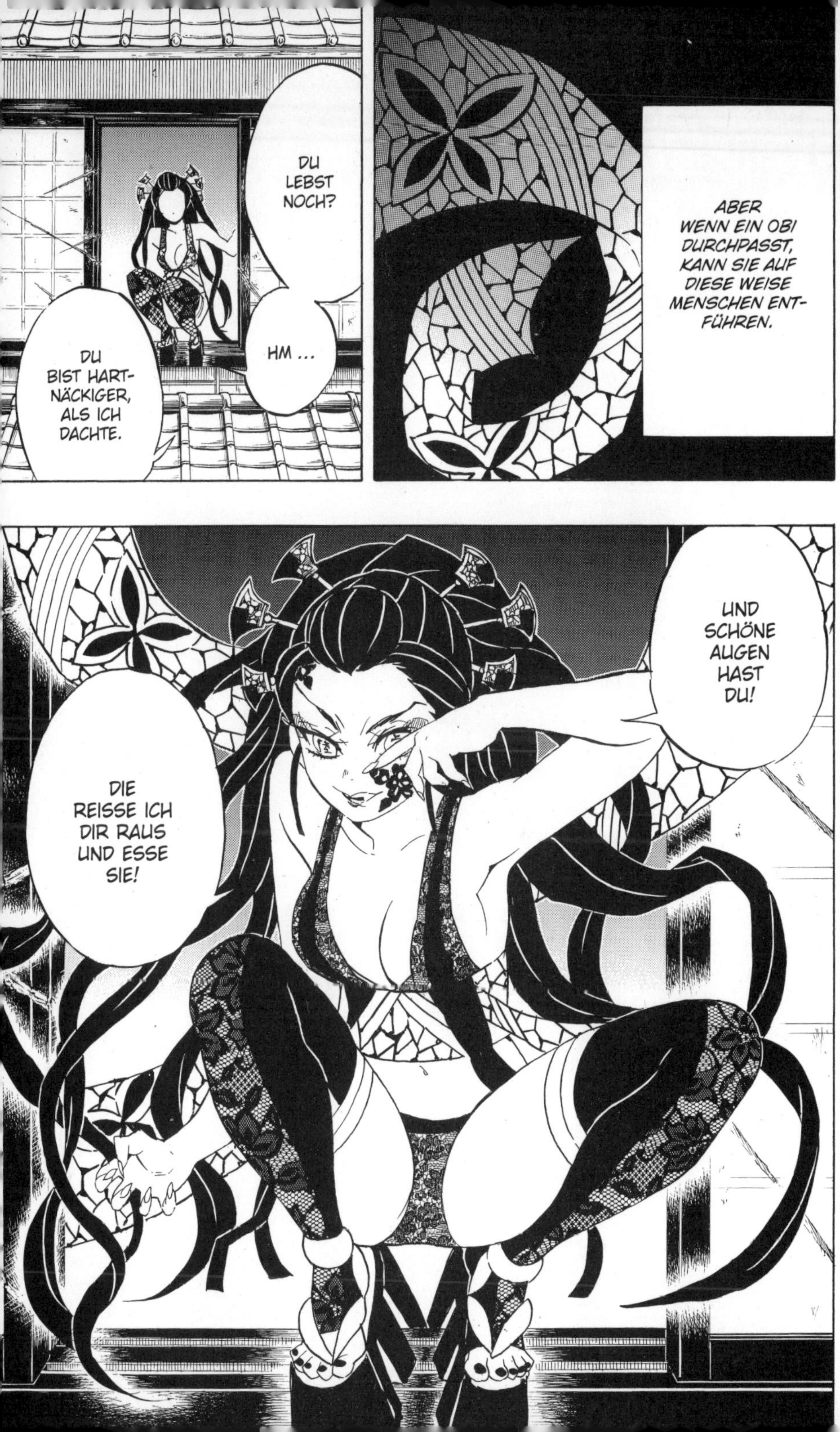
ABER WENN EIN OBI DURCHPASST, KANN SIE AUF DIESE WEISE MENSCHEN ENTFÜHREN.
DU LEBST NOCH?
HM …
DU BIST HARTNÄCKIGER, ALS ICH DACHTE.
UND SCHÖNE AUGEN HAST DU!
DIE REISSE ICH DIR RAUS UND ESSE SIE!

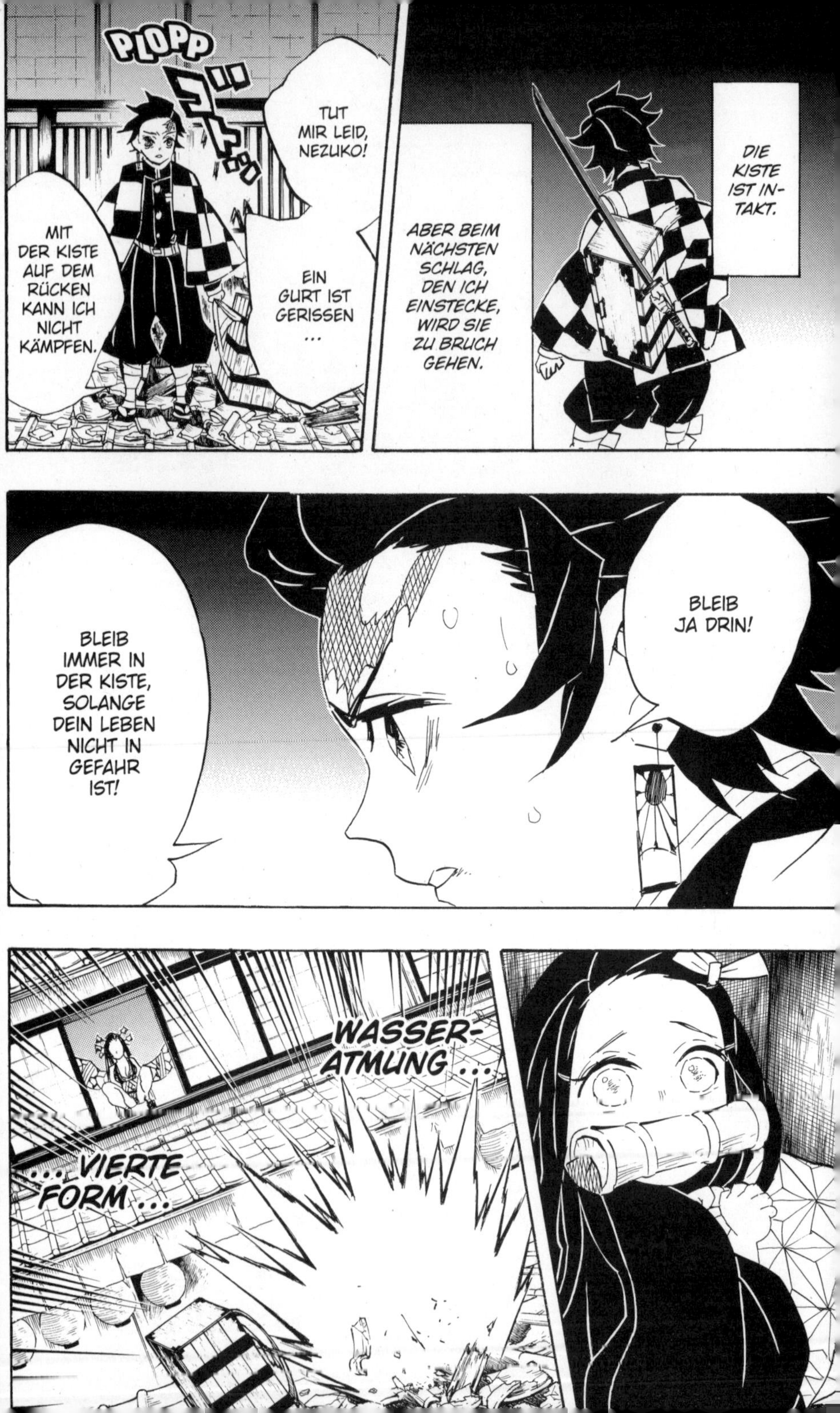
DIE KISTE IST IN-TAKT.
ABER BEIM NÄCHSTEN SCHLAG, DEN ICH EINSTECKE, WIRD SIE ZU BRUCH GEHEN.
PLOPP
TUT MIR LEID, NEZUKO!
EIN GURT IST GERISSEN …
MIT DER KISTE AUF DEM RÜCKEN KANN ICH NICHT KÄMPFEN.
BLEIB JA DRIN!
BLEIB IMMER IN DER KISTE, SOLANGE DEIN LEBEN NICHT IN GEFAHR IST!
WASSER-ATMUNG …
… VIERTE FORM …

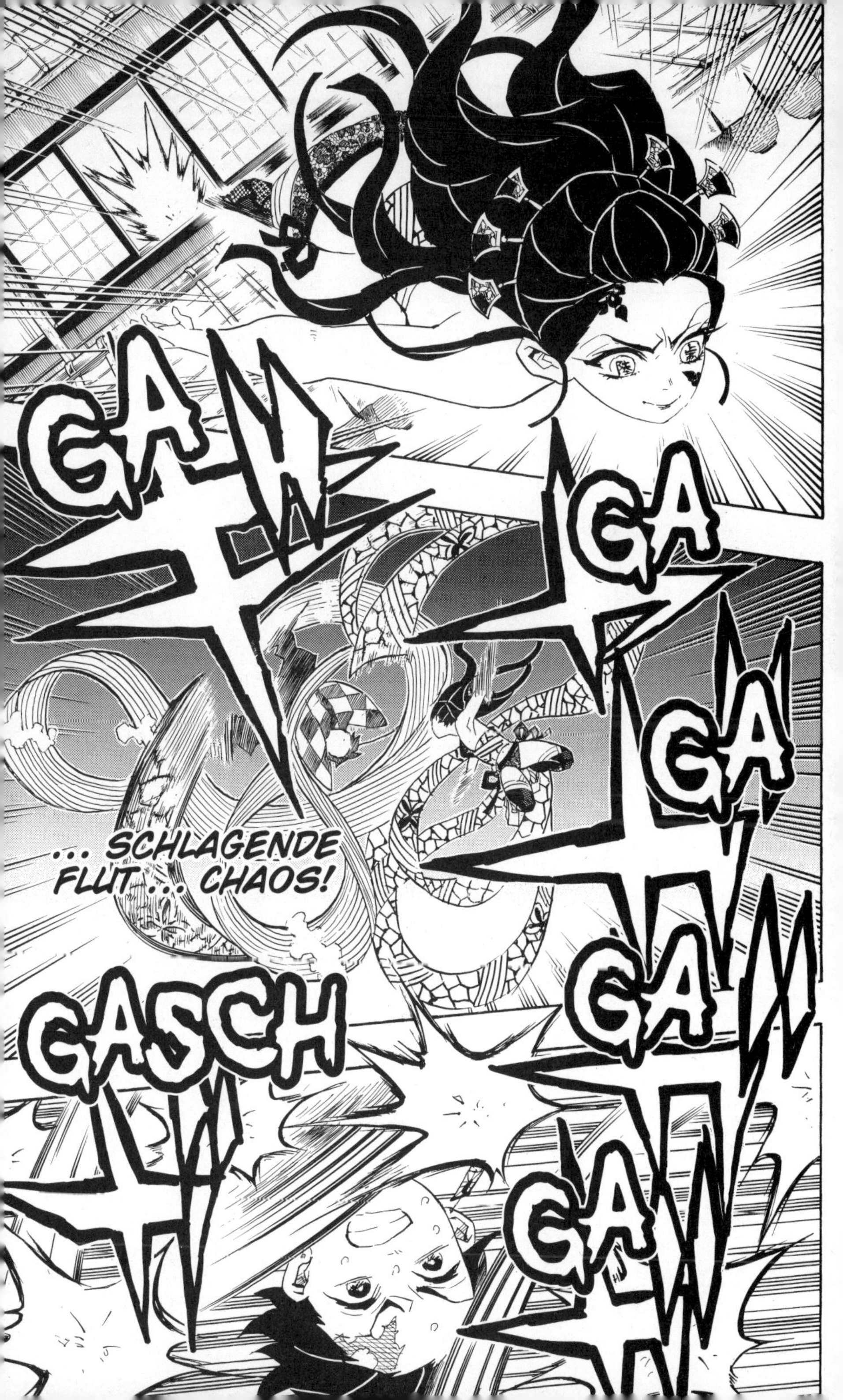
GA
GA
GA
GA
GA
GASCH
... SCHLAGENDE FLUT ... CHAOS!

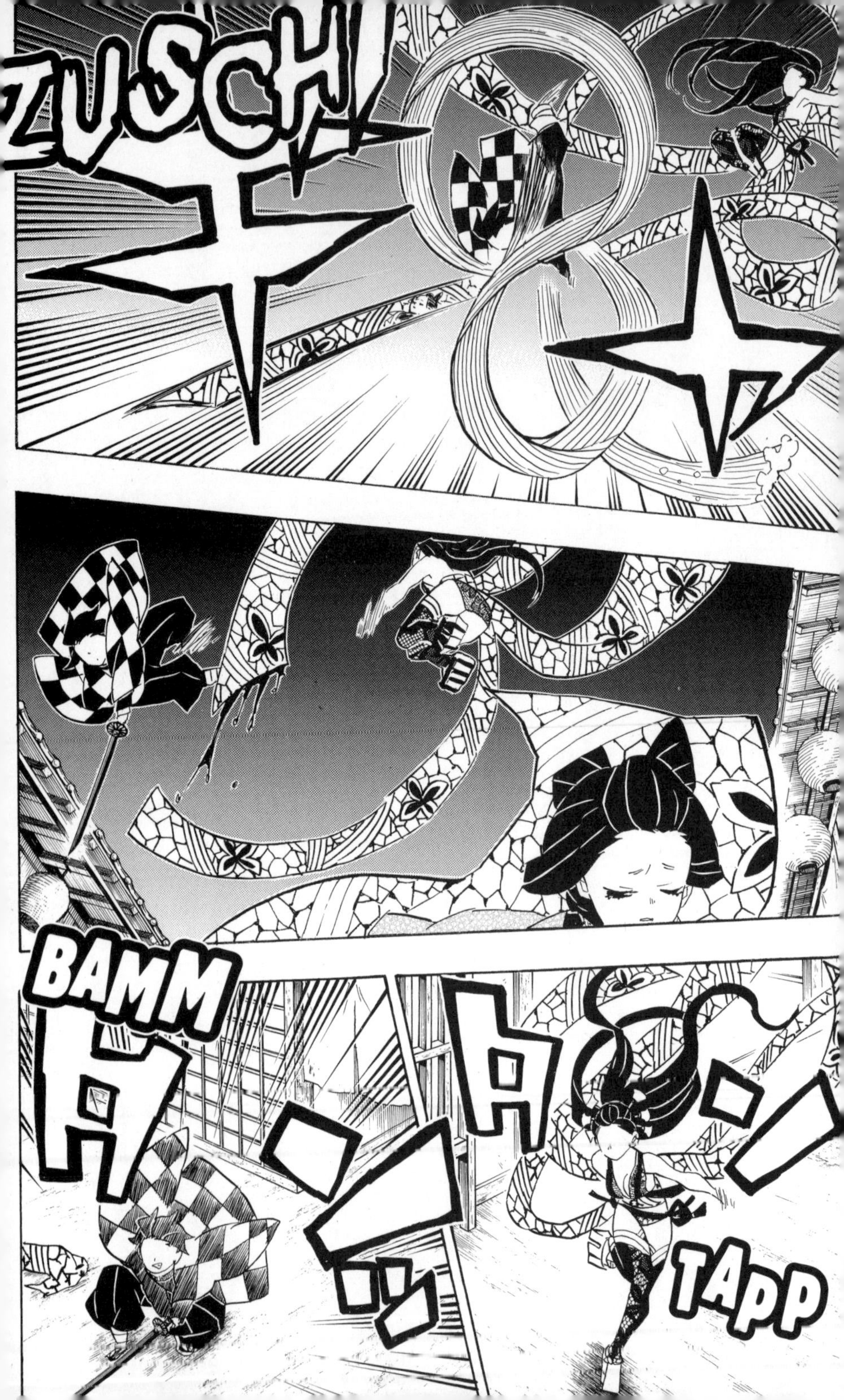

ZUSCH
BAMM
TAPP

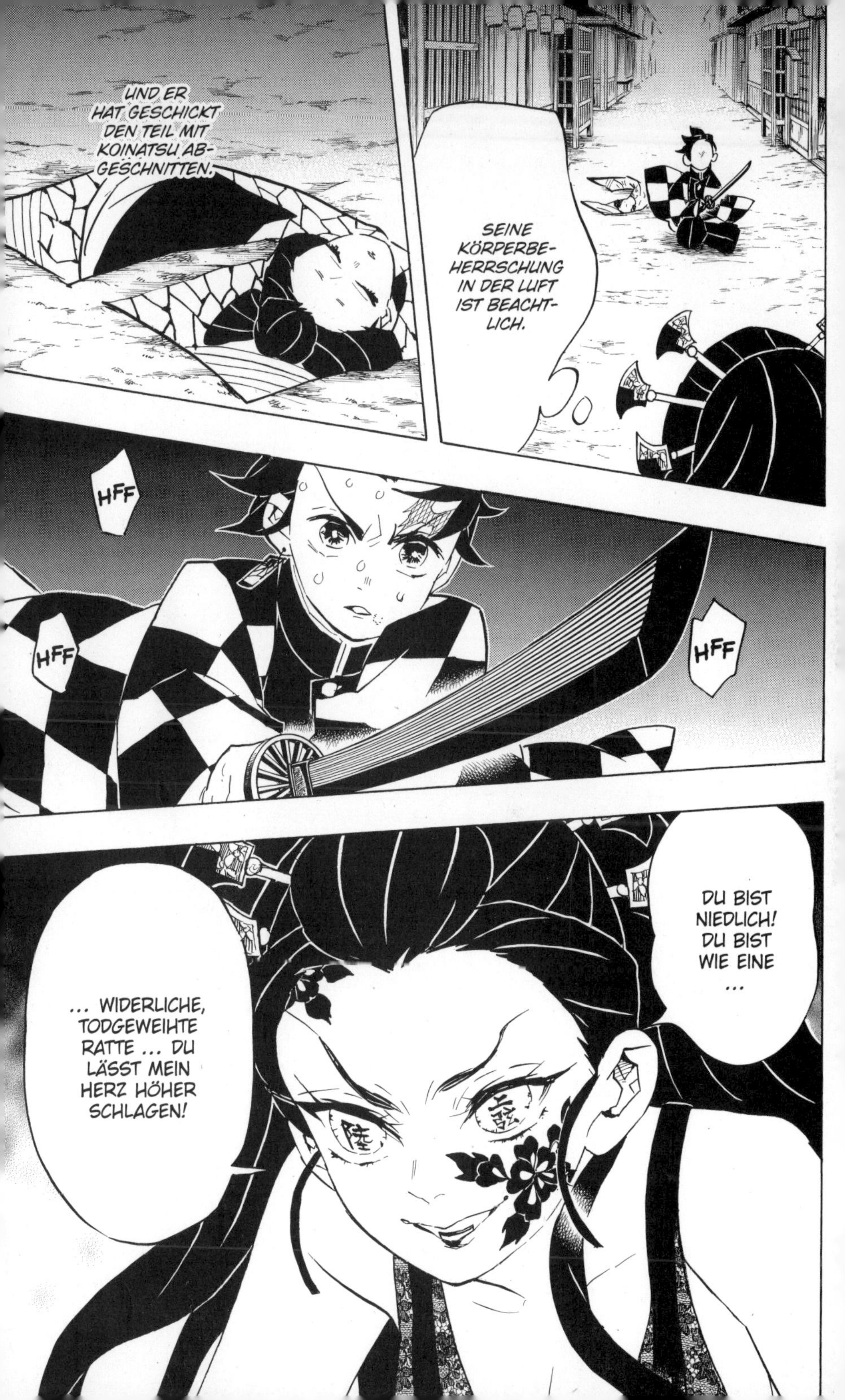

SEINE KÖRPERBE-HERRSCHUNG IN DER LUFT IST BEACHT-LICH.
UND ER HAT GESCHICKT DEN TEIL MIT KOINATSU AB-GESCHNITTEN.
HFF
HFF
HFF
DU BIST NIEDLICH! DU BIST WIE EINE …
… WIDERLICHE, TODGEWEIHTE RATTE … DU LÄSST MEIN HERZ HÖHER SCHLAGEN!

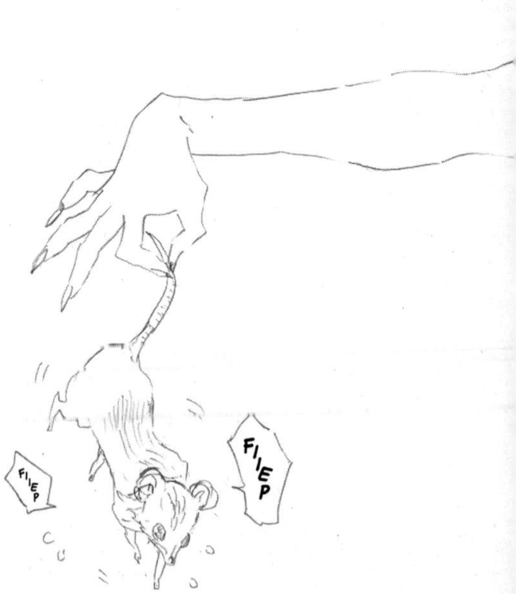
FIIEP
FIIEP

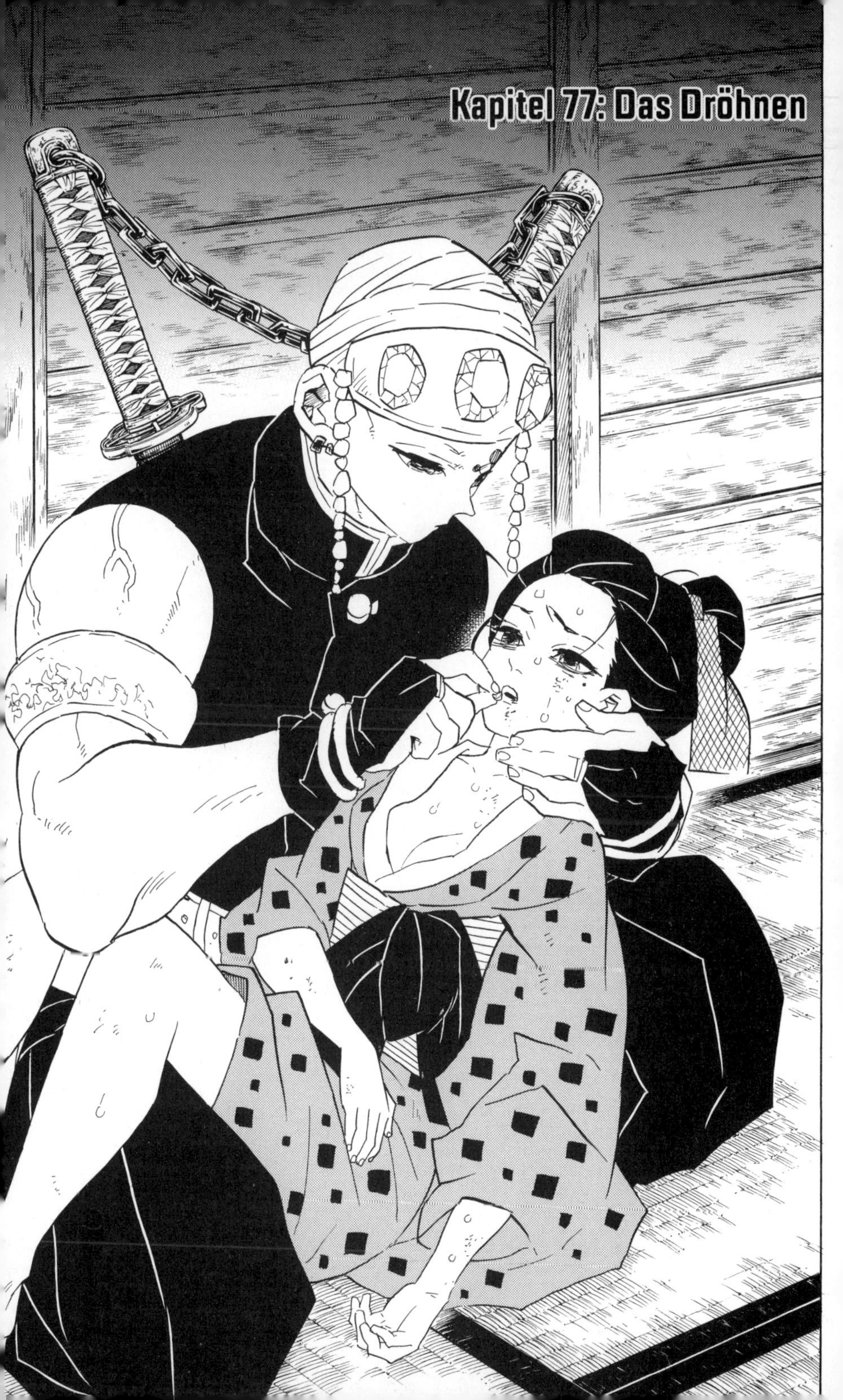
Kapitel 77: Das Dröhnen

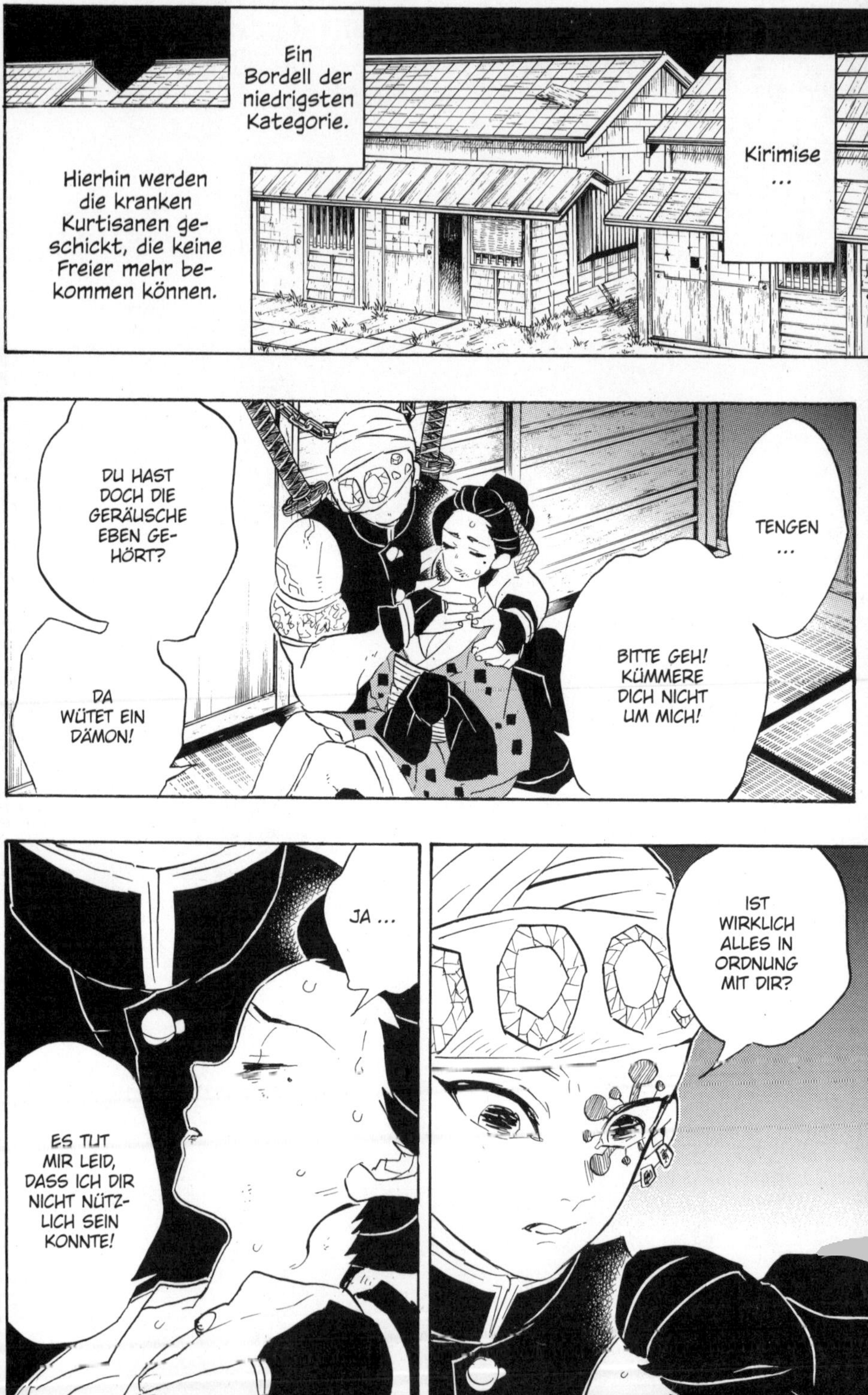
Kirimise …
Ein Bordell der niedrigsten Kategorie.
Hierhin werden die kranken Kurtisanen geschickt, die keine Freier mehr bekommen können.
TENGEN …
BITTE GEH! KÜMMERE DICH NICHT UM MICH!
DU HAST DOCH DIE GERÄUSCHE EBEN GEHÖRT?
DA WÜTET EIN DÄMON!
IST WIRKLICH ALLES IN ORDNUNG MIT DIR?
JA …
ES TUT MIR LEID, DASS ICH DIR NICHT NÜTZLICH SEIN KONNTE!

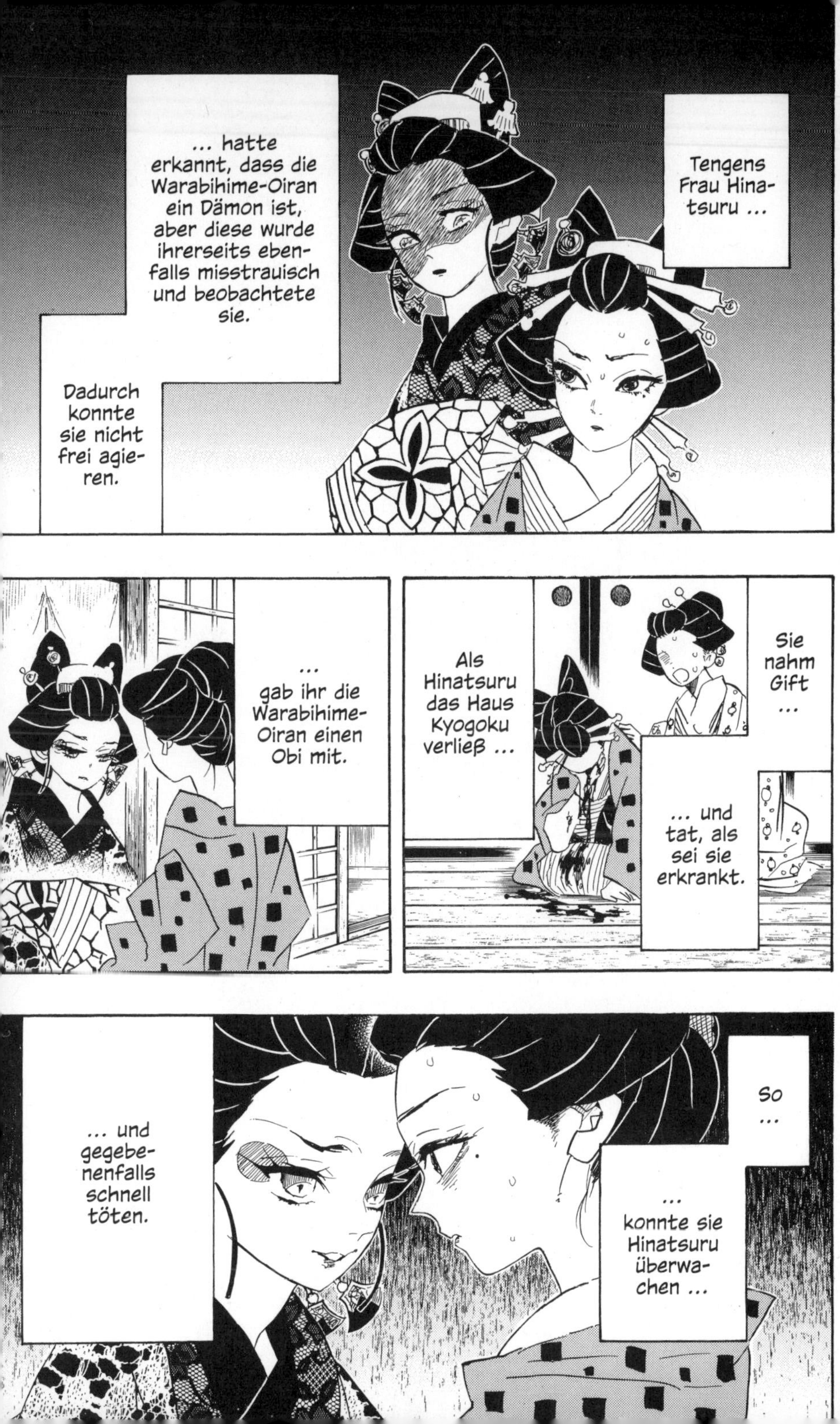
Tengens Frau Hinatsuru ...
... hatte erkannt, dass die Warabihime-Oiran ein Dämon ist, aber diese wurde ihrerseits ebenfalls misstrauisch und beobachtete sie.
Dadurch konnte sie nicht frei agieren.
Sie nahm Gift ...
... und tat, als sei sie erkrankt.
Als Hinatsuru das Haus Kyogoku verließ ...
... gab ihr die Warabihime-Oiran einen Obi mit.
So ...
... konnte sie Hinatsuru überwachen ...
... und gegebenenfalls schnell töten.

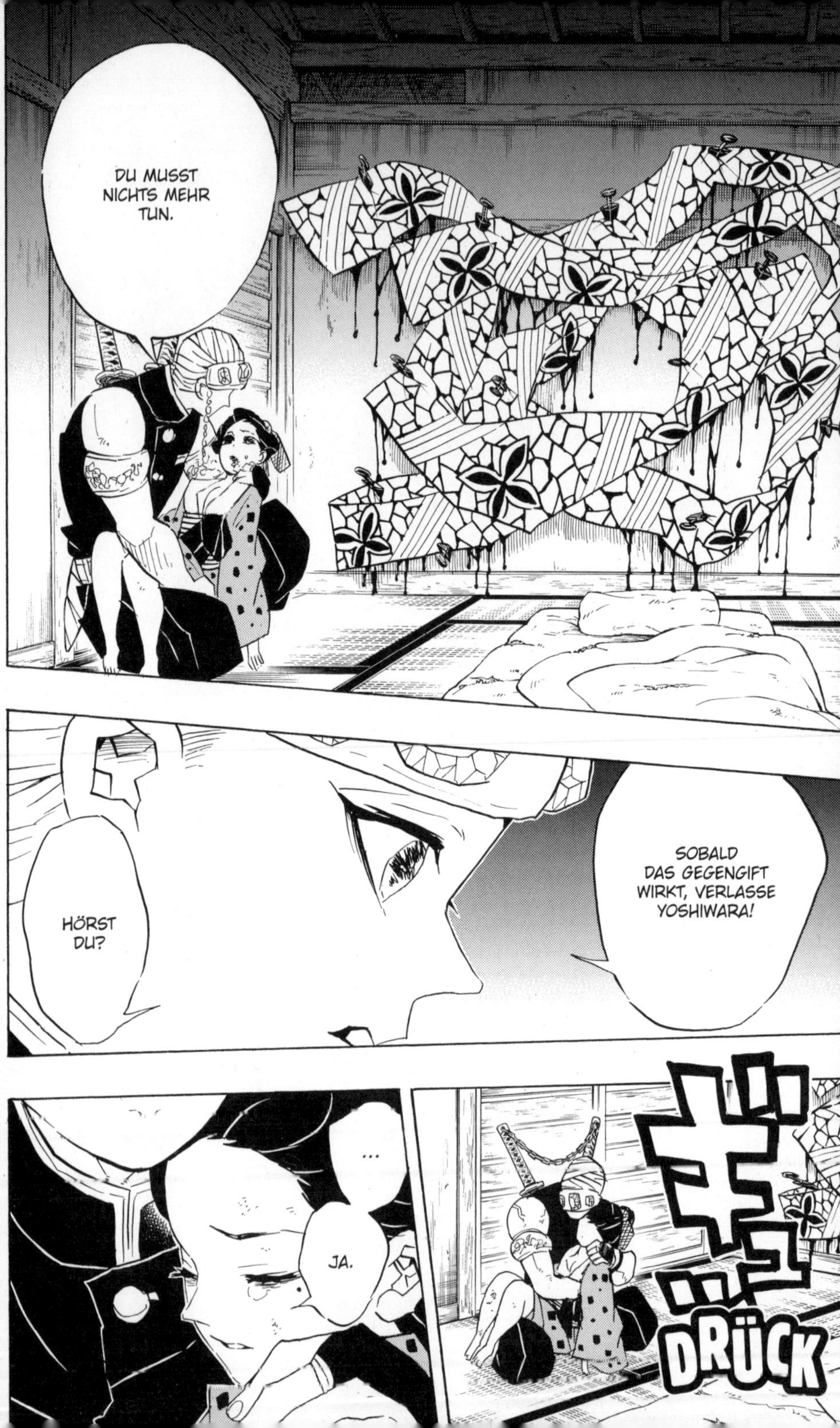
DU MUSST NICHTS MEHR TUN.
SOBALD DAS GEGENGIFT WIRKT, VERLASSE YOSHIWARA!
HÖRST DU?
DRÜCK
...
JA.

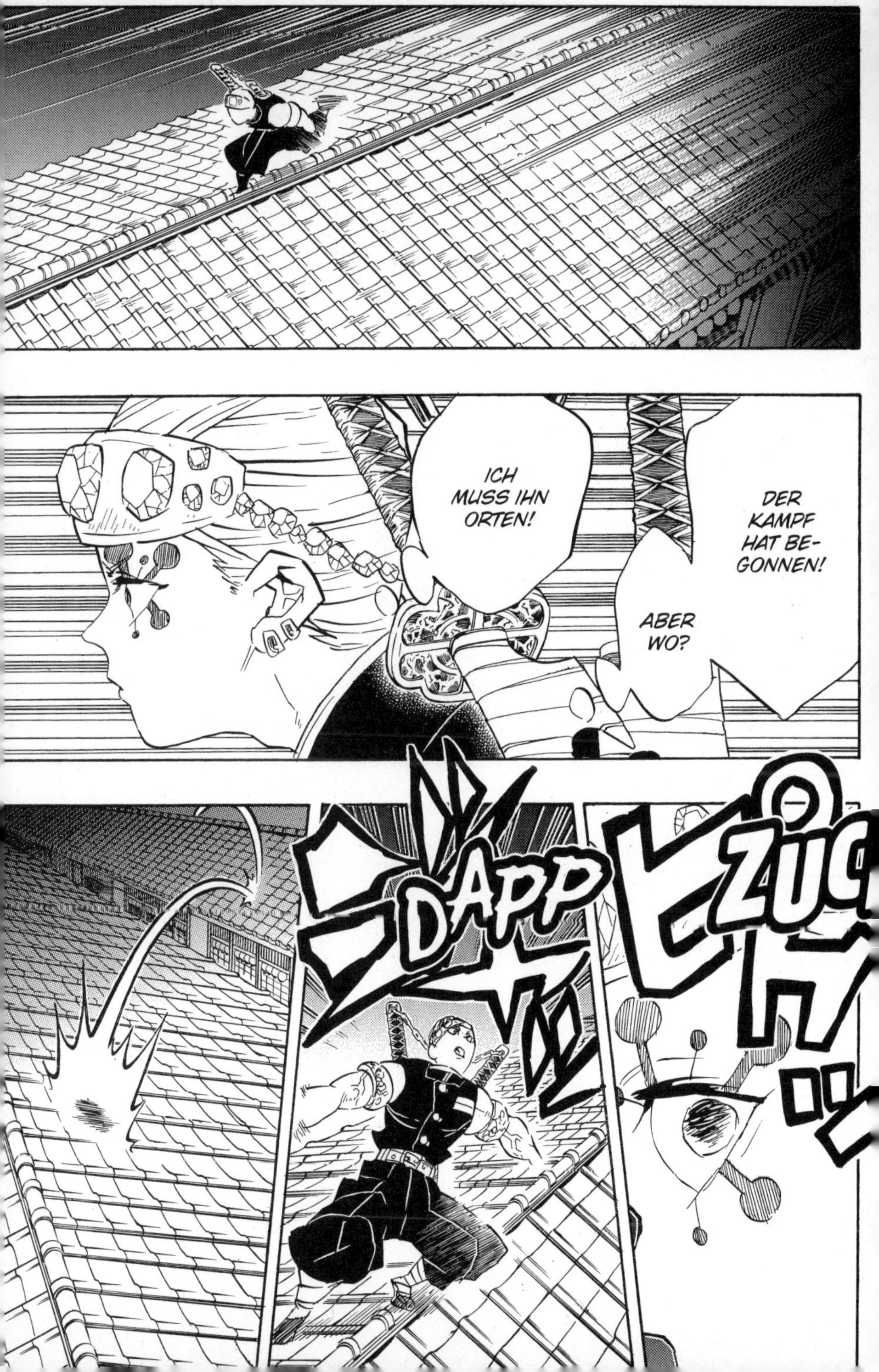
DER KAMPF HAT BE- GONNEN!
ABER WO?
ICH MUSS IHN ORTEN!
ZUC
DAPP

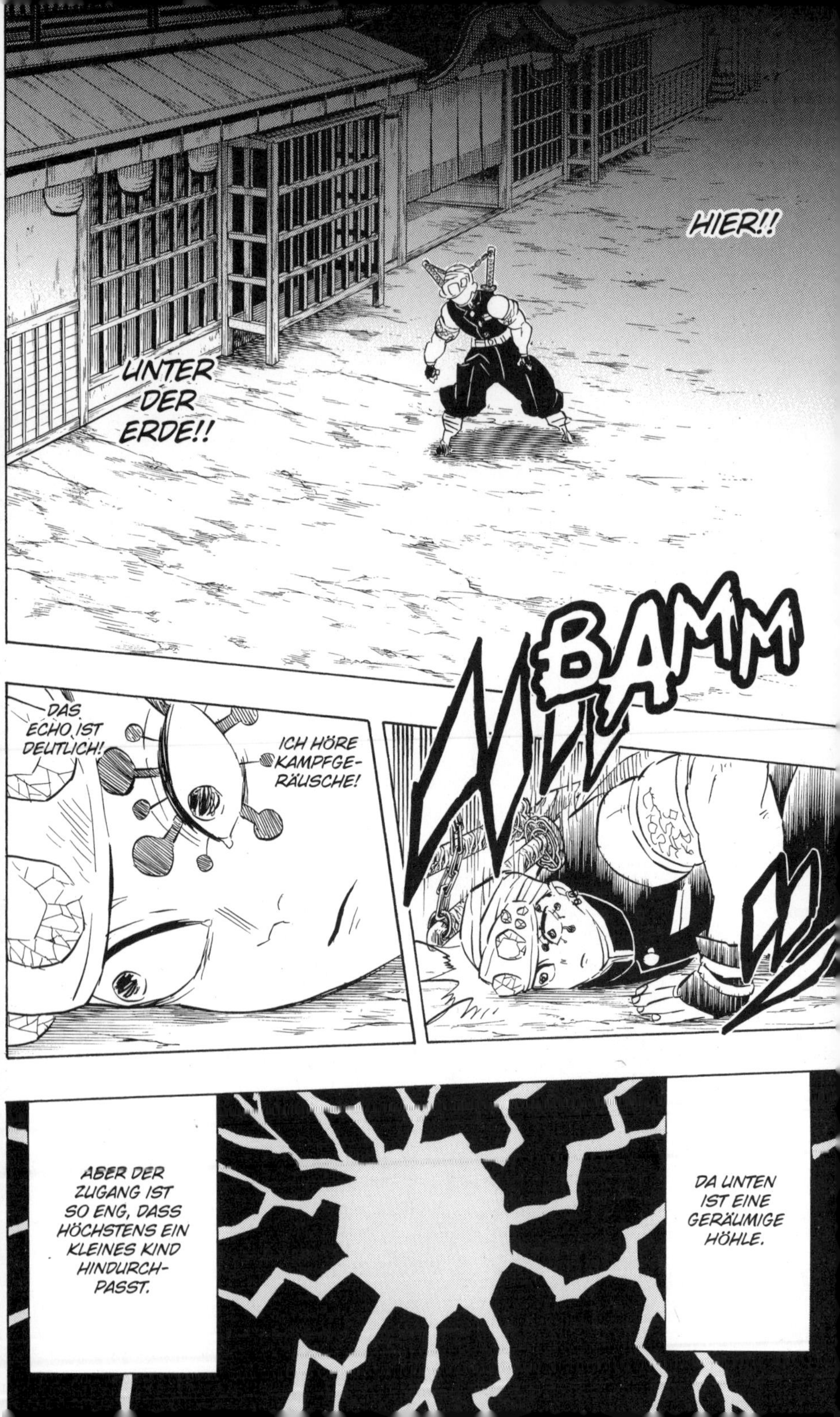
HIER!!
UNTER DER ERDE!!
BAMM
ICH HÖRE KAMPFGE-RÄUSCHE!
DAS ECHO IST DEUTLICH!
DA UNTEN IST EINE GERÄUMIGE HÖHLE.
ABER DER ZUGANG IST SO ENG, DASS HÖCHSTENS EIN KLEINES KIND HINDURCH-PASST.

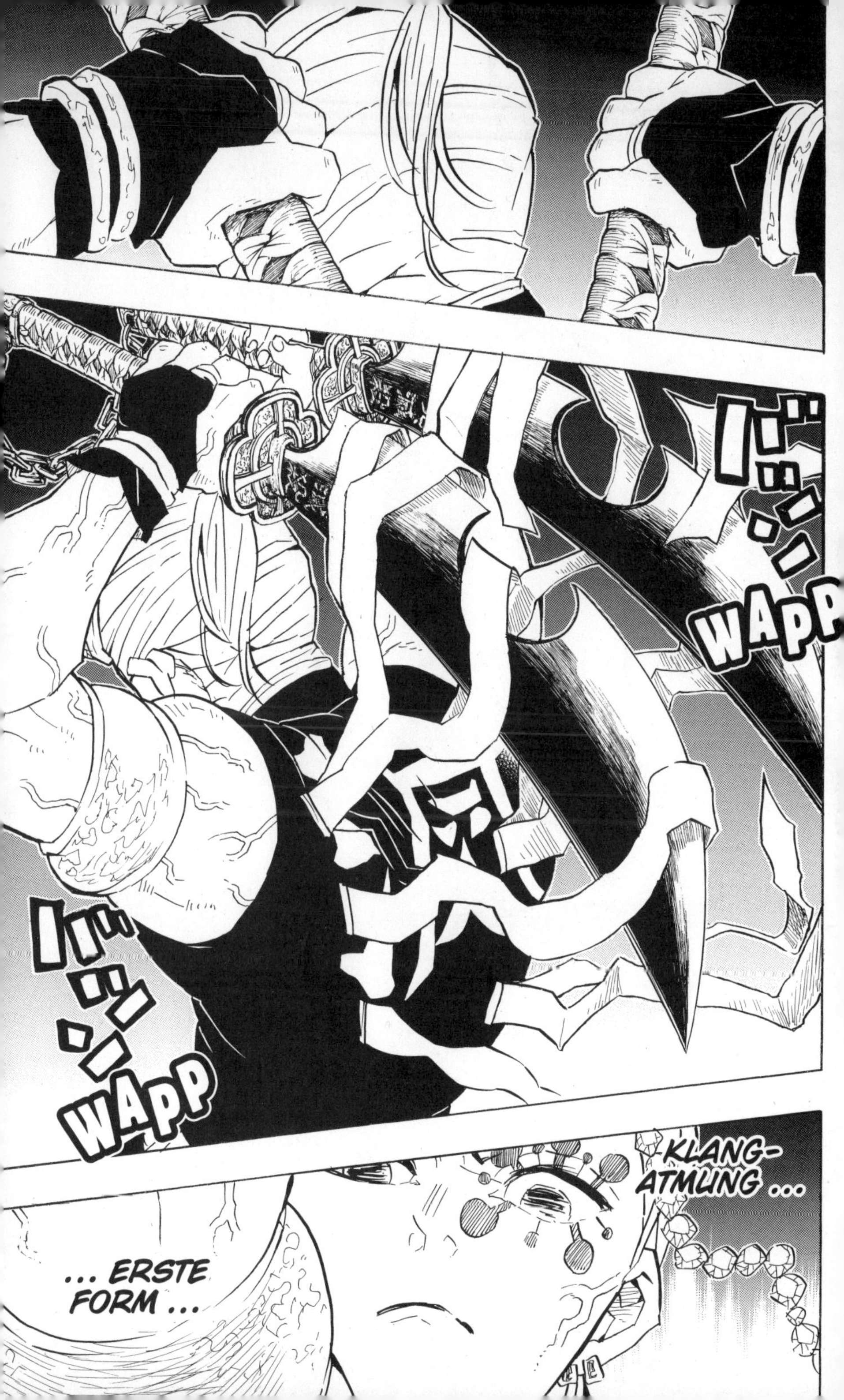

WAPP
WAPP
KLANG-ATMUNG ...
... ERSTE FORM ...

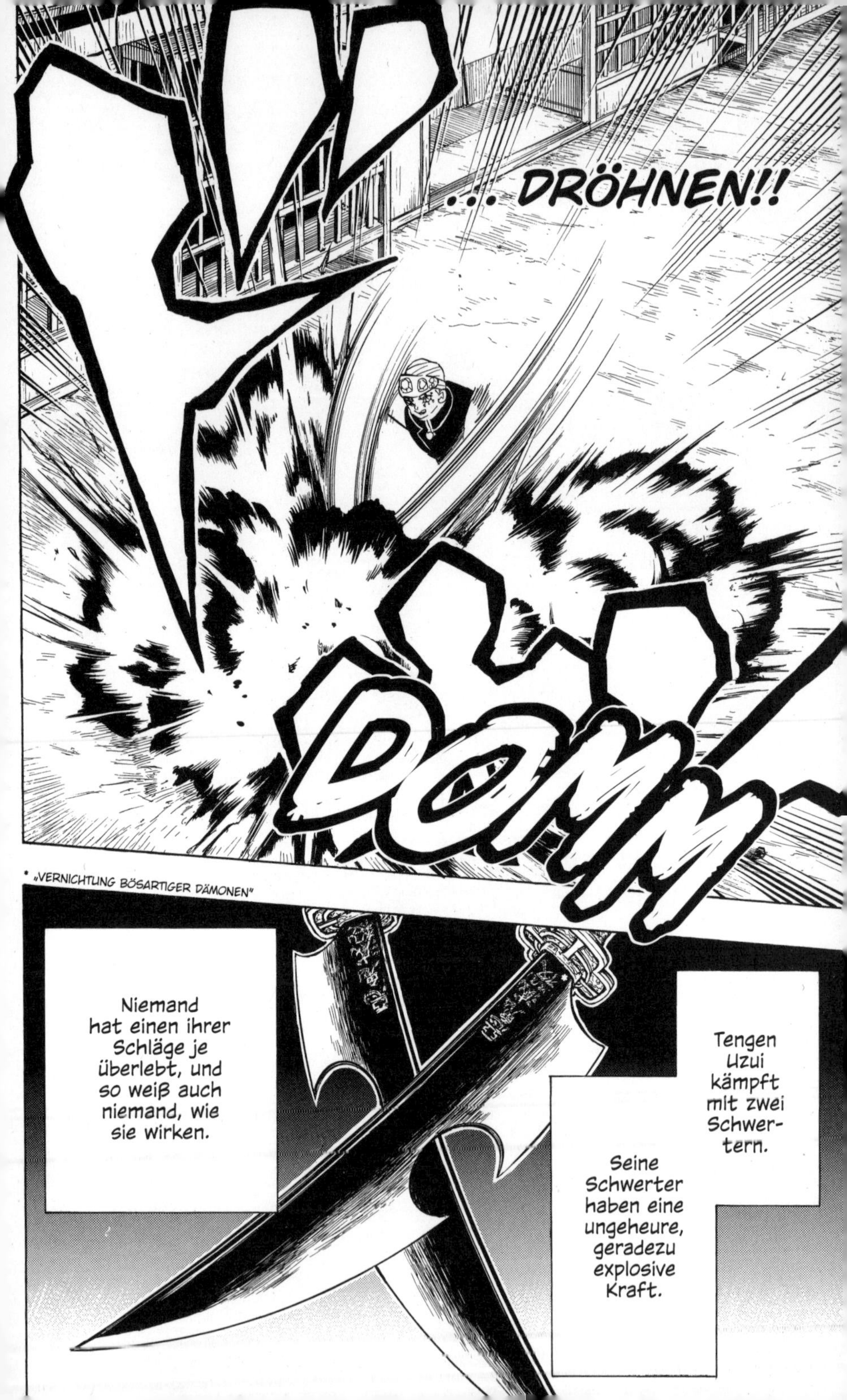

* „VERNICHTUNG BÖSARTIGER DÄMONEN“

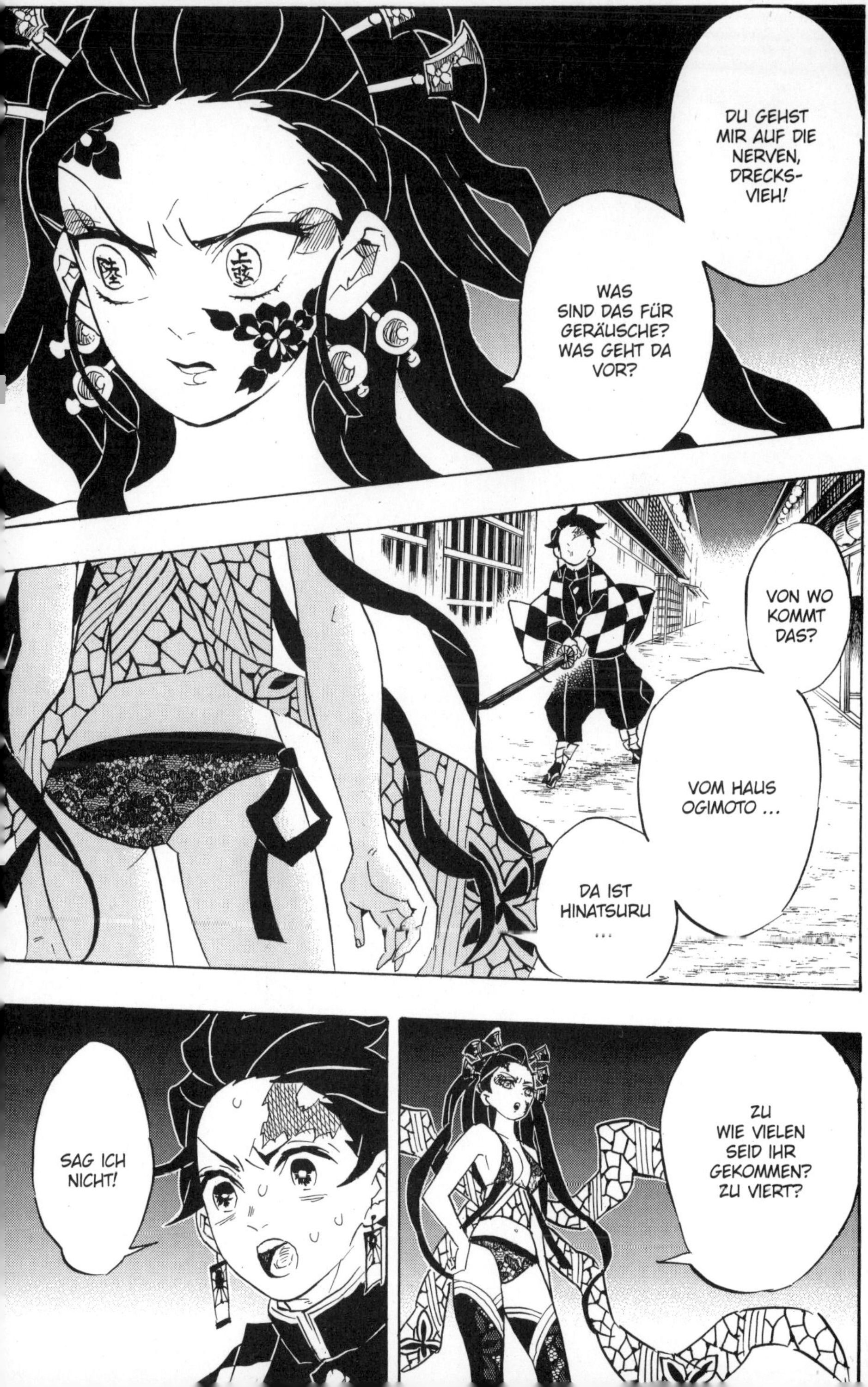
DU GEHST MIR AUF DIE NERVEN, DRECKS-VIEH!
WAS SIND DAS FÜR GERÄUSCHE? WAS GEHT DA VOR?
VON WO KOMMT DAS?
VOM HAUS OGIMOTO …
DA IST HINATSURU …
ZU WIE VIELEN SEID IHR GEKOMMEN? ZU VIERT?
SAG ICH NICHT!

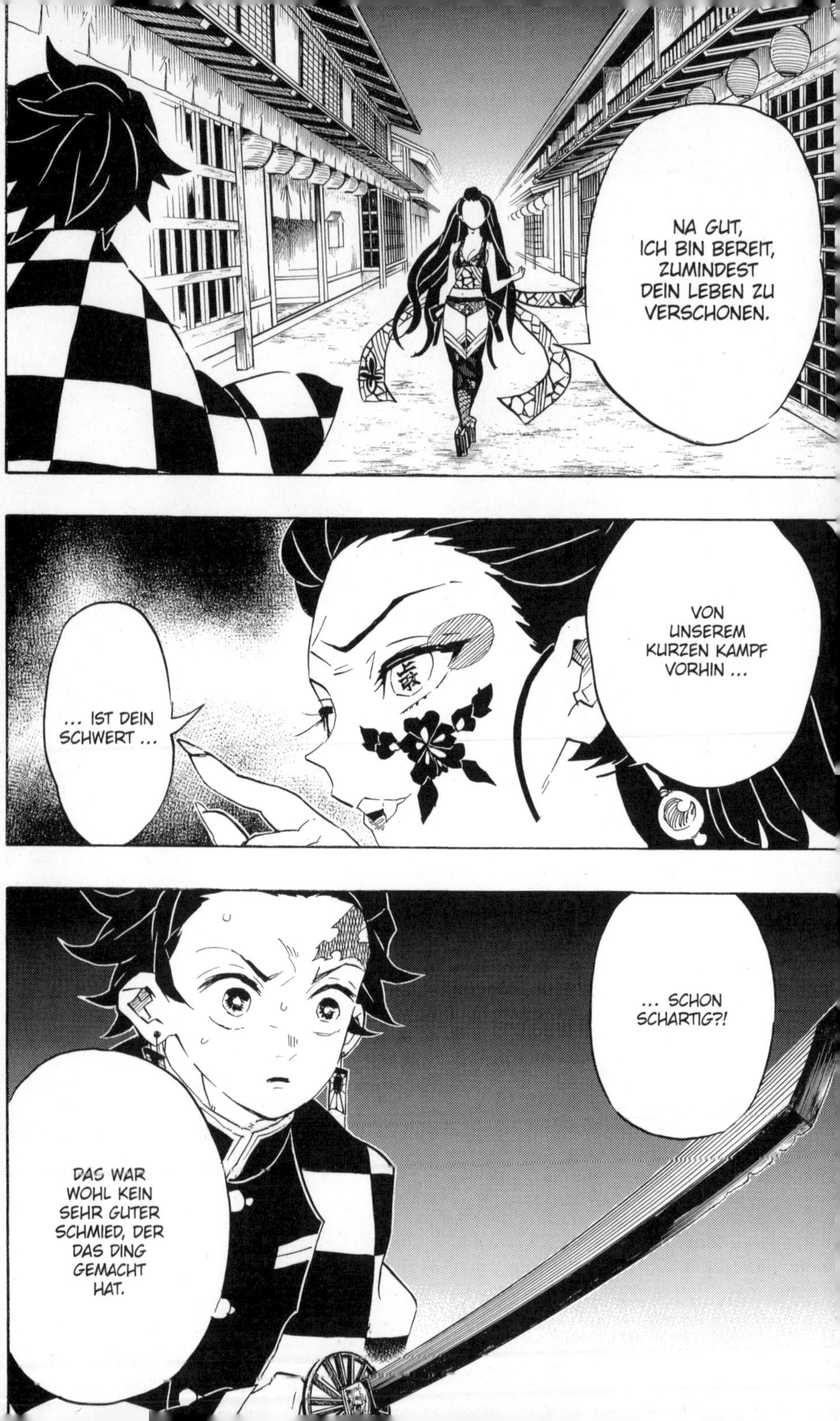
NA GUT, ICH BIN BEREIT, ZUMINDEST DEIN LEBEN ZU VERSCHONEN.
VON UNSEREM KURZEN KAMPF VORHIN …
… IST DEIN SCHWERT …
… SCHON SCHARTIG?!
DAS WAR WOHL KEIN SEHR GUTER SCHMIED, DER DAS DING GEMACHT HAT.

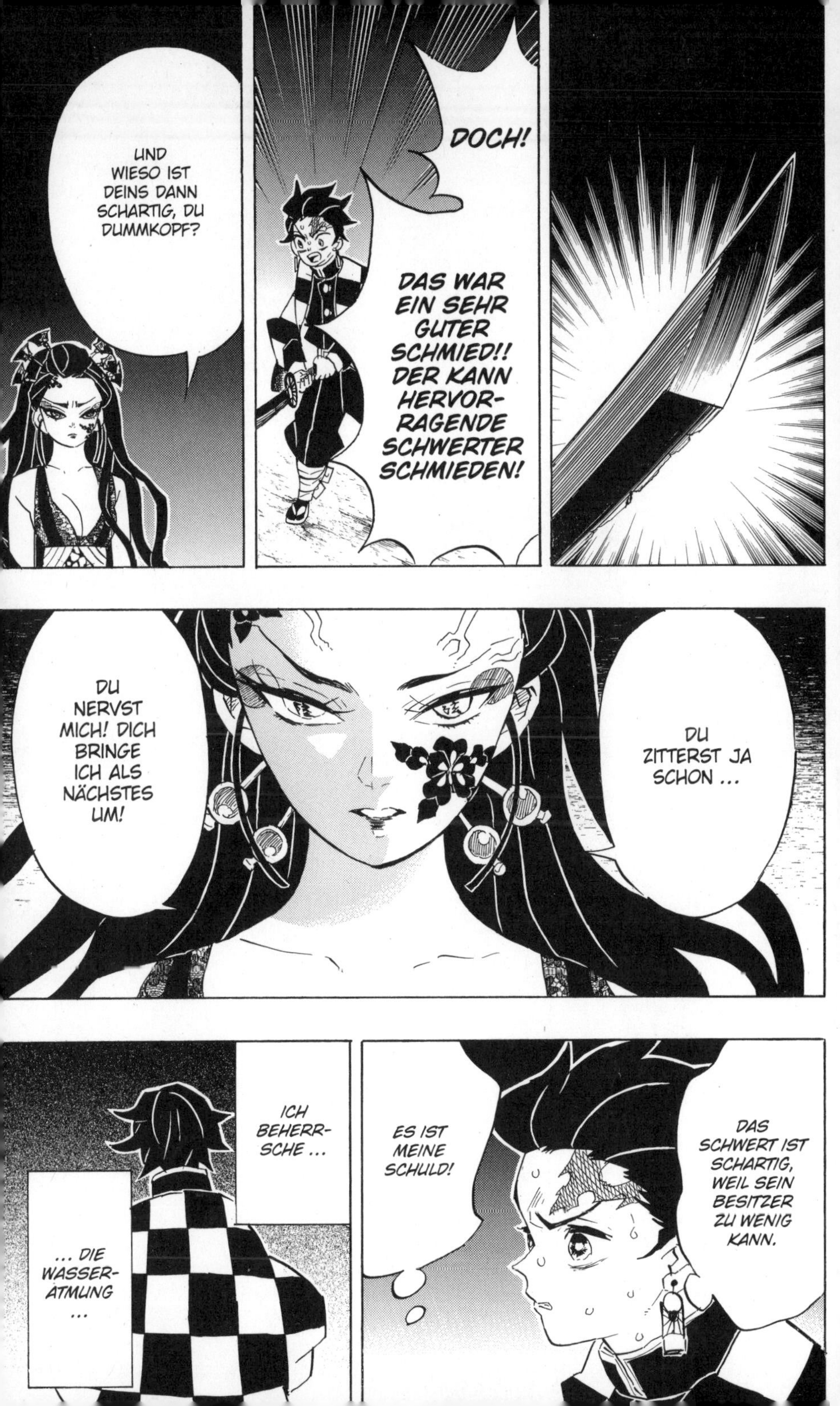
DOCH!
DAS WAR EIN SEHR GUTER SCHMIED!! DER KANN HERVORRAGENDE SCHWERTER SCHMIEDEN!
UND WIESO IST DEINS DANN SCHARTIG, DU DUMMKOPF?
DU ZITTERST JA SCHON …
DU NERVST MICH! DICH BRINGE ICH ALS NÄCHSTES UM!
DAS SCHWERT IST SCHARTIG, WEIL SEIN BESITZER ZU WENIG KANN.
ES IST MEINE SCHULD!
ICH BEHERRSCHE …
… DIE WASSERATMUNG …

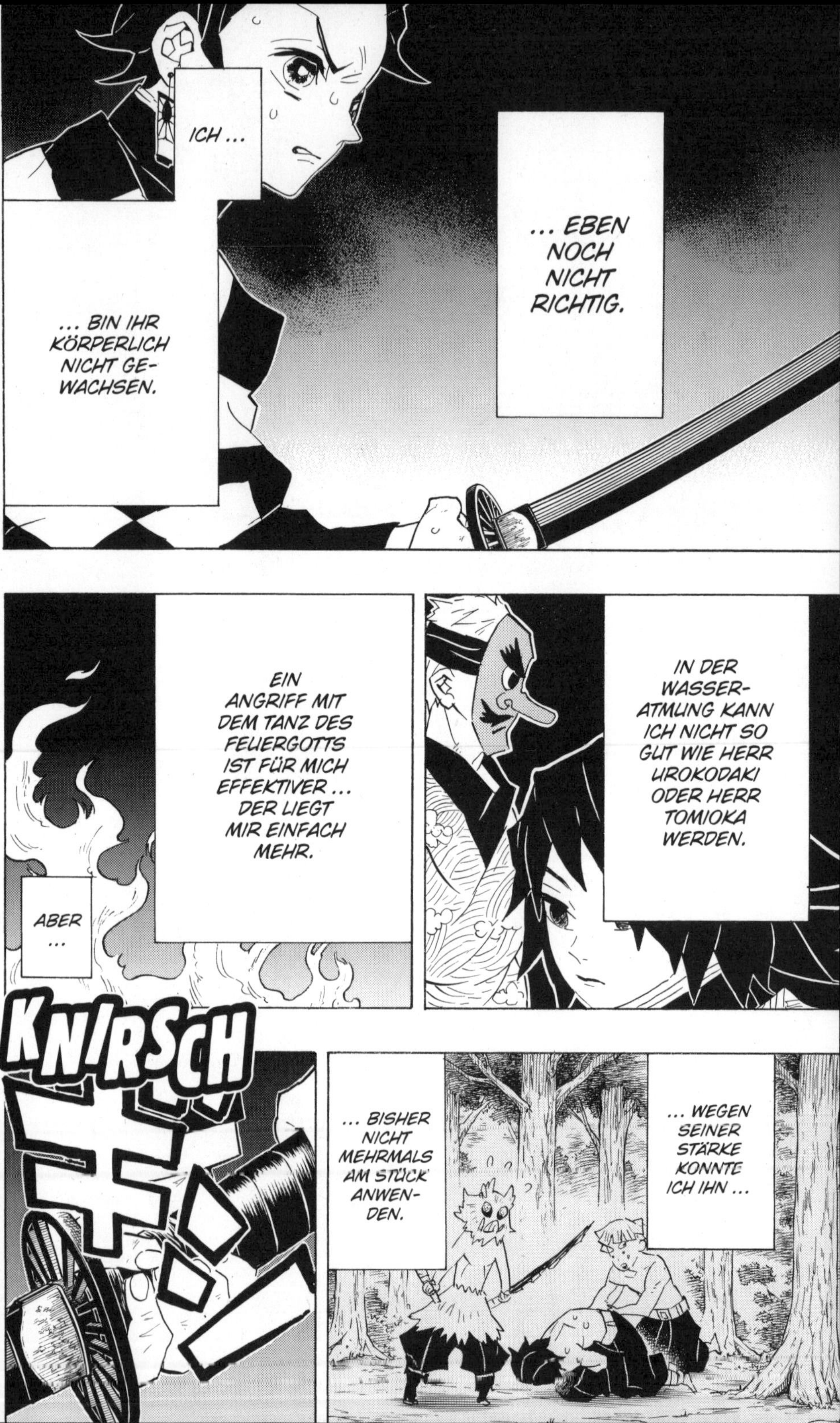
ICH …
… BIN IHR KÖRPERLICH NICHT GE-WACHSEN.
… EBEN NOCH NICHT RICHTIG.
IN DER WASSER-ATMUNG KANN ICH NICHT SO GUT WIE HERR UROKODAKI ODER HERR TOMIOKA WERDEN.
EIN ANGRIFF MIT DEM TANZ DES FEUERGOTTS IST FÜR MICH EFFEKTIVER … DER LIEGT MIR EINFACH MEHR.
ABER …
… WEGEN SEINER STÄRKE KONNTE ICH IHN …
… BISHER NICHT MEHRMALS AM STÜCK ANWEN-DEN.
KNIRSCH

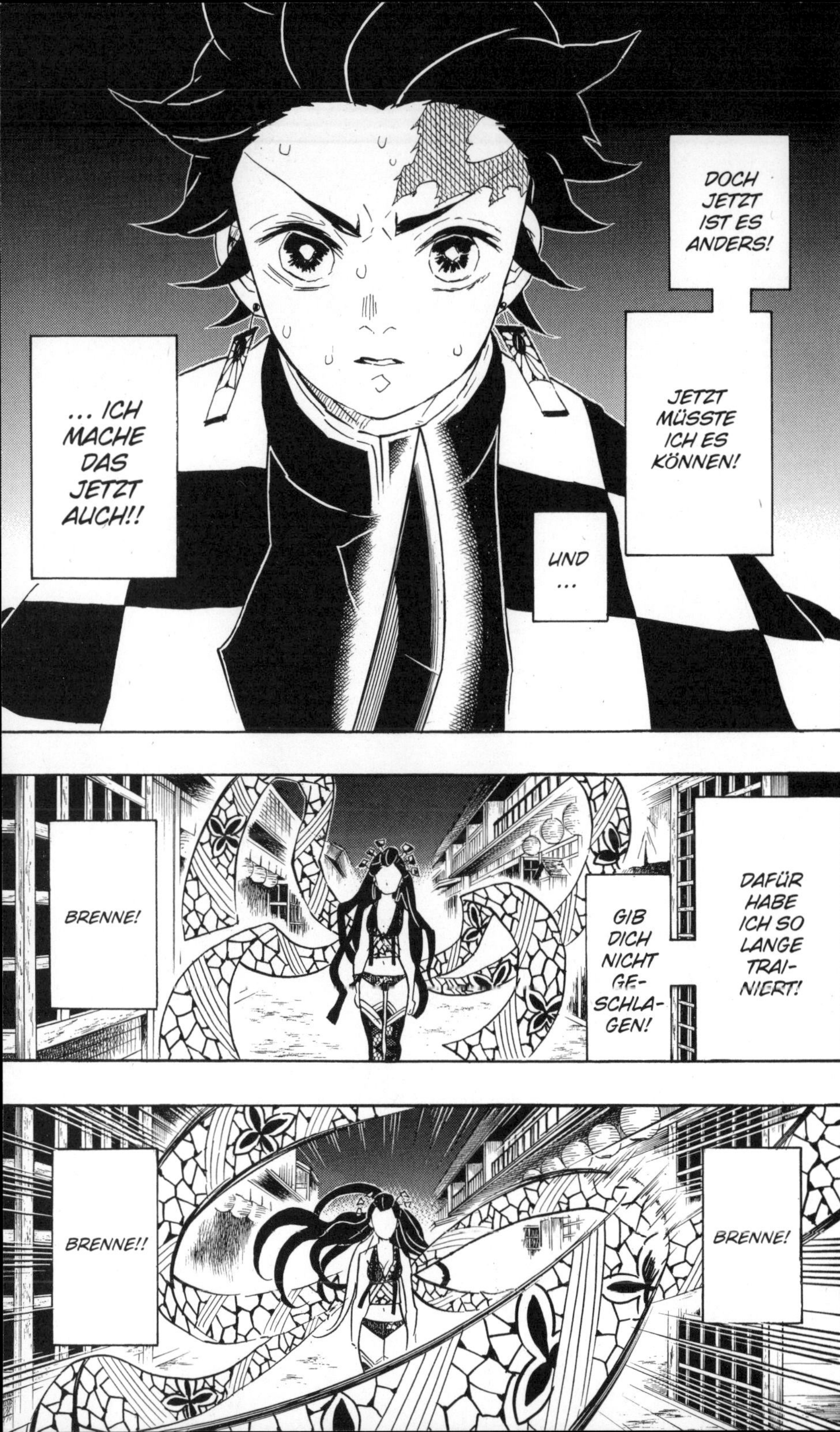
DOCH JETZT IST ES ANDERS!
JETZT MÜSSTE ICH ES KÖNNEN!
UND ...
... ICH MACHE DAS JETZT AUCH!!
DAFÜR HABE ICH SO LANGE TRAI-NIERT!
GIB DICH NICHT GE-SCHLA-GEN!
BRENNE!
BRENNE!
BRENNE!!

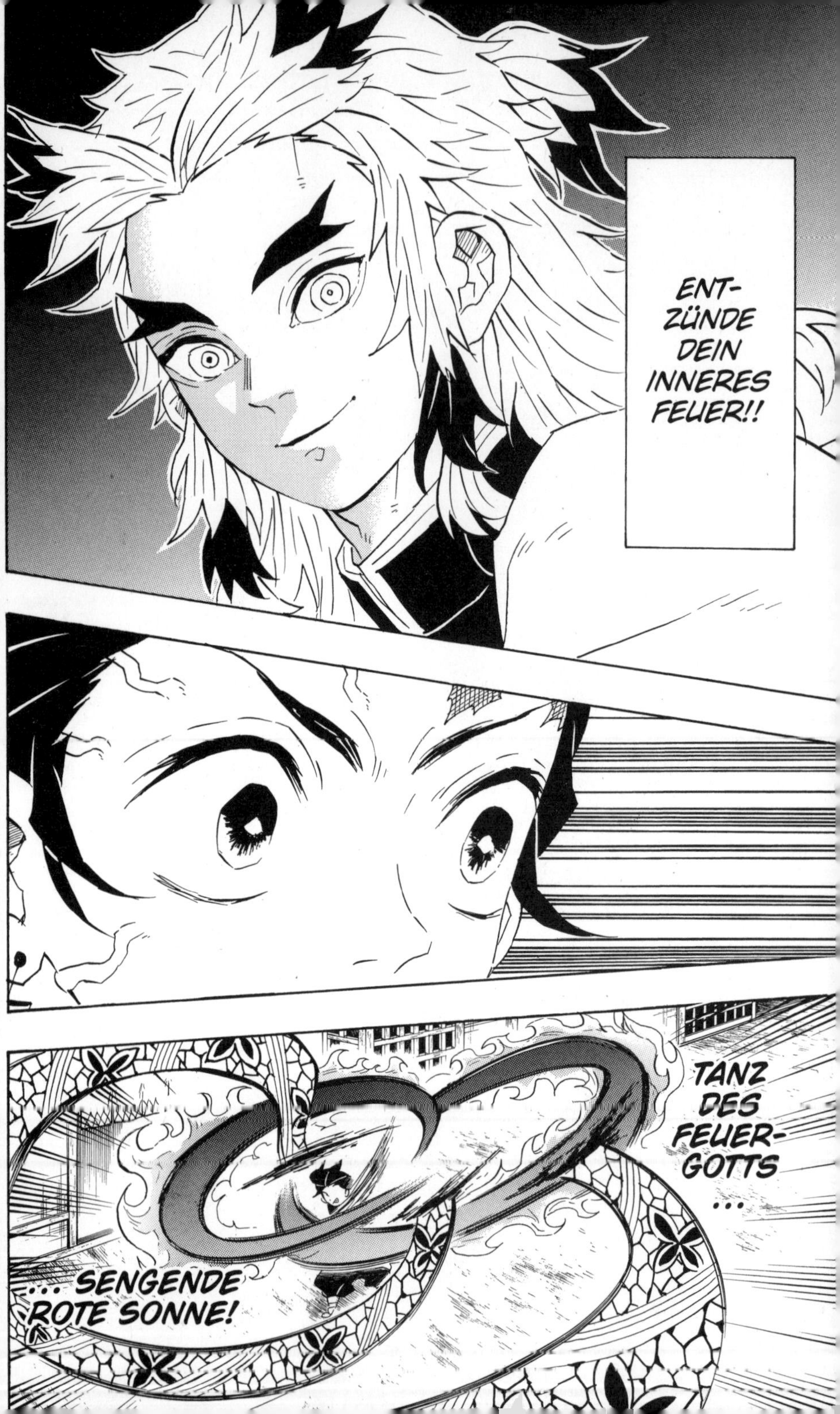
ENT-
ZÜNDE
DEIN
INNERES
FEUER!!
TANZ
DES
FEUER-
GOTTS
...
... SENGENDE
ROTE SONNE!

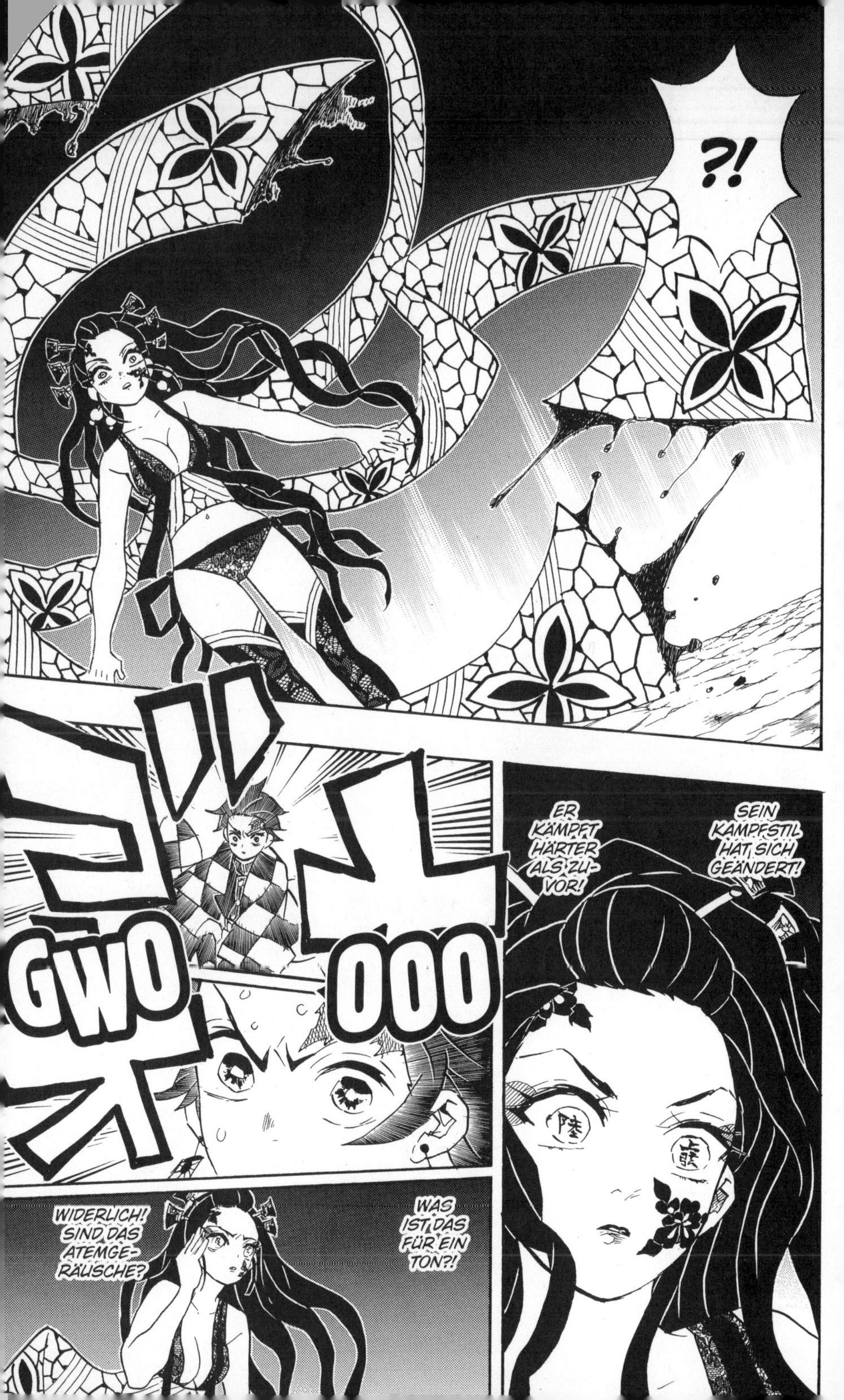

?!
SEIN KAMPFSTIL HAT SICH GEÄNDERT!
ER KÄMPFT HÄRTER ALS ZUVOR!
GWO OOO
WAS IST DAS FÜR EIN TON?!
WIDERLICH! SIND DAS ATEMGE-RÄUSCHE?

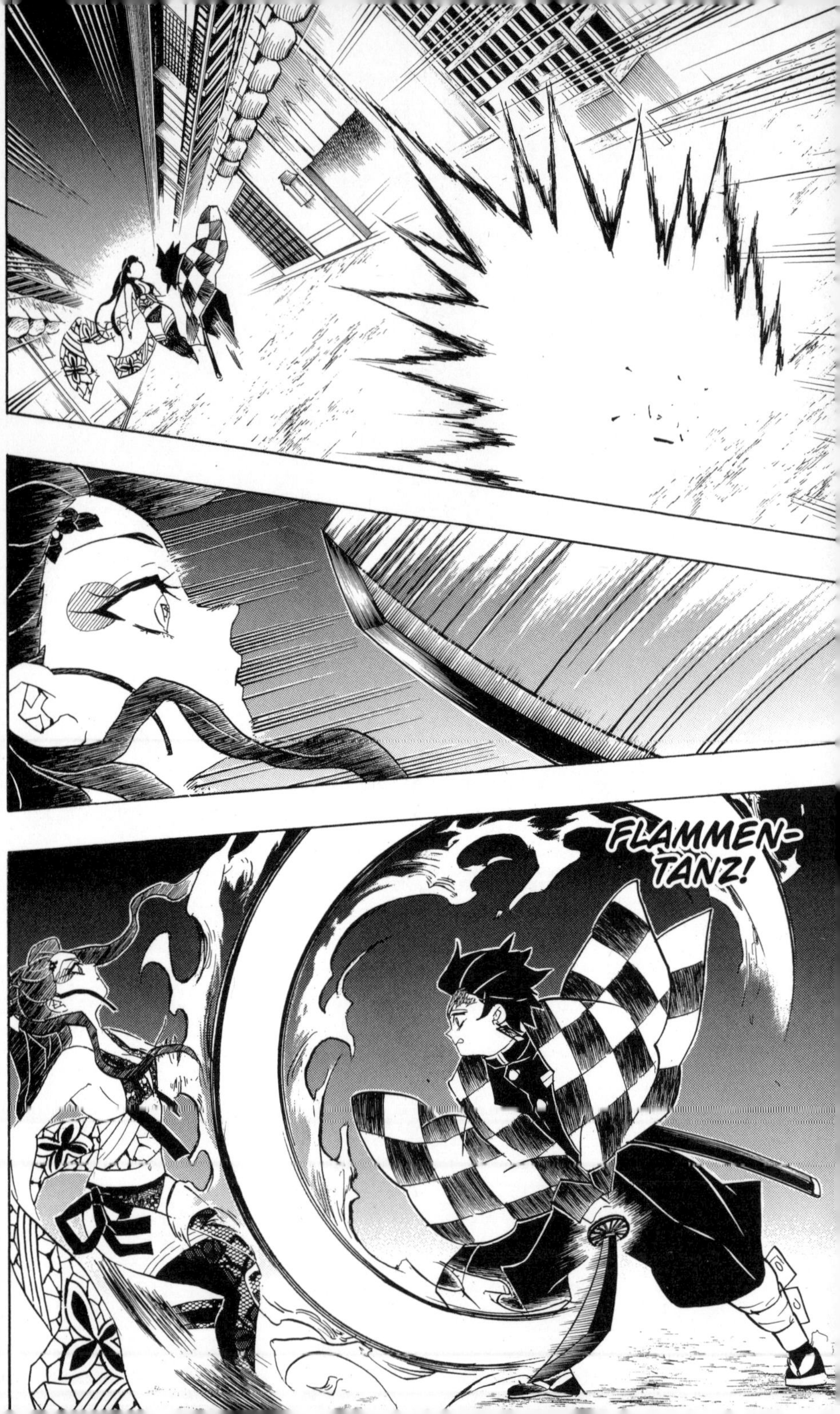
FLAMMEN-
TANZ!

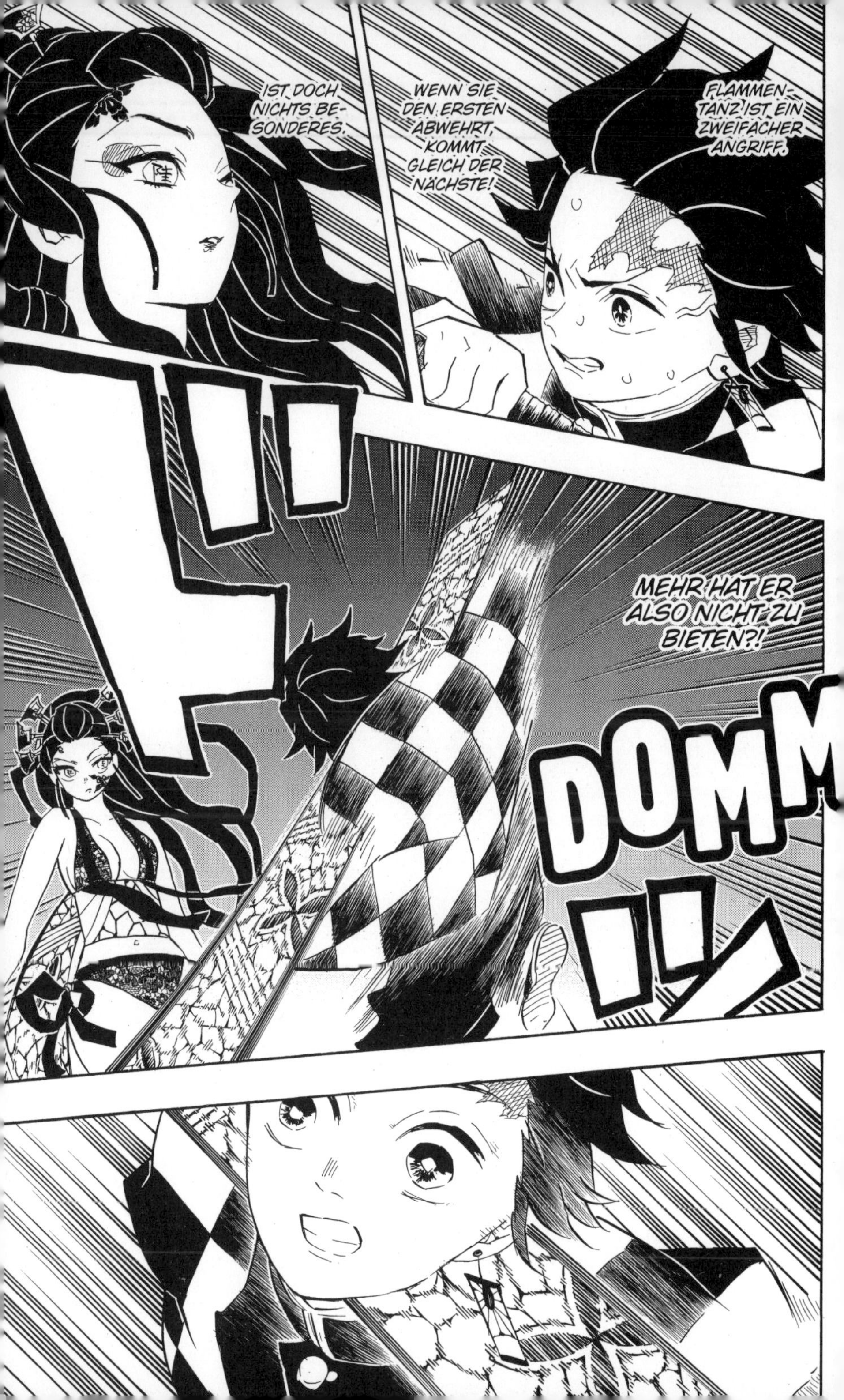
FLAMMEN-TANZ IST EIN ZWEIFACHER ANGRIFF.
WENN SIE DEN ERSTEN ABWEHRT, KOMMT GLEICH DER NÄCHSTE!
IST DOCH NICHTS BESONDERES.
MEHR HAT ER ALSO NICHT ZU BIETEN?!
DOMM

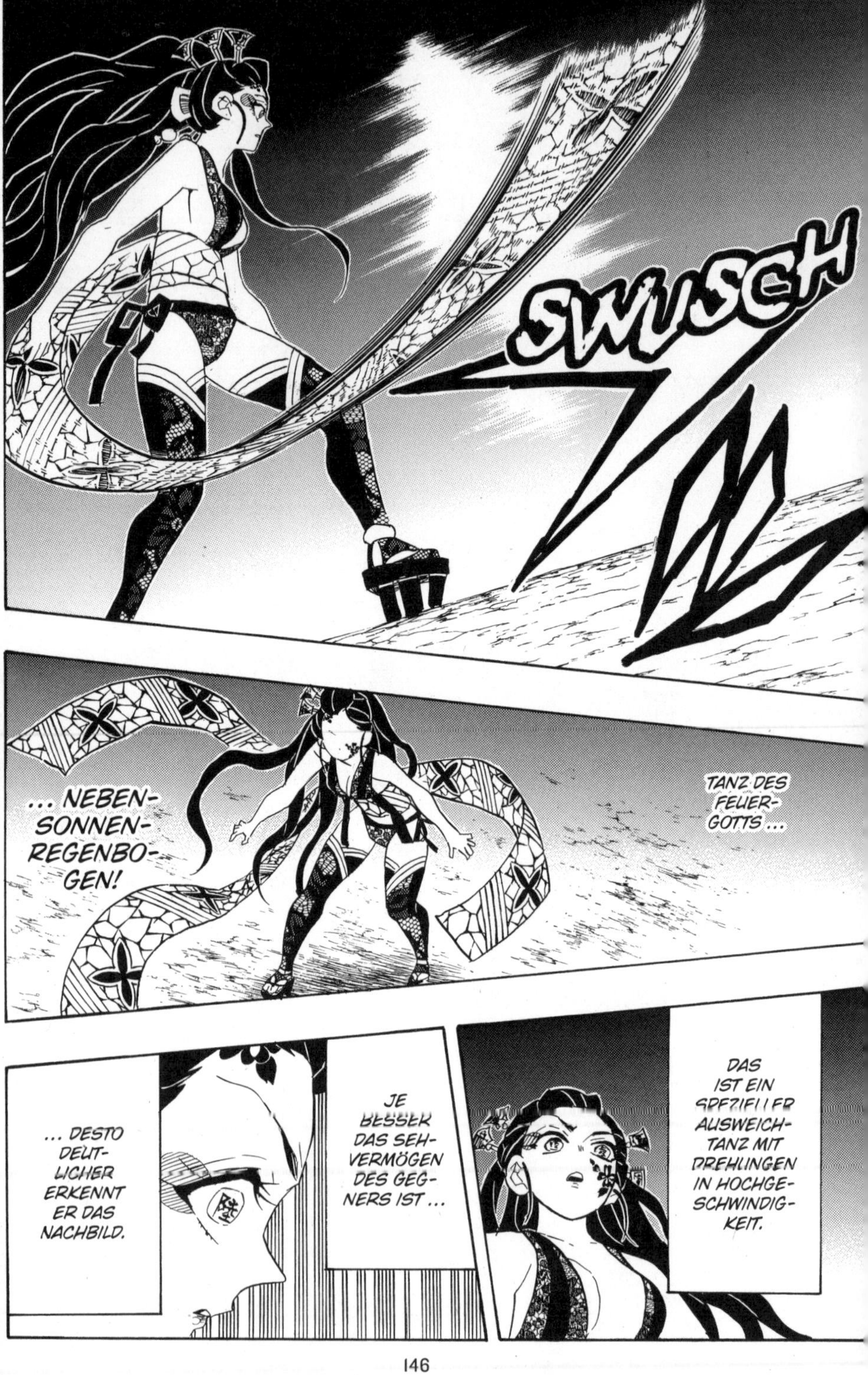
SWUSCH
TANZ DES FEUER-GOTTS ...
... NEBEN-SONNEN-REGENBO-GEN!
DAS IST EIN SPEZIELLER AUSWEICH-TANZ MIT DREHUNGEN IN HOCHGE-SCHWINDIG-KEIT.
JE BESSER DAS SEH-VERMÖGEN DES GEG-NERS IST ...
... DESTO DEUT-LICHER ERKENNT ER DAS NACHBILD.

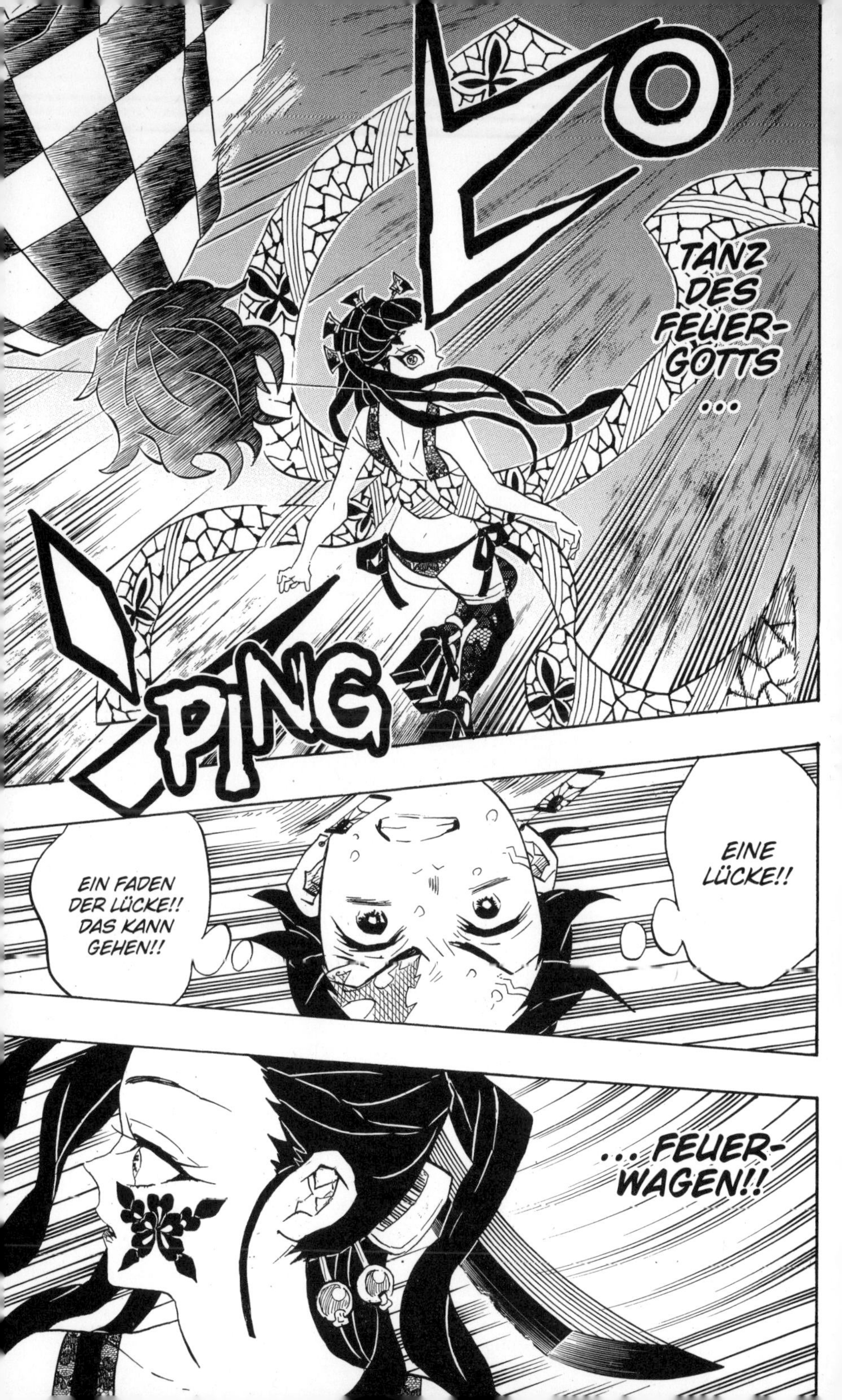
TANZ DES FEUER-GOTTS ...
PING
EINE LÜCKE!!
EIN FADEN DER LÜCKE!! DAS KANN GEHEN!!
... FEUER-WAGEN!!

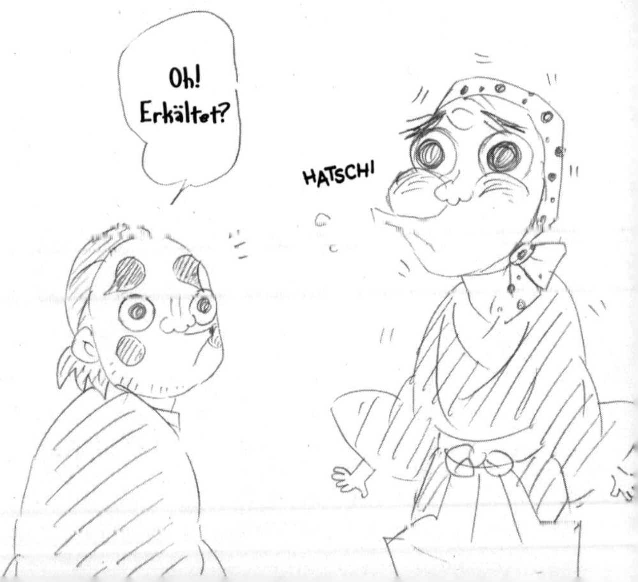
Oh! Erkältet?
HATSCHI

Kapitel 78: Schwirr Schwirr

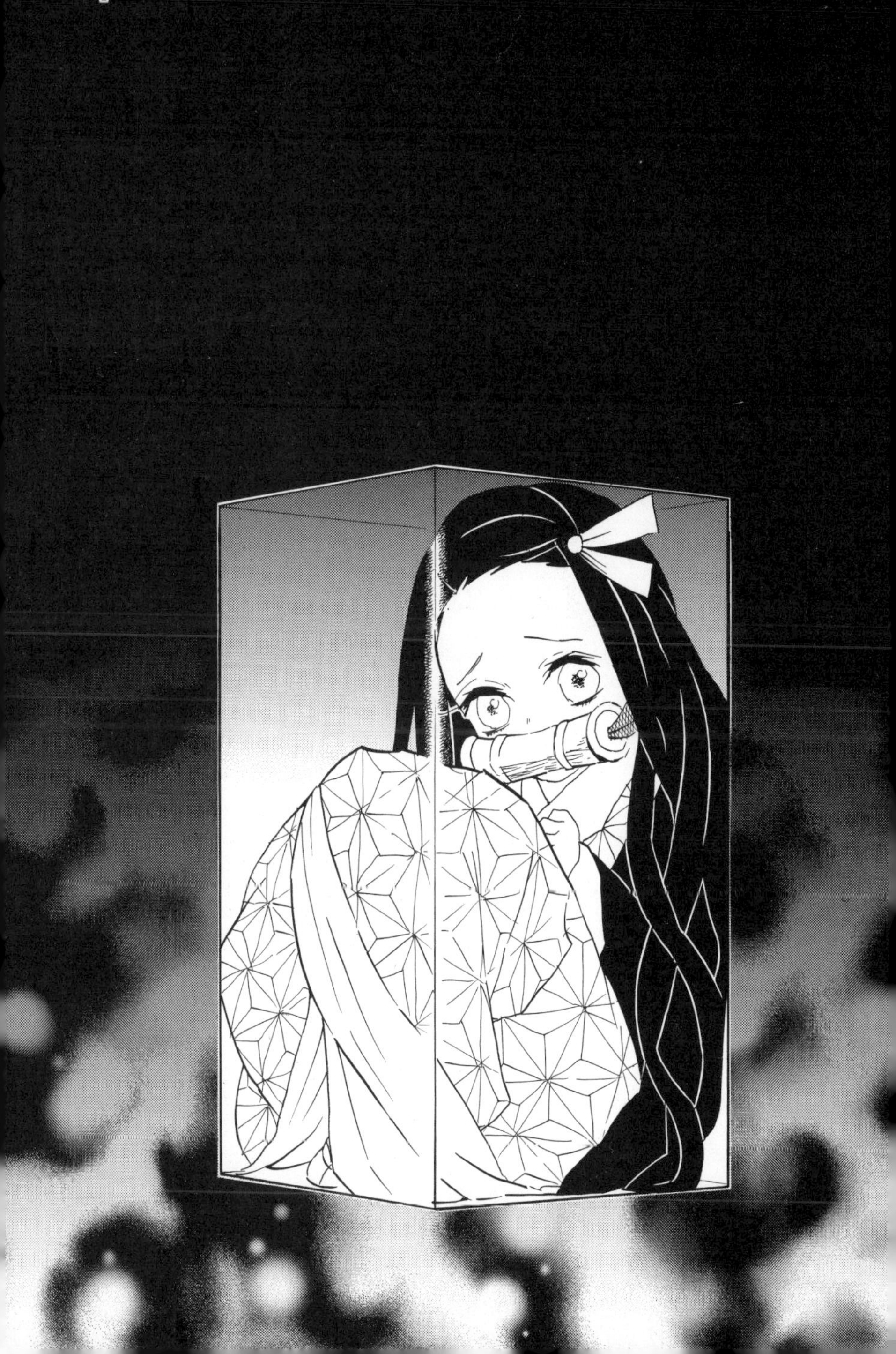

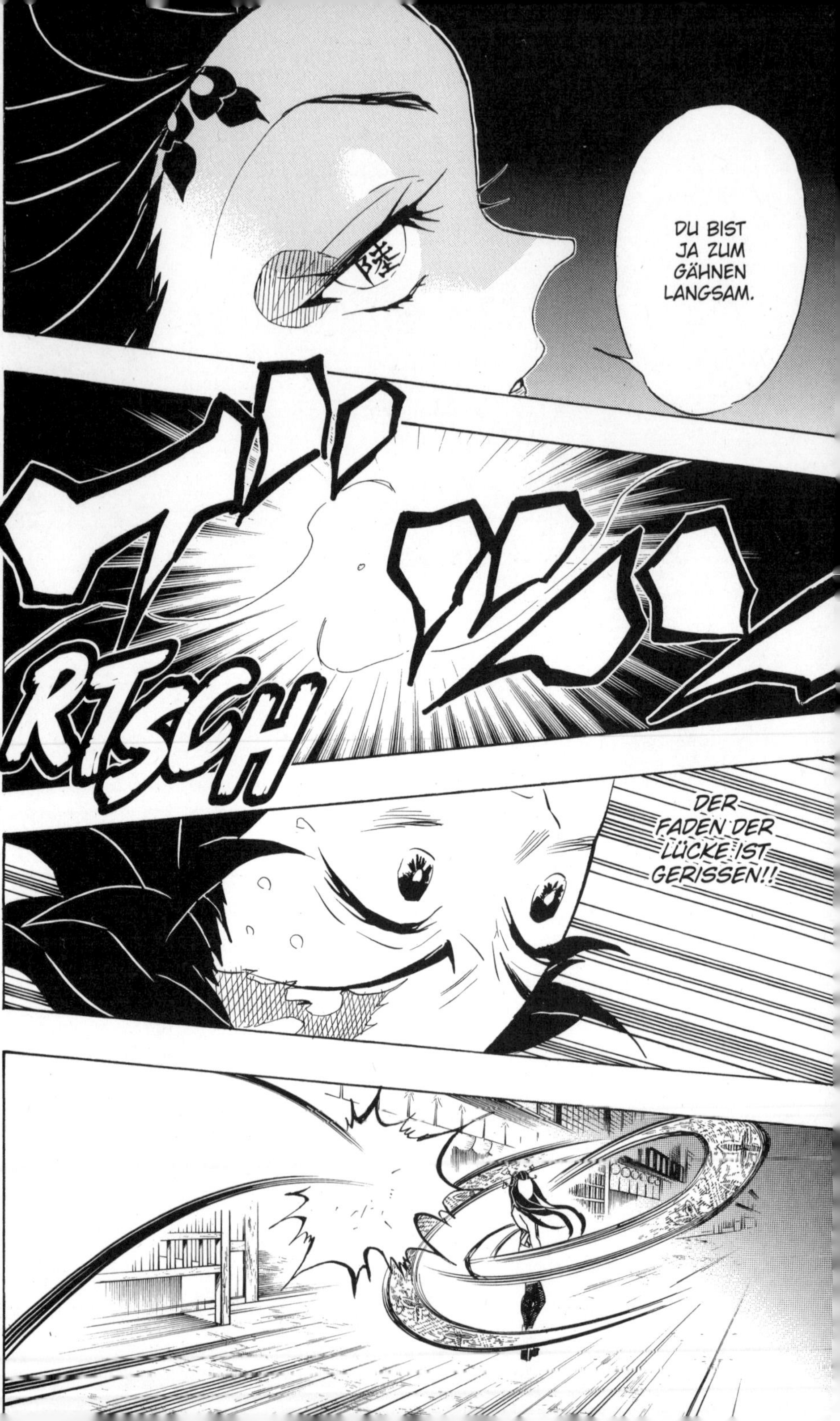
DU BIST
JA ZUM
GÄHNEN
LANGSAM.
RITSCH
DER
FADEN DER
LÜCKE IST
GERISSEN!!

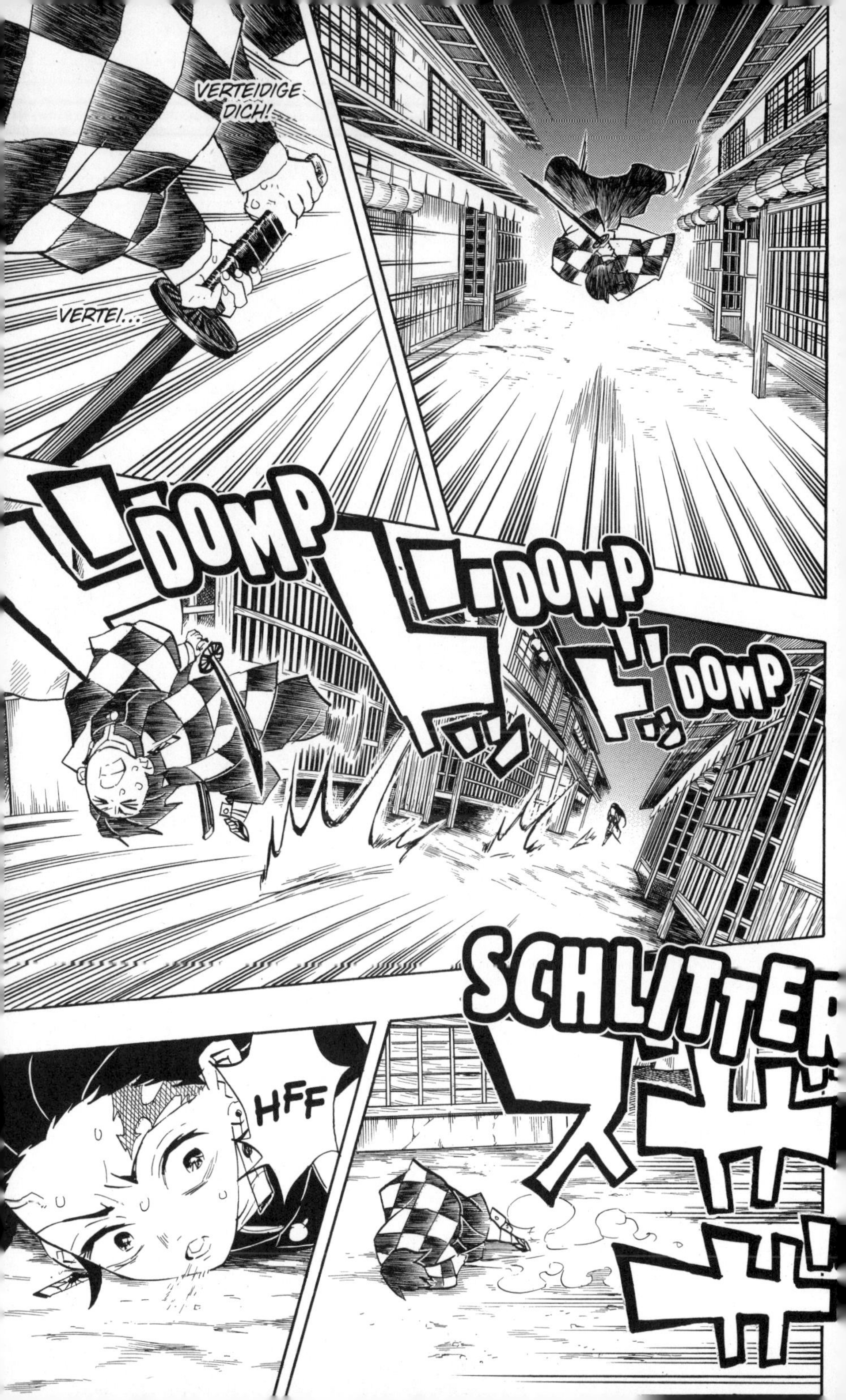

VERTEIDIGE DICH!
VERTEI...
DOMP
DOMP
DOMP
SCHLITTER
HFF

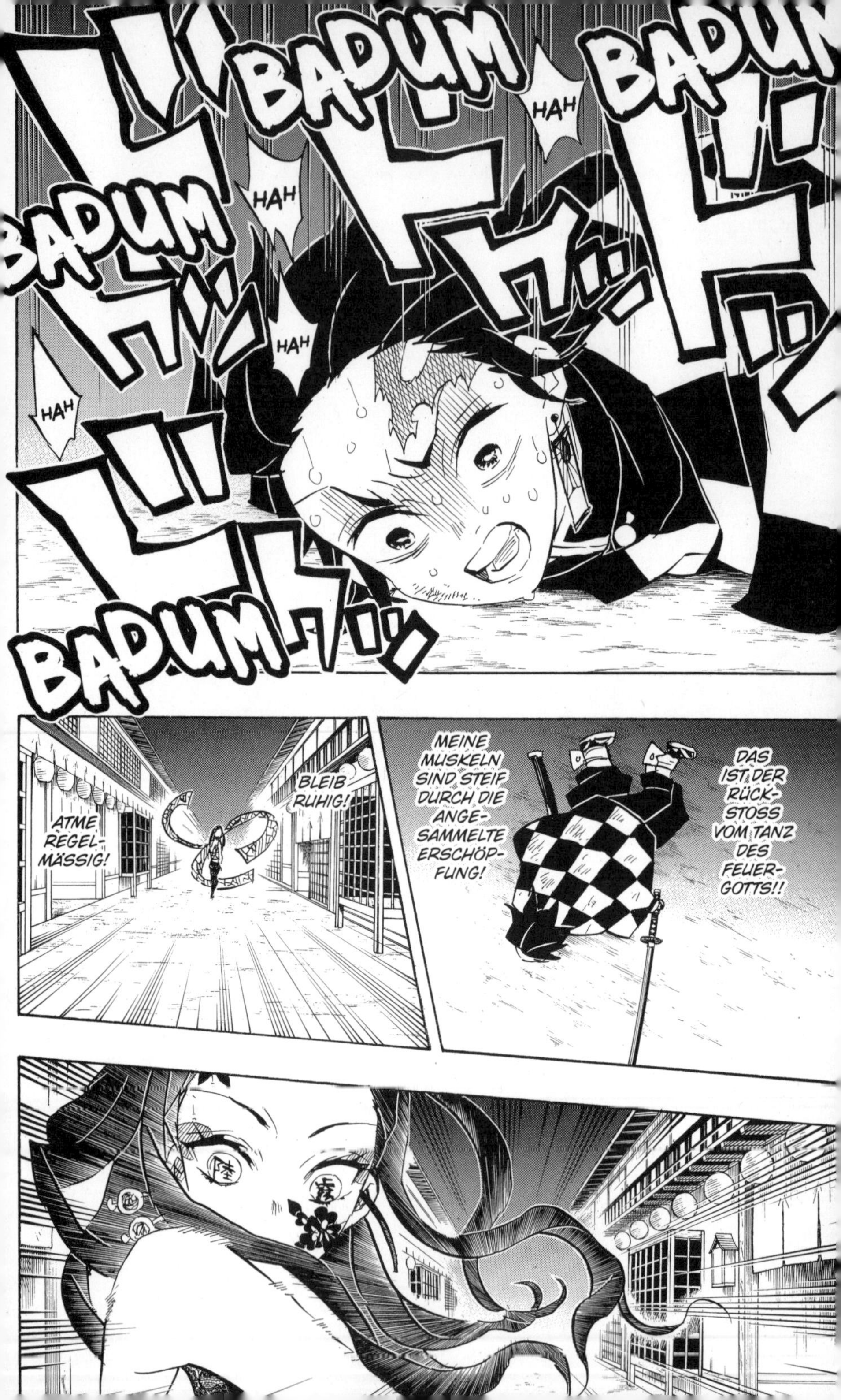
BADUM
BADUM
HAH
HAH
BADUM
HAH
HAH
BADUM
DAS IST DER RÜCK-STOSS VOM TANZ DES FEUER-GOTTS!!
MEINE MUSKELN SIND STEIF DURCH DIE ANGE-SAMMELTE ERSCHÖP-FUNG!
BLEIB RUHIG!
ATME REGEL-MÄSSIG!

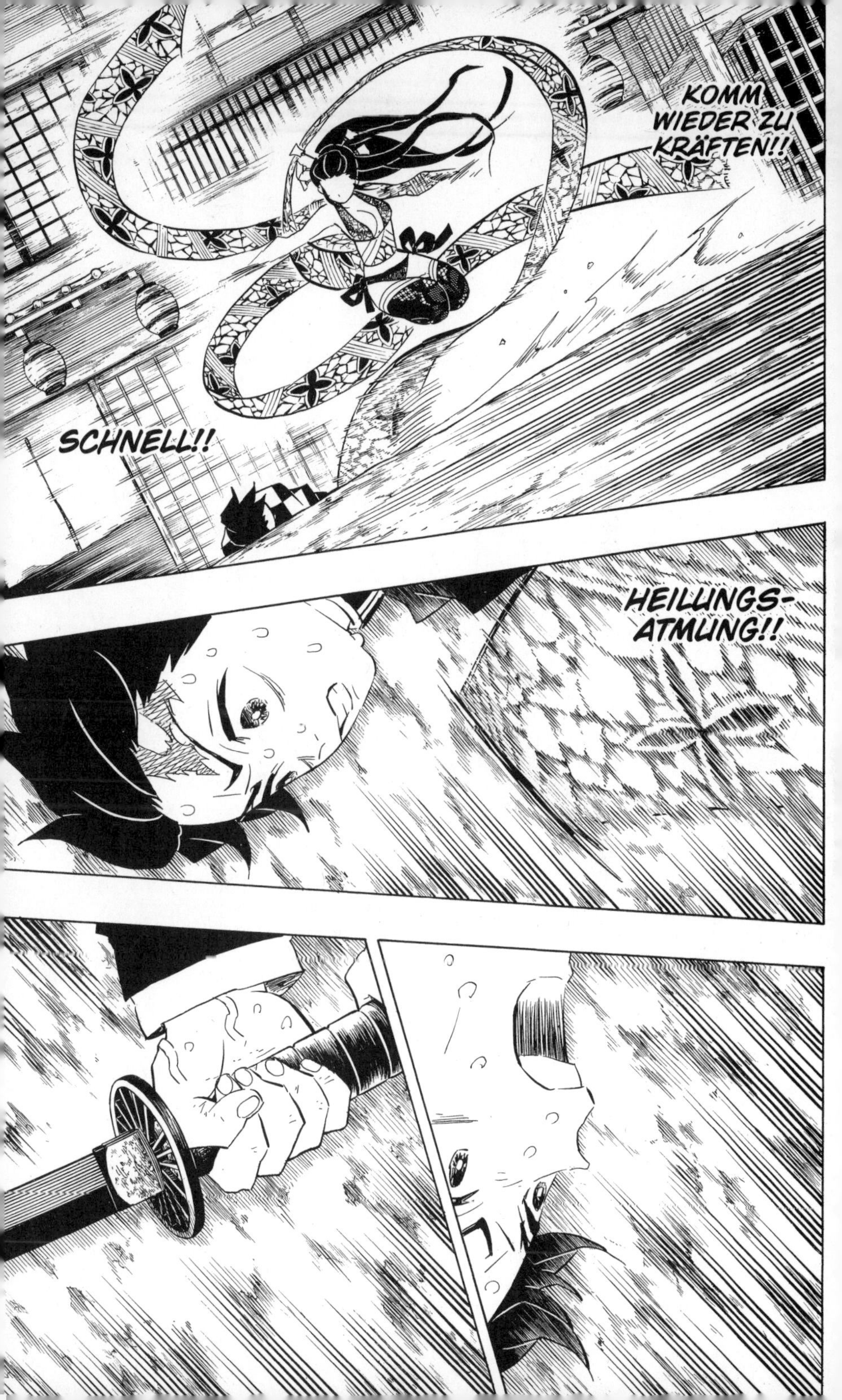
KOMM WIEDER ZU KRÄFTEN!!
SCHNELL!!
HEILUNGS-ATMUNG!!

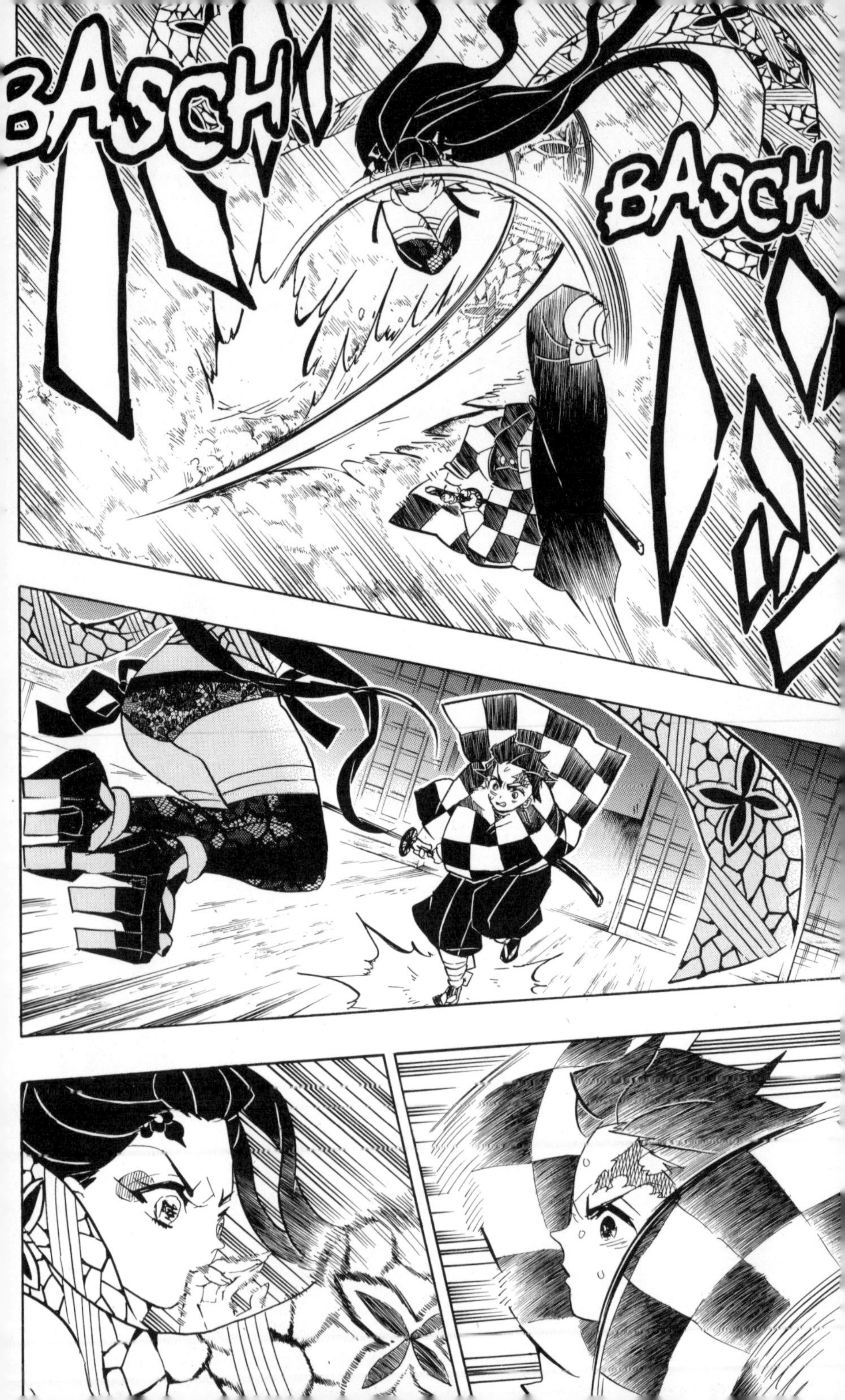
BASCH!
BASCH

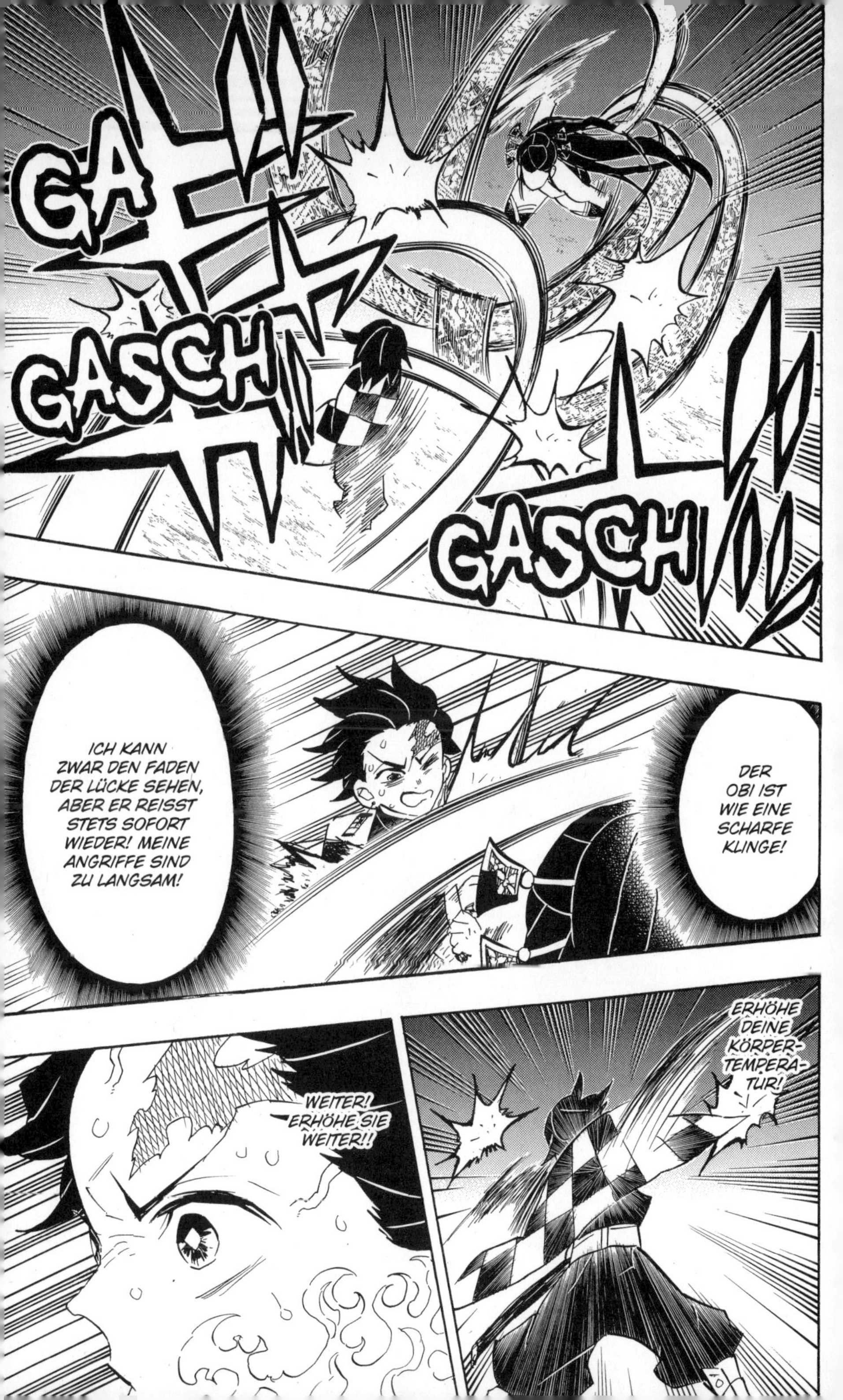
GA
GASCH
GASCH
DER OBI IST WIE EINE SCHARFE KLINGE!
ICH KANN ZWAR DEN FADEN DER LÜCKE SEHEN, ABER ER REISST STETS SOFORT WIEDER! MEINE ANGRIFFE SIND ZU LANGSAM!
ERHÖHE DEINE KÖRPER-TEMPERA-TUR!
WEITER! ERHÖHE SIE WEITER!!

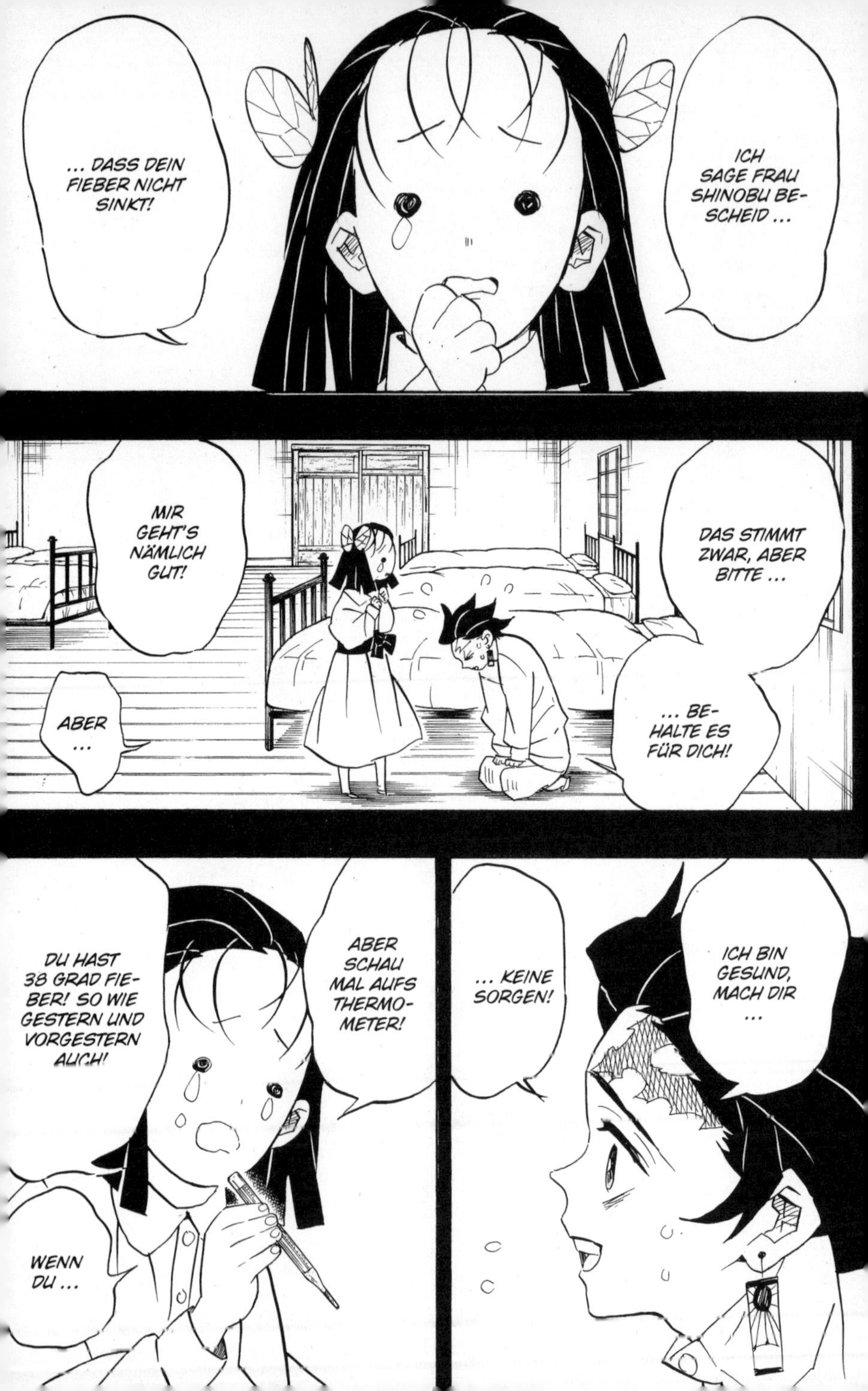
ICH SAGE FRAU SHINOBU BESCHEID …
… DASS DEIN FIEBER NICHT SINKT!
DAS STIMMT ZWAR, ABER BITTE …
… BEHALTE ES FÜR DICH!
MIR GEHT'S NÄMLICH GUT!
ABER …
ICH BIN GESUND, MACH DIR …
… KEINE SORGEN!
ABER SCHAU MAL AUFS THERMOMETER!
DU HAST 38 GRAD FIEBER! SO WIE GESTERN UND VORGESTERN AUCH!
WENN DU …

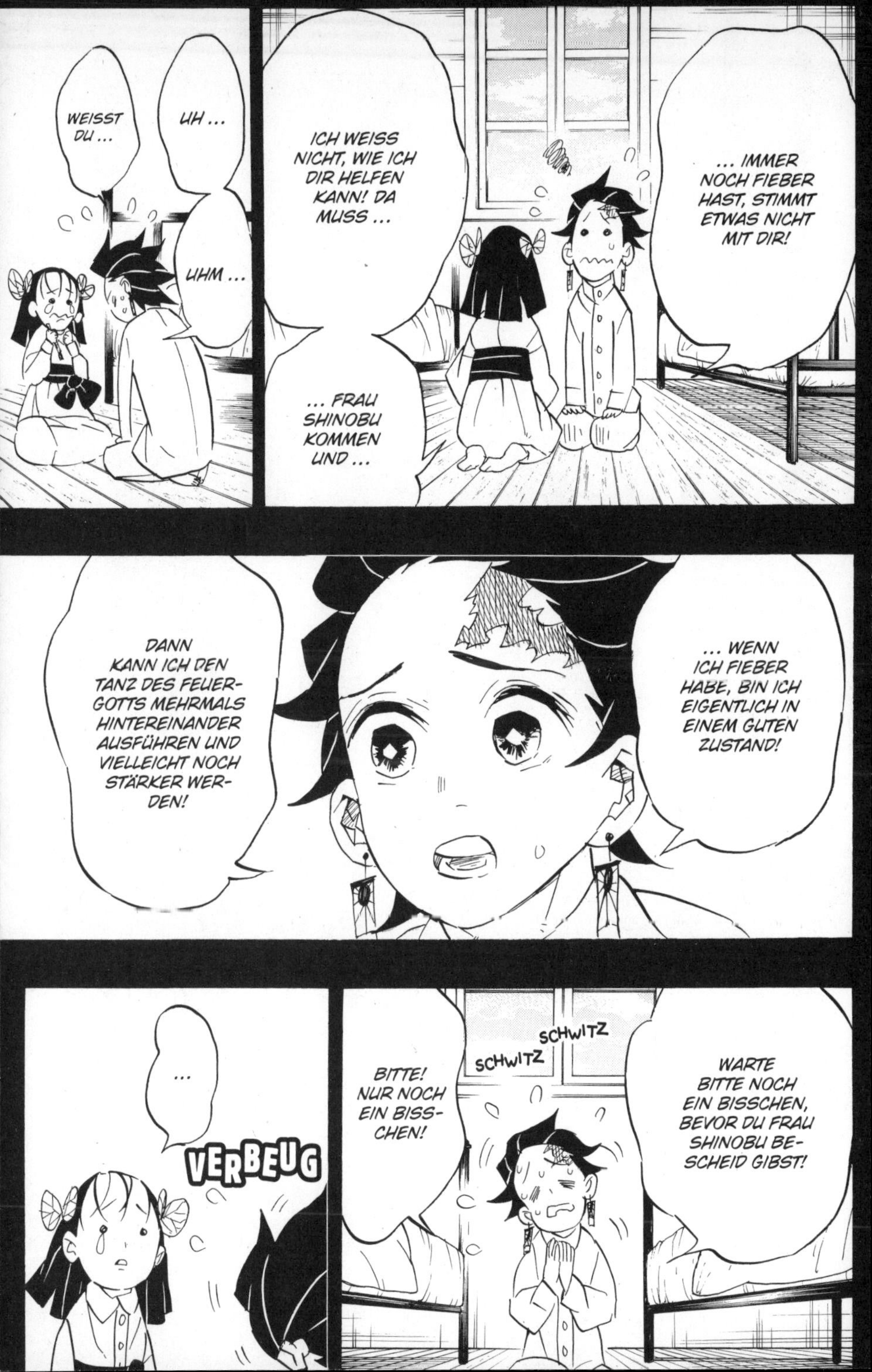
... IMMER NOCH FIEBER HAST, STIMMT ETWAS NICHT MIT DIR!
ICH WEISS NICHT, WIE ICH DIR HELFEN KANN! DA MUSS ...
... FRAU SHINOBU KOMMEN UND ...
UH ...
WEISST DU ...
UHM ...
... WENN ICH FIEBER HABE, BIN ICH EIGENTLICH IN EINEM GUTEN ZUSTAND!
DANN KANN ICH DEN TANZ DES FEUERGOTTS MEHRMALS HINTEREINANDER AUSFÜHREN UND VIELLEICHT NOCH STÄRKER WERDEN!
WARTE BITTE NOCH EIN BISSCHEN, BEVOR DU FRAU SHINOBU BESCHEID GIBST!
SCHWITZ
SCHWITZ
BITTE! NUR NOCH EIN BISSCHEN!
...
VERBEUG

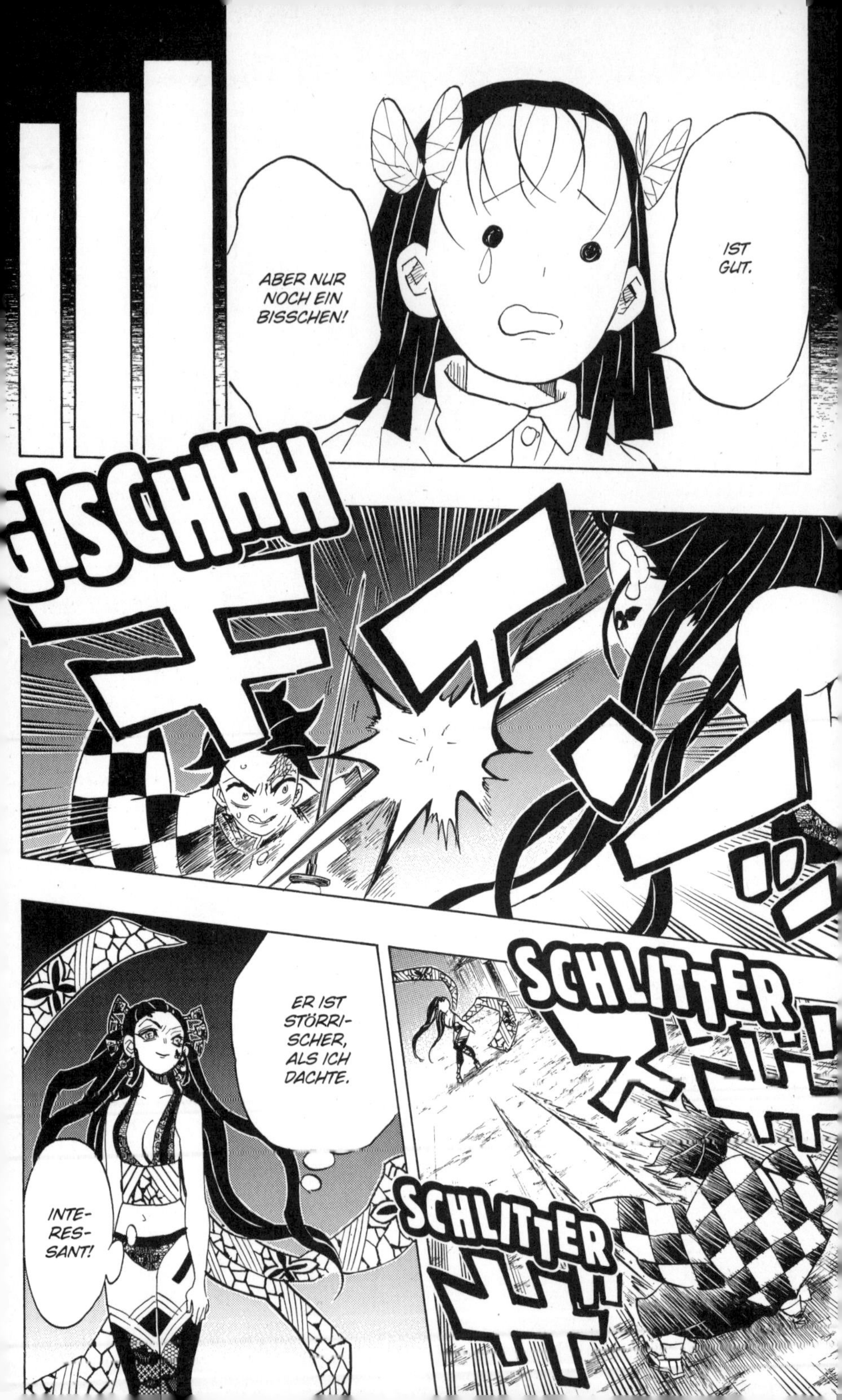
IST GUT.
ABER NUR NOCH EIN BISSCHEN!
GISCHHH
SCHLITTER
SCHLITTER
ER IST STÖRRI-SCHER, ALS ICH DACHTE.
INTE-RES-SANT!

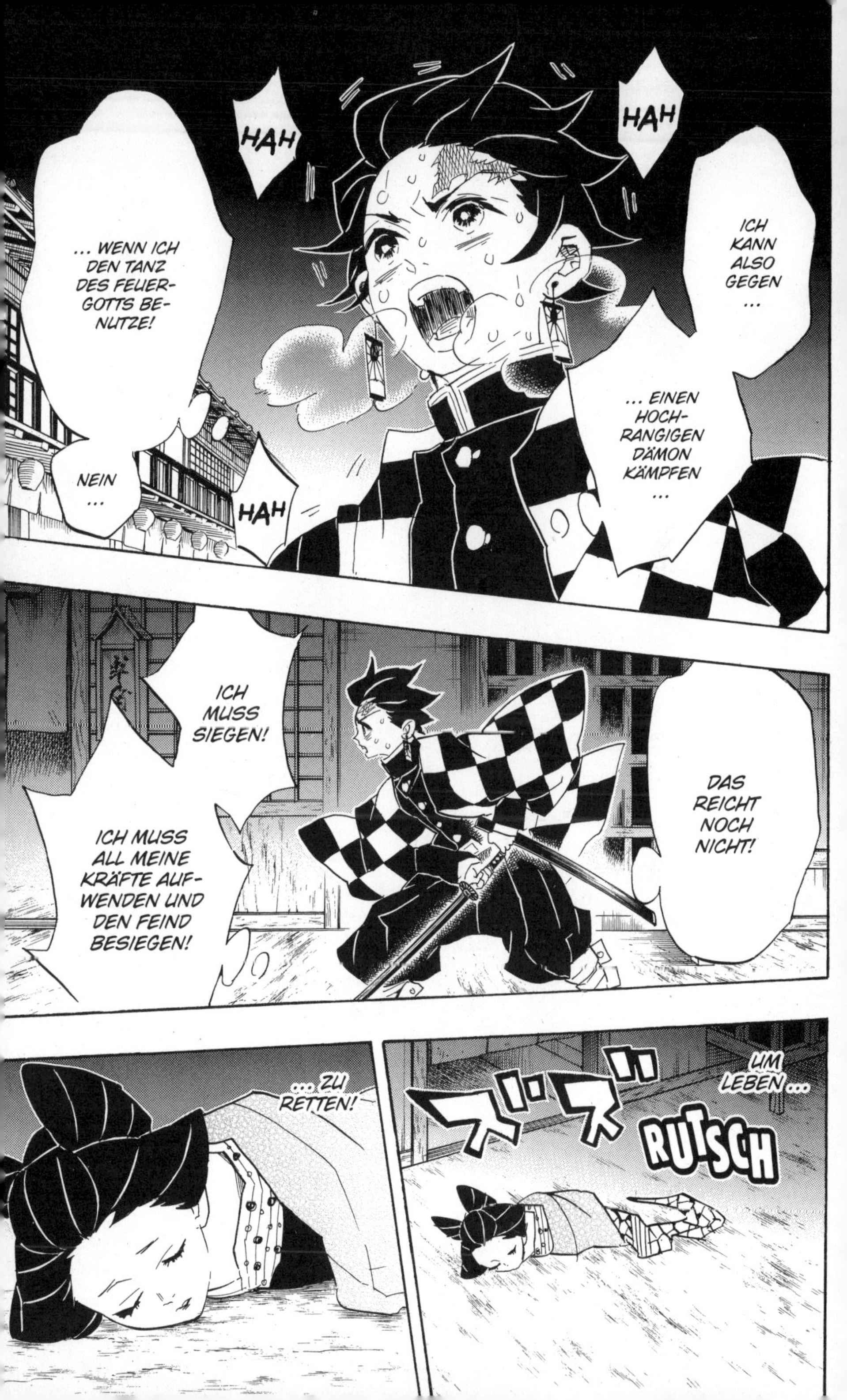
HAH
ICH KANN ALSO GEGEN ...
... EINEN HOCH-RANGIGEN DÄMON KÄMPFEN ...
HAH
... WENN ICH DEN TANZ DES FEUER-GOTTS BE-NUTZE!
NEIN ...
HAH
DAS REICHT NOCH NICHT!
ICH MUSS SIEGEN!
ICH MUSS ALL MEINE KRÄFTE AUF-WENDEN UND DEN FEIND BESIEGEN!
UM LEBEN ...
RUTSCH
... ZU RETTEN!

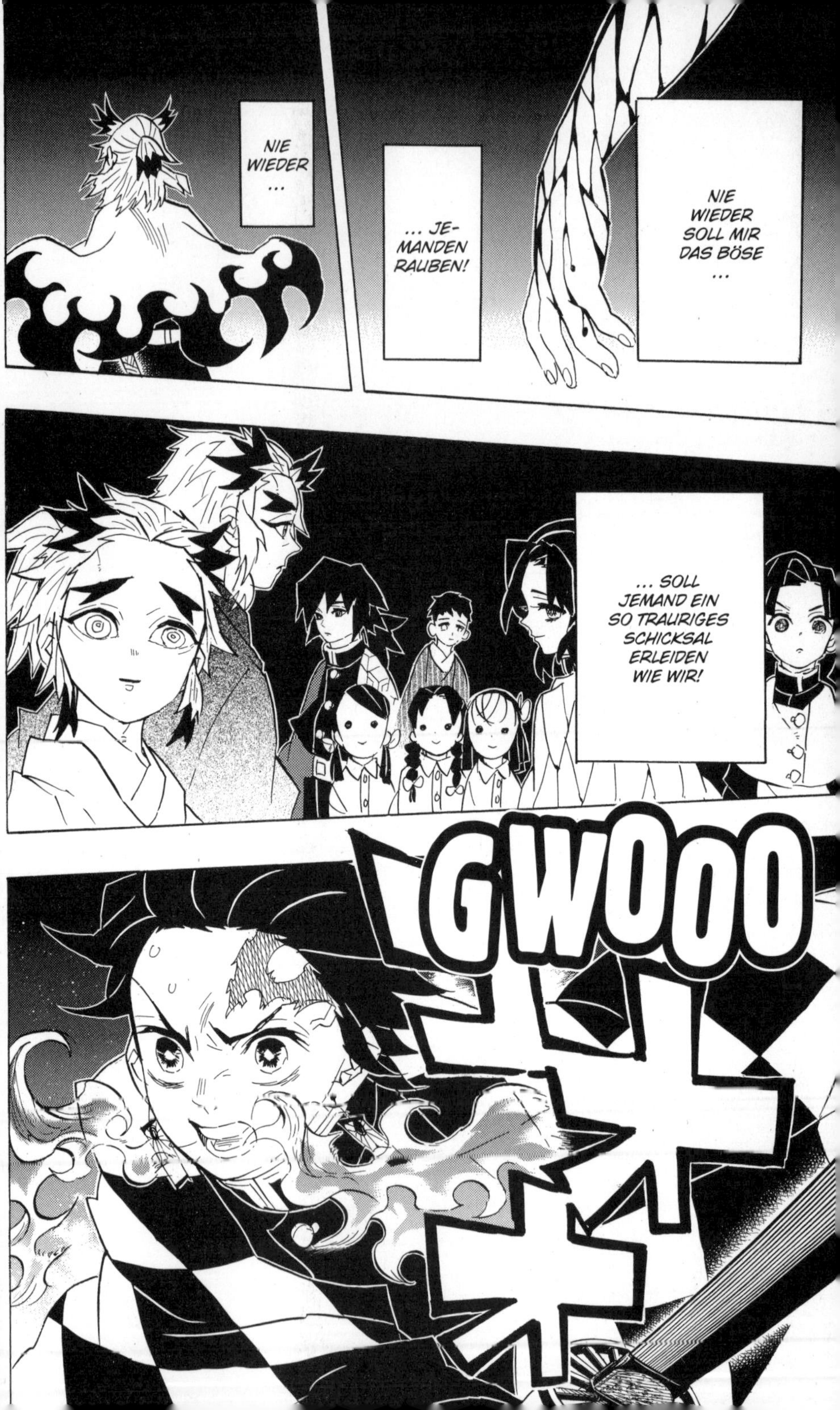
NIE WIEDER SOLL MIR DAS BÖSE …
… JE-MANDEN RAUBEN!
NIE WIEDER …
… SOLL JEMAND EIN SO TRAURIGES SCHICKSAL ERLEIDEN WIE WIR!
GWOOO

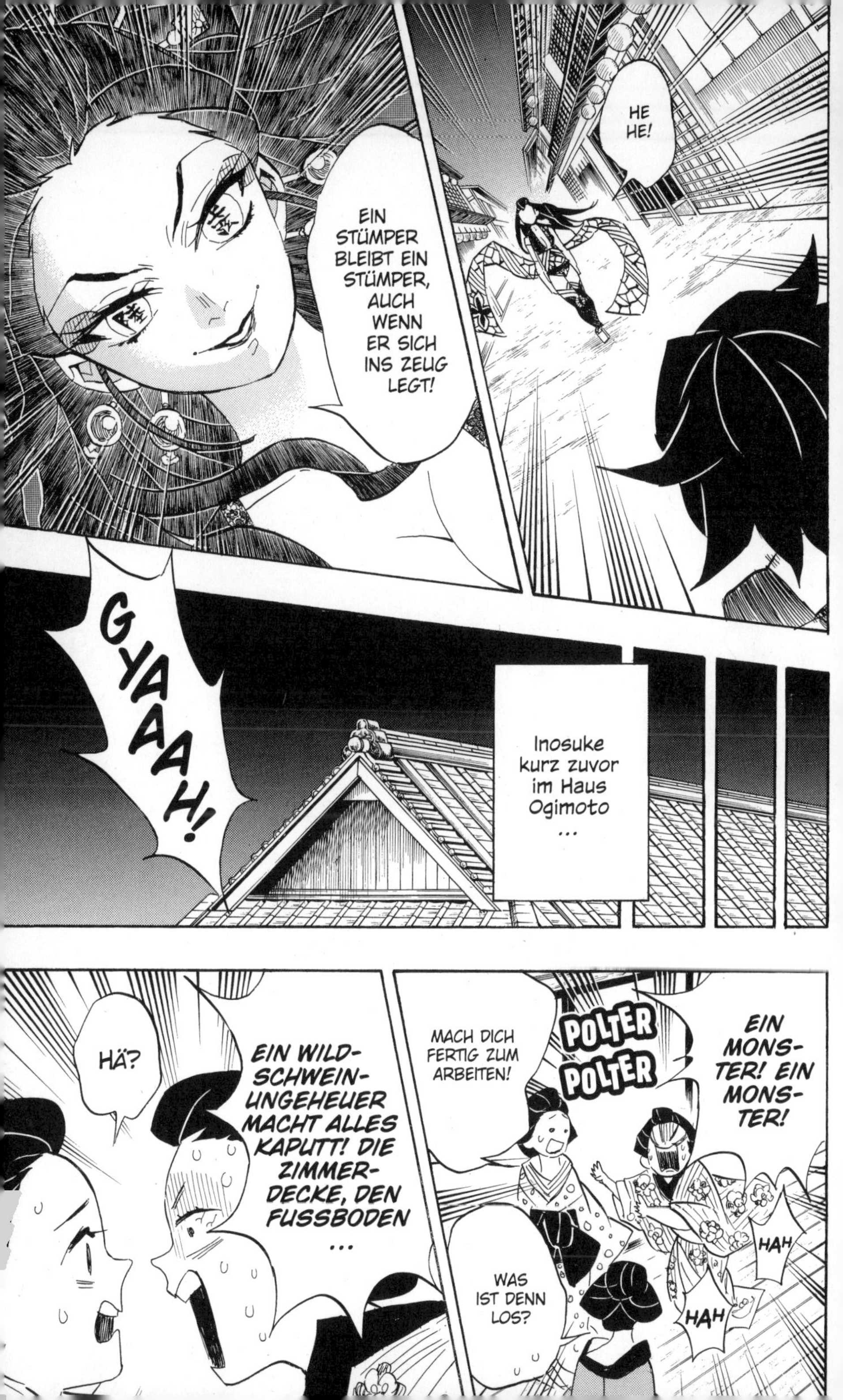
HE HE!
EIN STÜMPER BLEIBT EIN STÜMPER, AUCH WENN ER SICH INS ZEUG LEGT!
Inosuke kurz zuvor im Haus Ogimoto ...
GYAAAH!
EIN MONSTER! EIN MONSTER!
POLTER POLTER
MACH DICH FERTIG ZUM ARBEITEN!
HAH
HAH
WAS IST DENN LOS?
EIN WILDSCHWEIN-UNGEHEUER MACHT ALLES KAPUTT! DIE ZIMMERDECKE, DEN FUSSBODEN ...
HÄ?

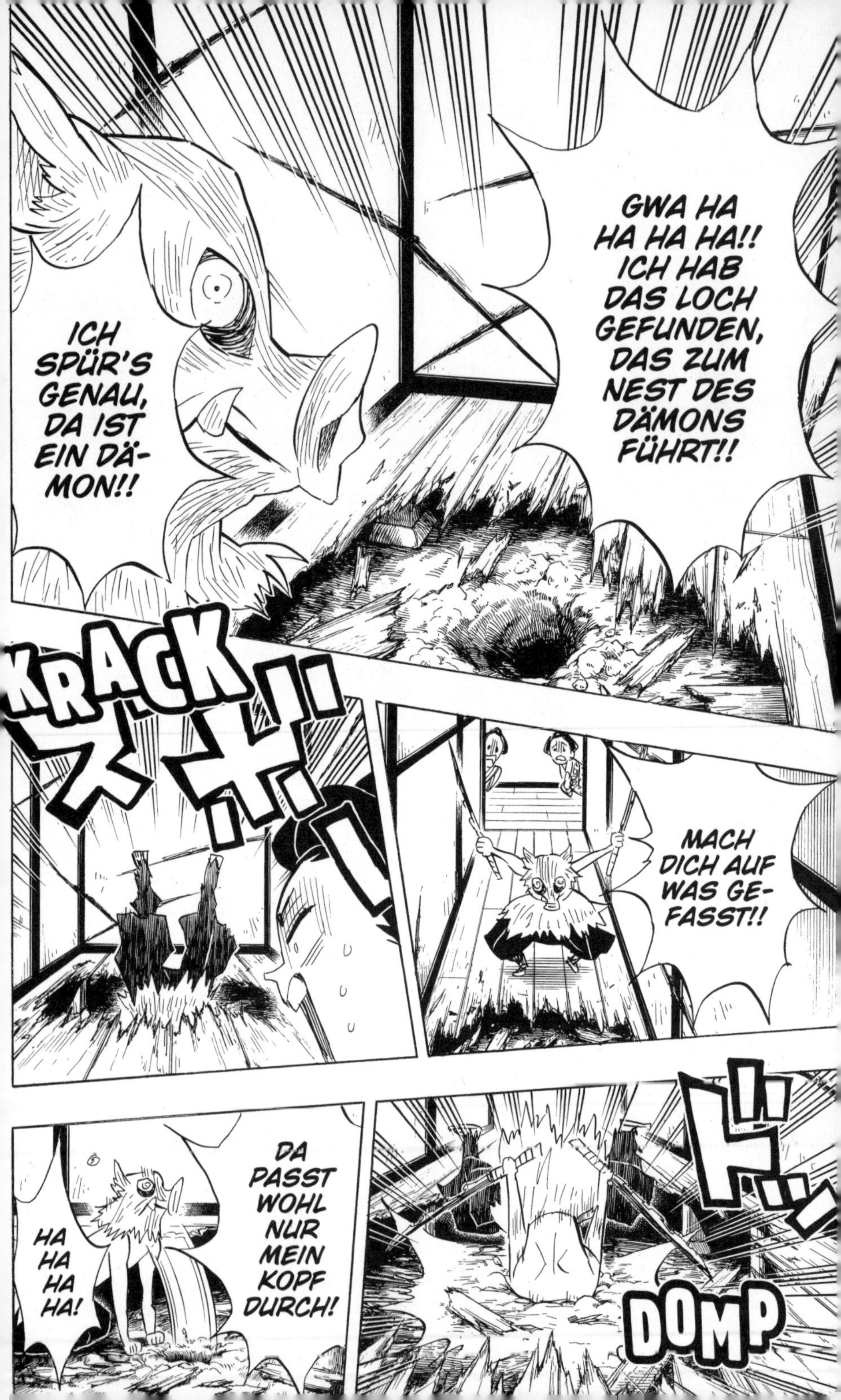
GWA HA HA HA HA!! ICH HAB DAS LOCH GEFUNDEN, DAS ZUM NEST DES DÄMONS FÜHRT!!
ICH SPÜR'S GENAU, DA IST EIN DÄMON!!
MACH DICH AUF WAS GEFASST!!
KRACK
DOMP
DA PASST WOHL NUR MEIN KOPF DURCH!
HA HA HA HA!

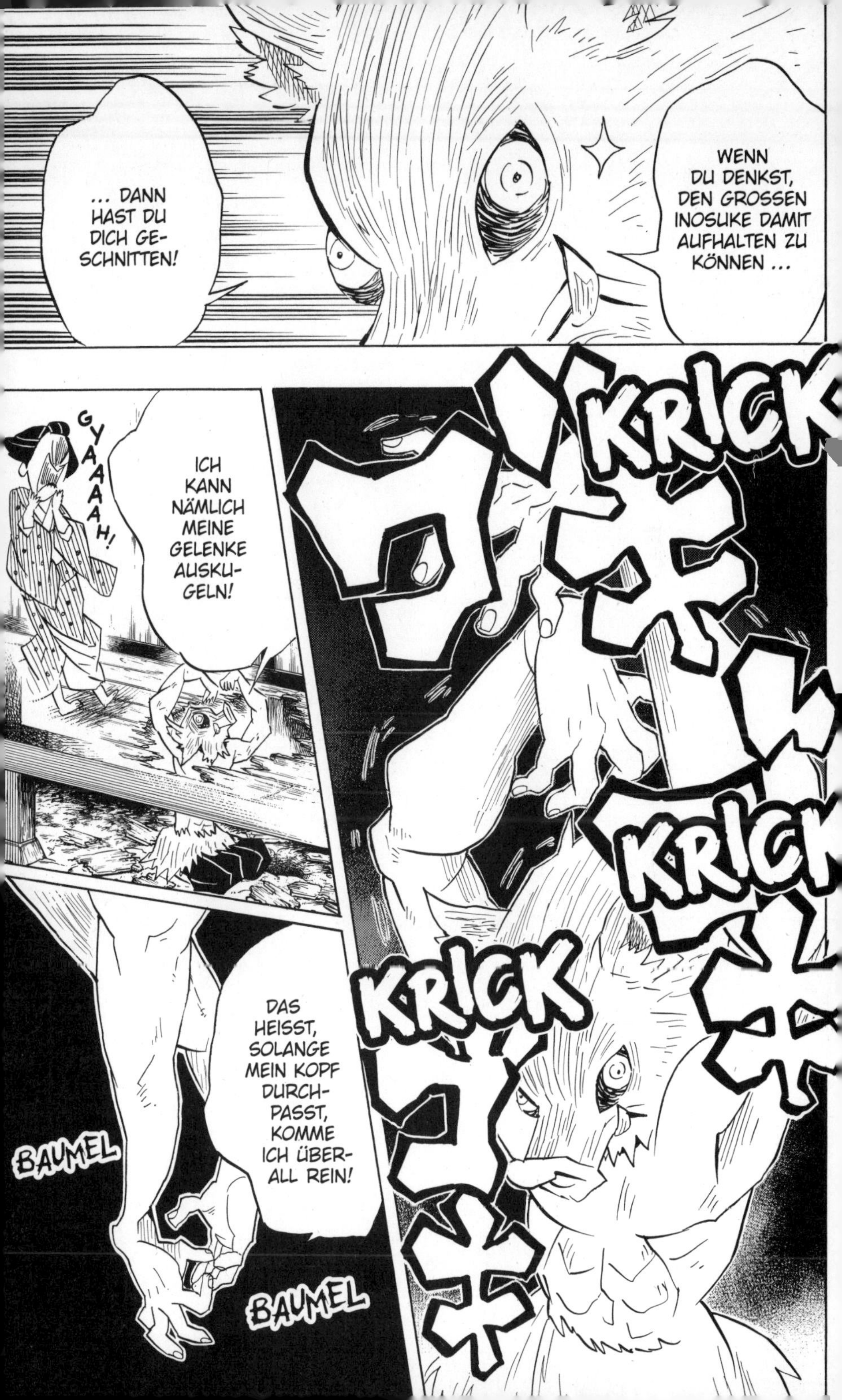
WENN DU DENKST, DEN GROSSEN INOSUKE DAMIT AUFHALTEN ZU KÖNNEN ...
... DANN HAST DU DICH GE-SCHNITTEN!
KRICK
KRICK
KRICK
GYAAAAAH!
ICH KANN NÄMLICH MEINE GELENKE AUSKU-GELN!
DAS HEISST, SOLANGE MEIN KOPF DURCH-PASST, KOMME ICH ÜBER-ALL REIN!
BAUMEL
BAUMEL

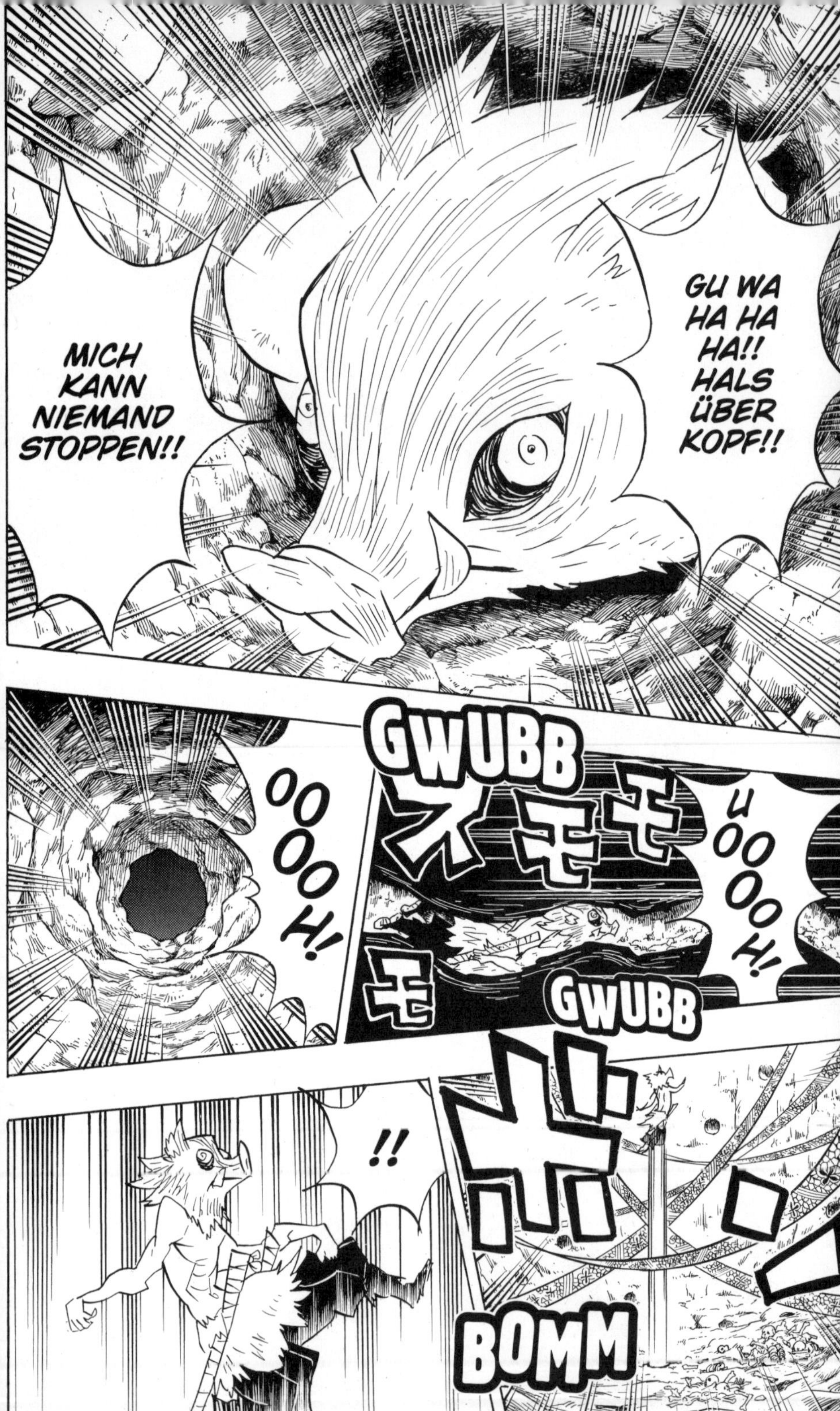
GU WA HA HA HA!! HALS ÜBER KOPF!!
MICH KANN NIEMAND STOPPEN!!
GWUBB
UOOOOH!
GWUBB
OOOOOH!
BOMM
!!

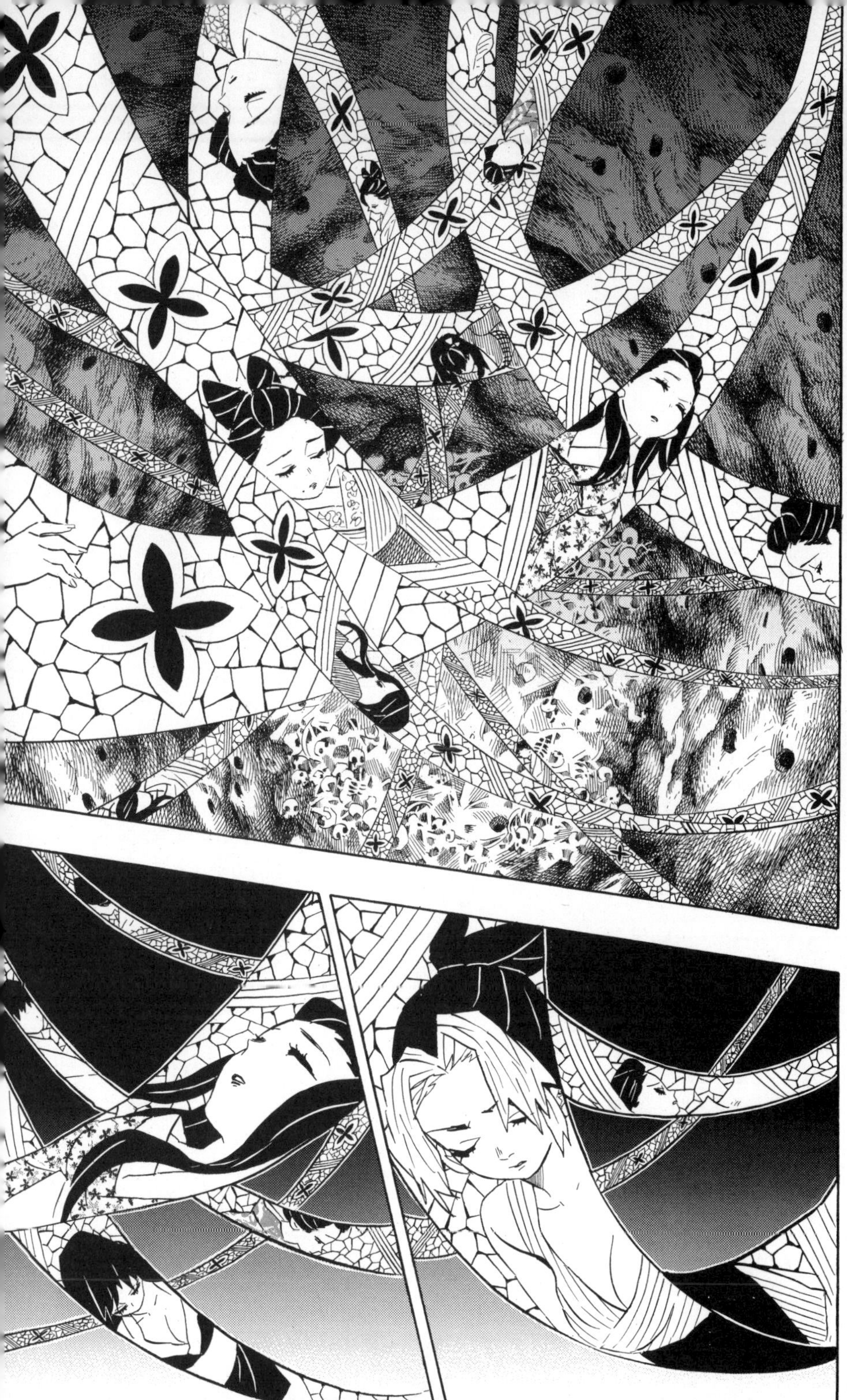

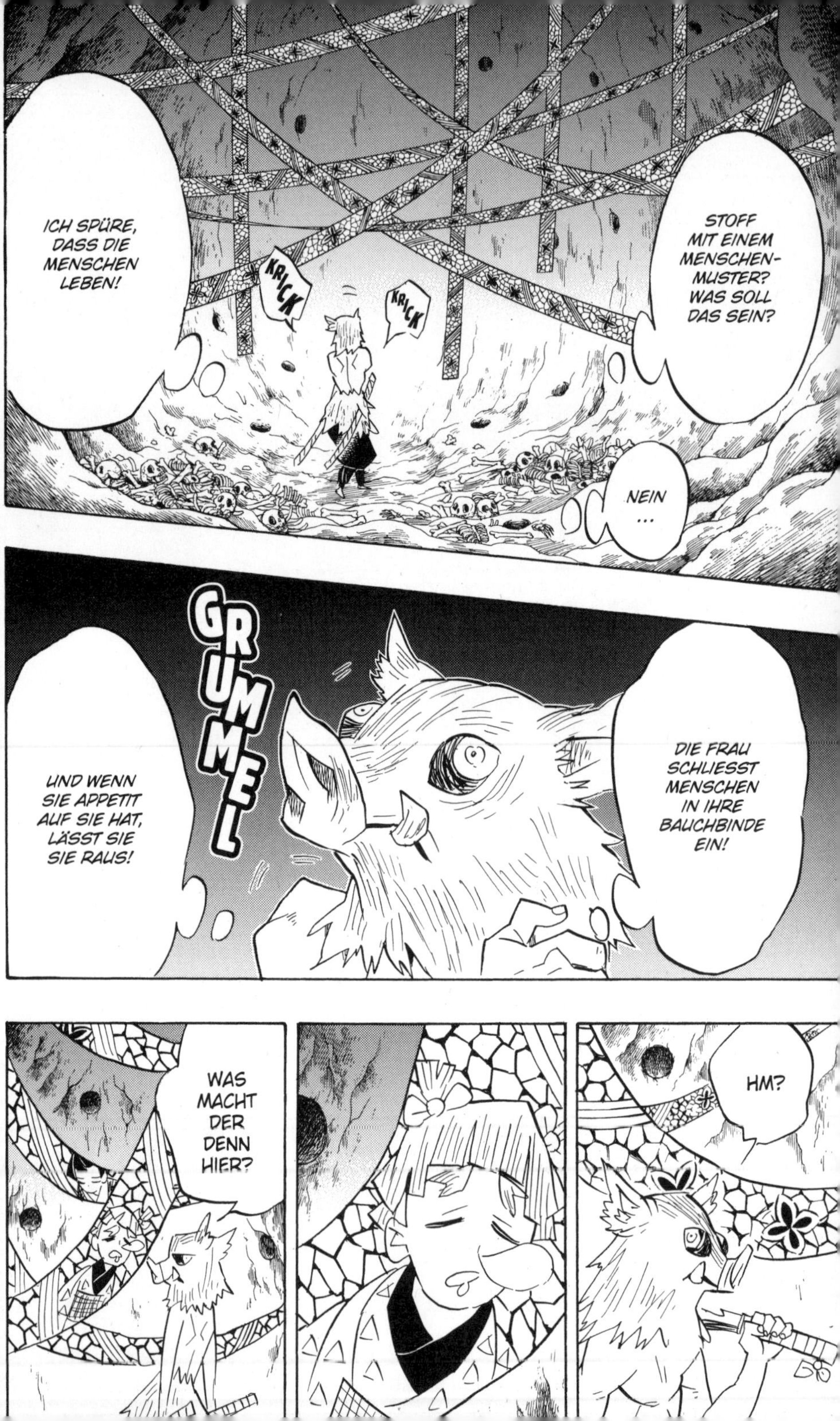
STOFF MIT EINEM MENSCHEN-MUSTER? WAS SOLL DAS SEIN?
NEIN ...
KRICK
KRICK
ICH SPÜRE, DASS DIE MENSCHEN LEBEN!
DIE FRAU SCHLIESST MENSCHEN IN IHRE BAUCHBINDE EIN!
GRUMMEL
UND WENN SIE APPETIT AUF SIE HAT, LÄSST SIE SIE RAUS!
HM?
WAS MACHT DER DENN HIER?

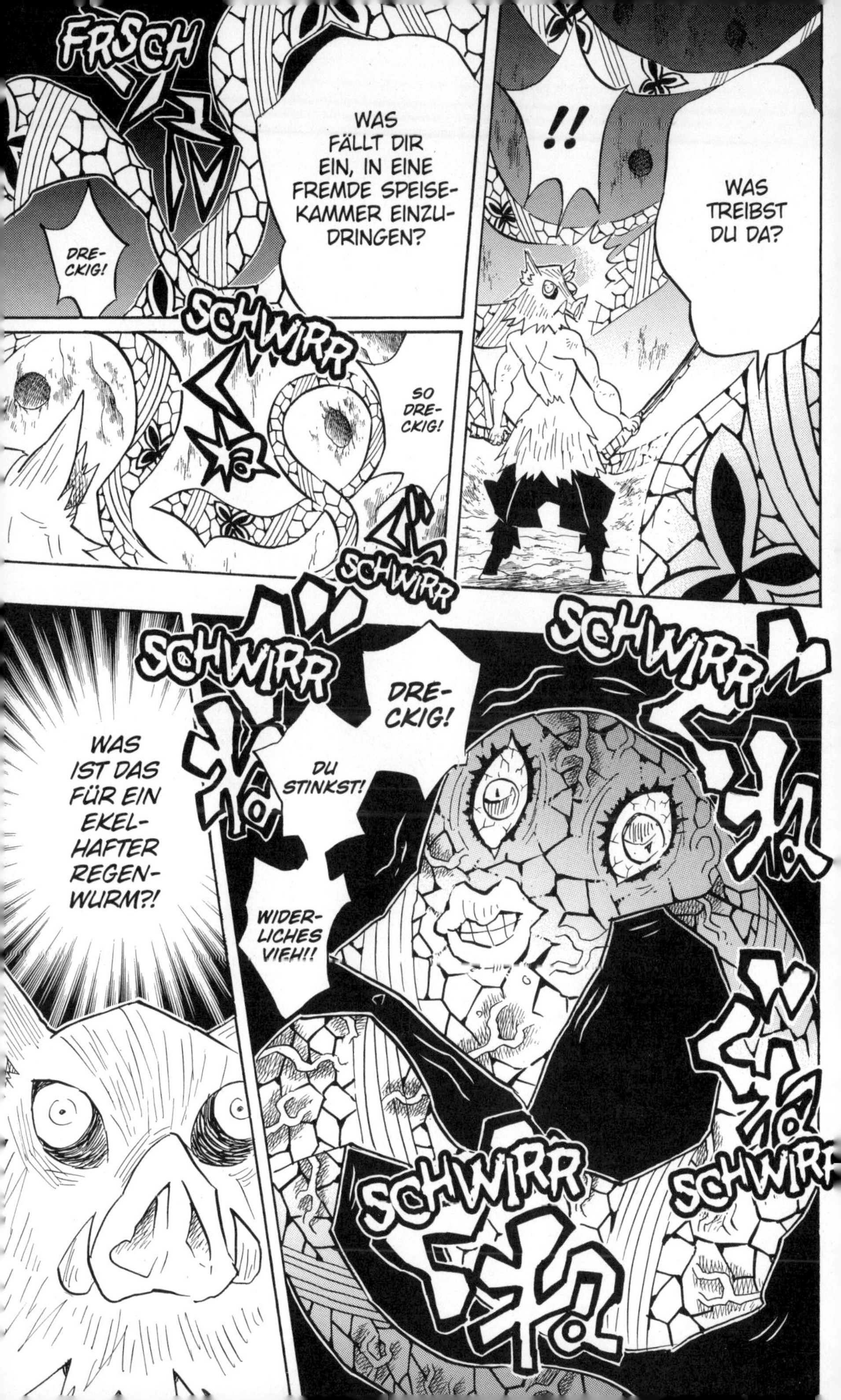

!!
WAS TREIBST DU DA?
WAS FÄLLT DIR EIN, IN EINE FREMDE SPEISE-KAMMER EINZU-DRINGEN?
FRSCH
DRE-CKIG!
SCHWIRR
SO DRE-CKIG!
SCHWIRR
SCHWIRR
DRE-CKIG!
DU STINKST!
WIDER-LICHES VIEH!!
SCHWIRR
SCHWIRR
SCHWIR
WAS IST DAS FÜR EIN EKEL-HAFTER REGEN-WURM?!

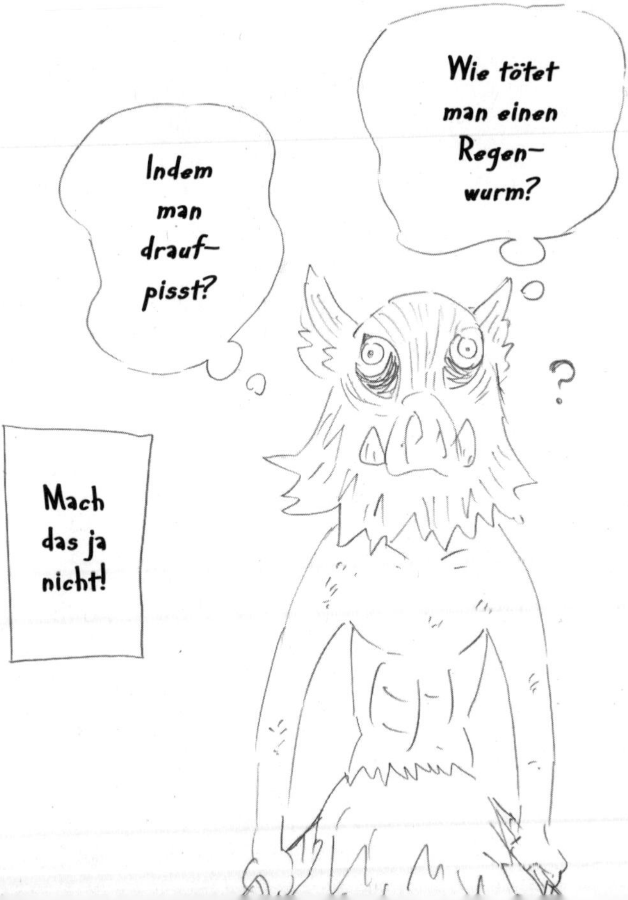
Wie tötet man einen Regen-wurm?
Indem man drauf-pisst?
Mach das ja nicht!

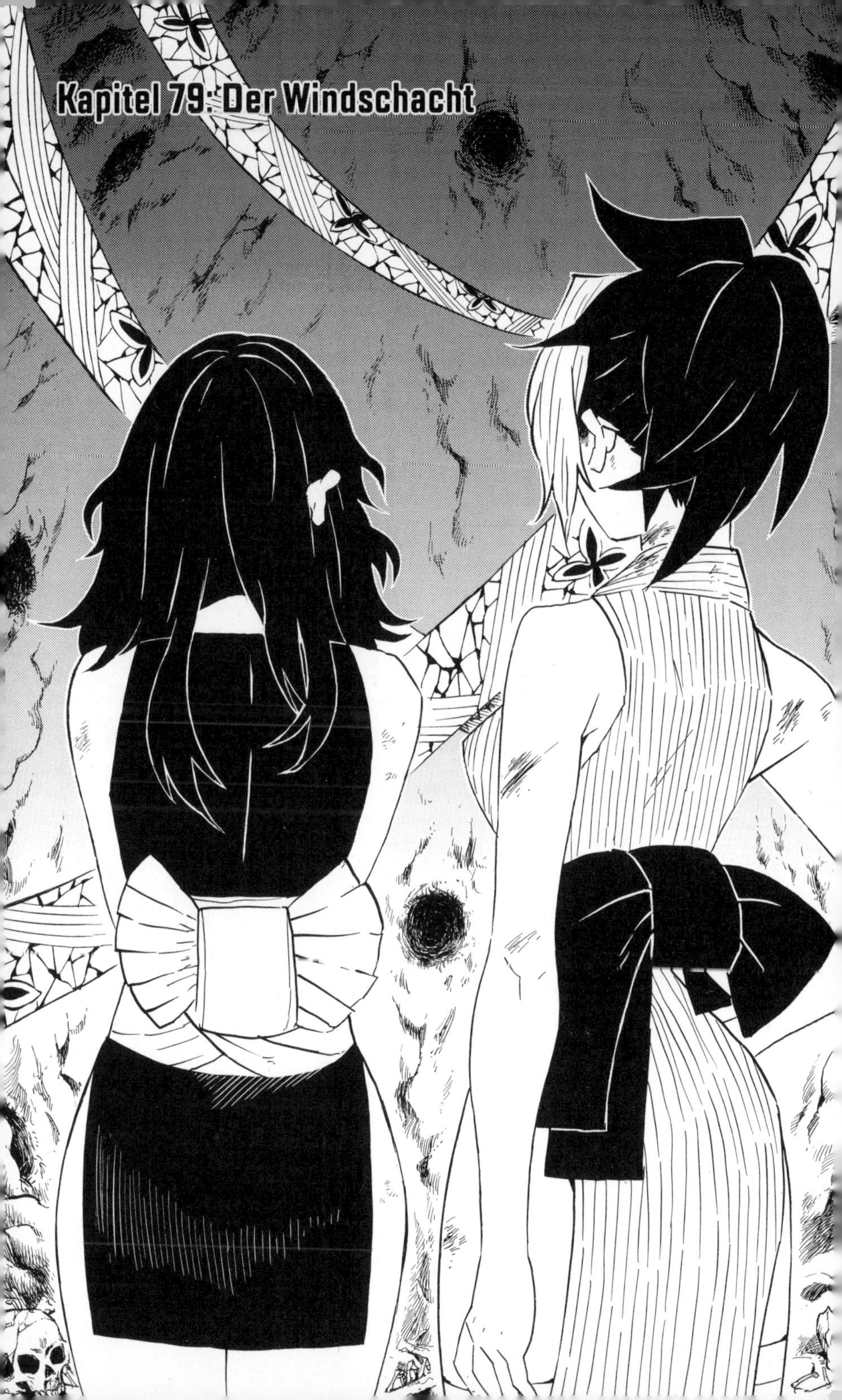
Kapitel 79: Der Windschacht

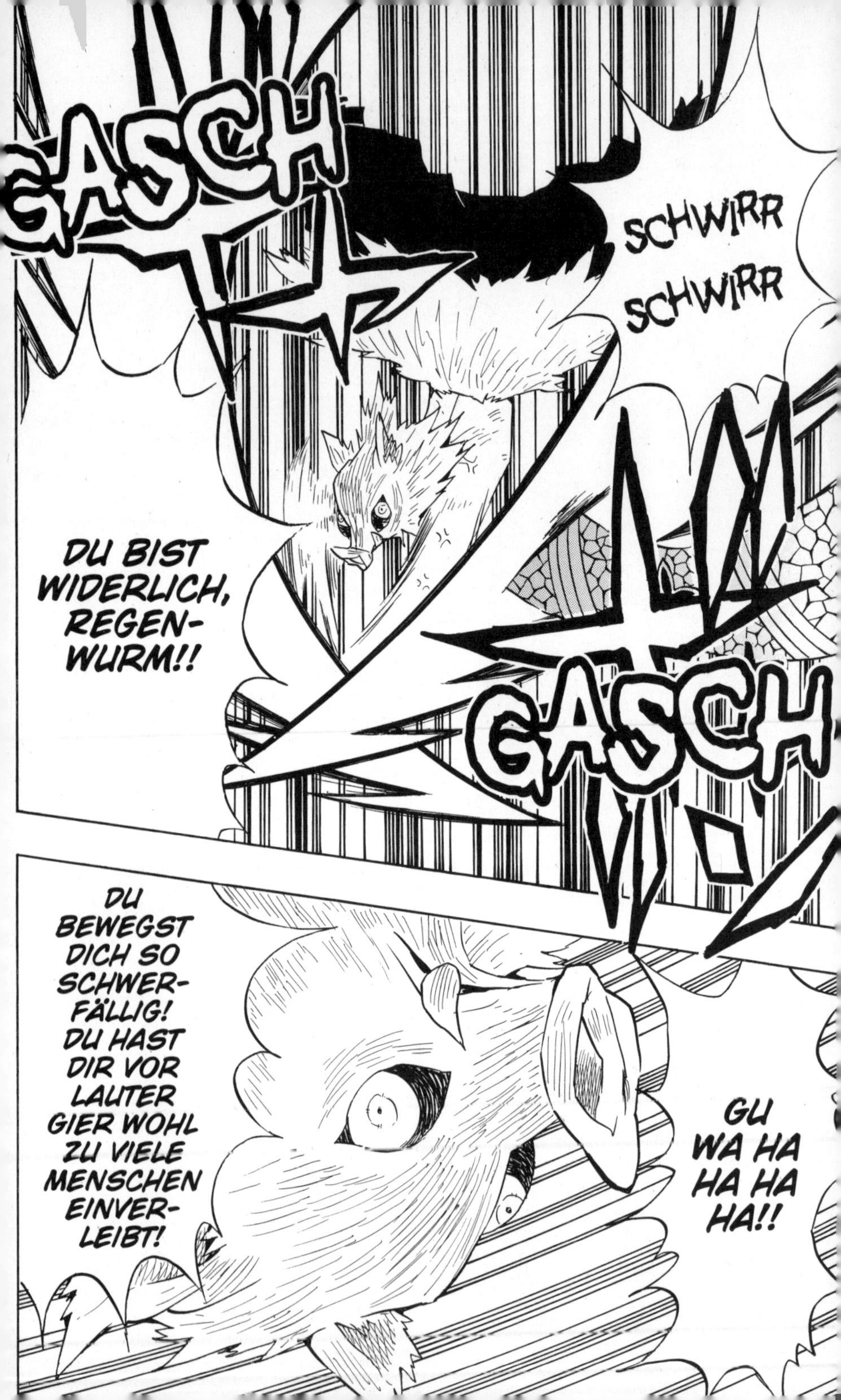
GASCH
SCHWIRR
SCHWIRR
GASCH
DU BIST WIDERLICH, REGEN-WURM!!
GU WA HA HA HA HA!!
DU BEWEGST DICH SO SCHWER-FÄLLIG! DU HAST DIR VOR LAUTER GIER WOHL ZU VIELE MENSCHEN EINVER-LEIBT!

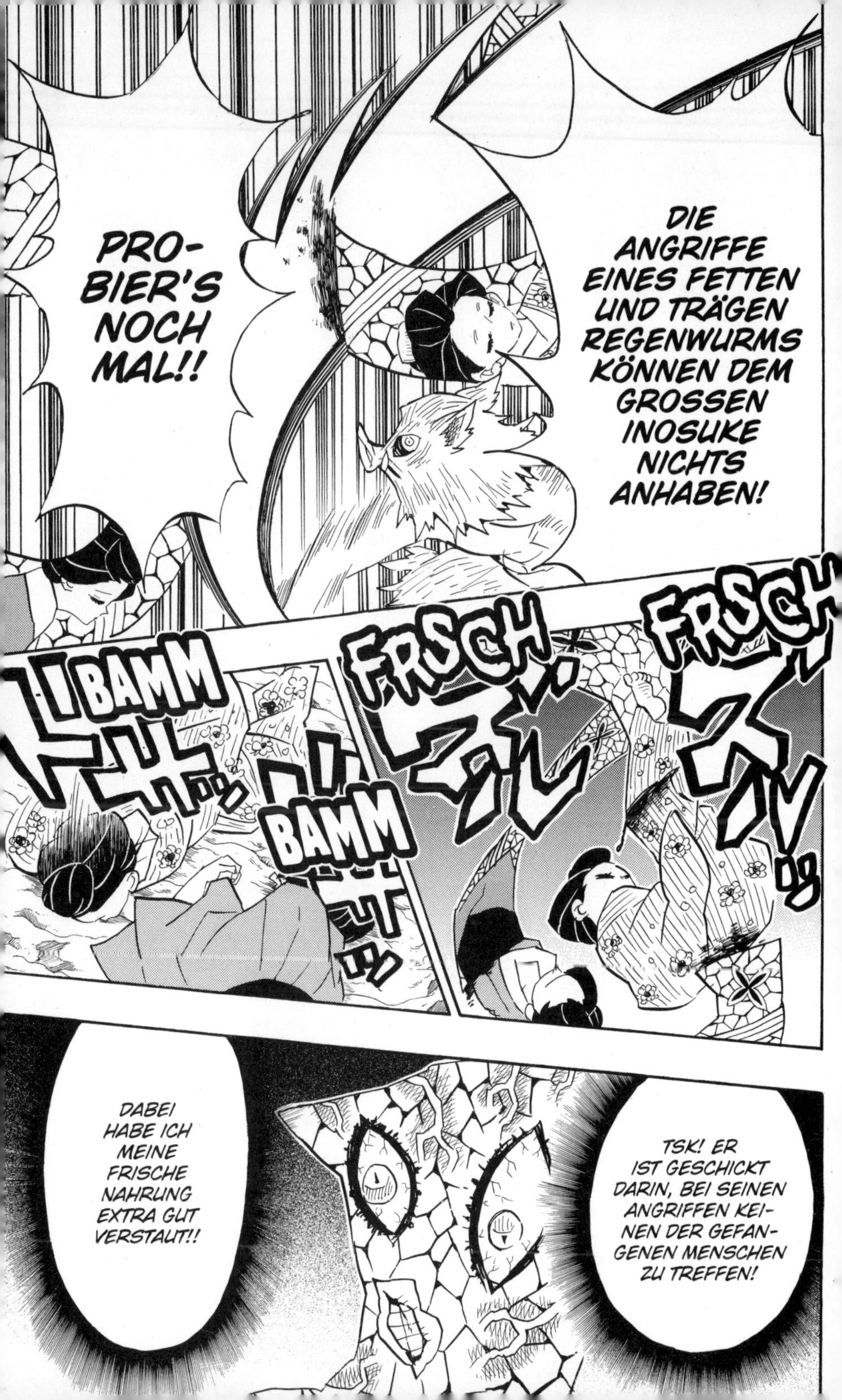
DIE ANGRIFFE EINES FETTEN UND TRÄGEN REGENWURMS KÖNNEN DEM GROSSEN INOSUKE NICHTS ANHABEN!
PRO-BIER'S NOCH MAL!!
FRSCH
FRSCH
BAMM
BAMM
TSK! ER IST GESCHICKT DARIN, BEI SEINEN ANGRIFFEN KEI-NEN DER GEFAN-GENEN MENSCHEN ZU TREFFEN!
DABEI HABE ICH MEINE FRISCHE NAHRUNG EXTRA GUT VERSTAUT!!

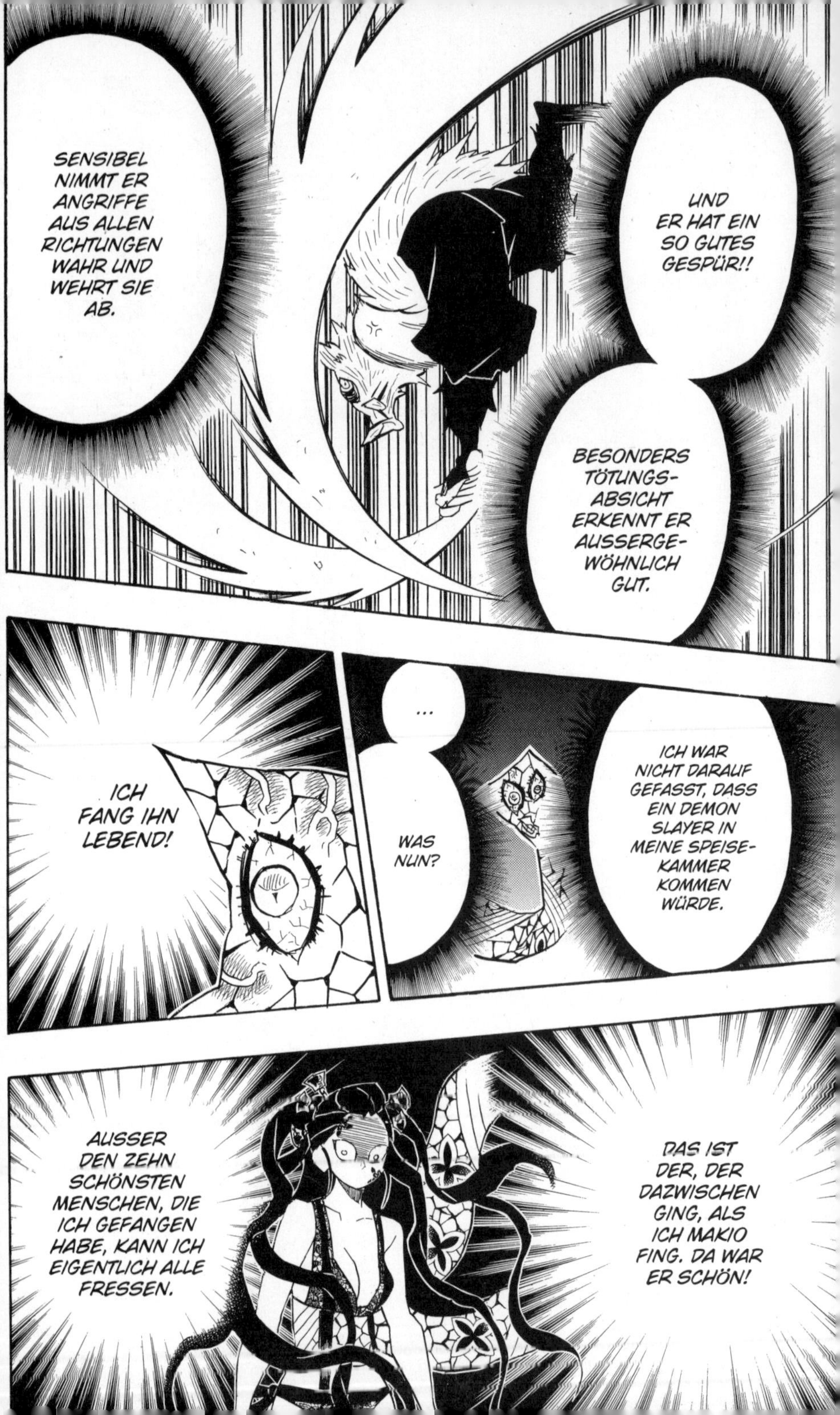
UND ER HAT EIN SO GUTES GESPÜR!!
BESONDERS TÖTUNGS-ABSICHT ERKENNT ER AUSSERGE-WÖHNLICH GUT.
SENSIBEL NIMMT ER ANGRIFFE AUS ALLEN RICHTUNGEN WAHR UND WEHRT SIE AB.
ICH WAR NICHT DARAUF GEFASST, DASS EIN DEMON SLAYER IN MEINE SPEISE-KAMMER KOMMEN WÜRDE.
...
WAS NUN?
ICH FANG IHN LEBEND!
DAS IST DER, DER DAZWISCHEN GING, ALS ICH MAKIO FING. DA WAR ER SCHÖN!
AUSSER DEN ZEHN SCHÖNSTEN MENSCHEN, DIE ICH GEFANGEN HABE, KANN ICH EIGENTLICH ALLE FRESSEN.

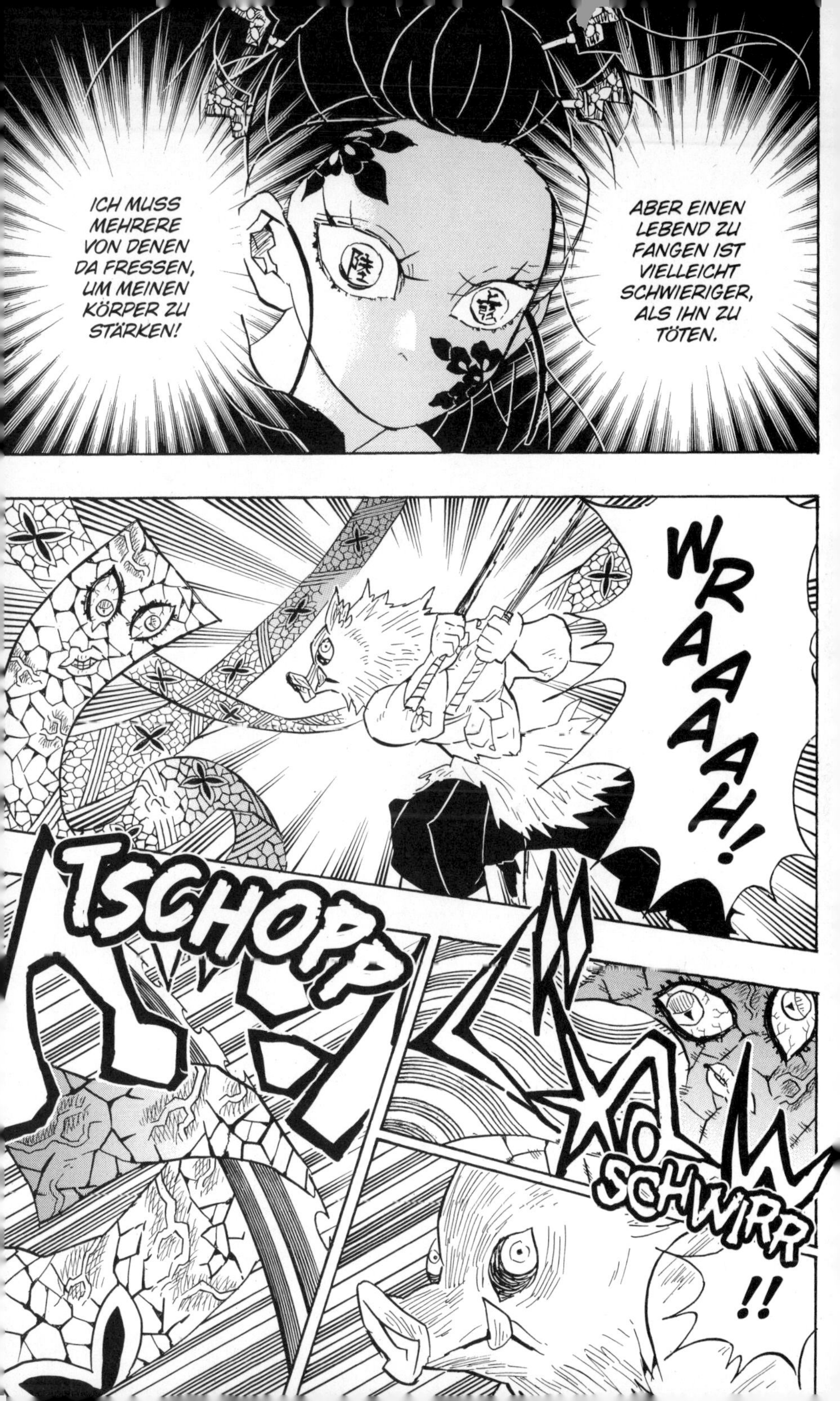

ABER EINEN LEBEND ZU FANGEN IST VIELLEICHT SCHWIERIGER, ALS IHN ZU TÖTEN.
ICH MUSS MEHRERE VON DENEN DA FRESSEN, UM MEINEN KÖRPER ZU STÄRKEN!
WRAAAAAH!
TSCHOPP
SCHWIRR!!

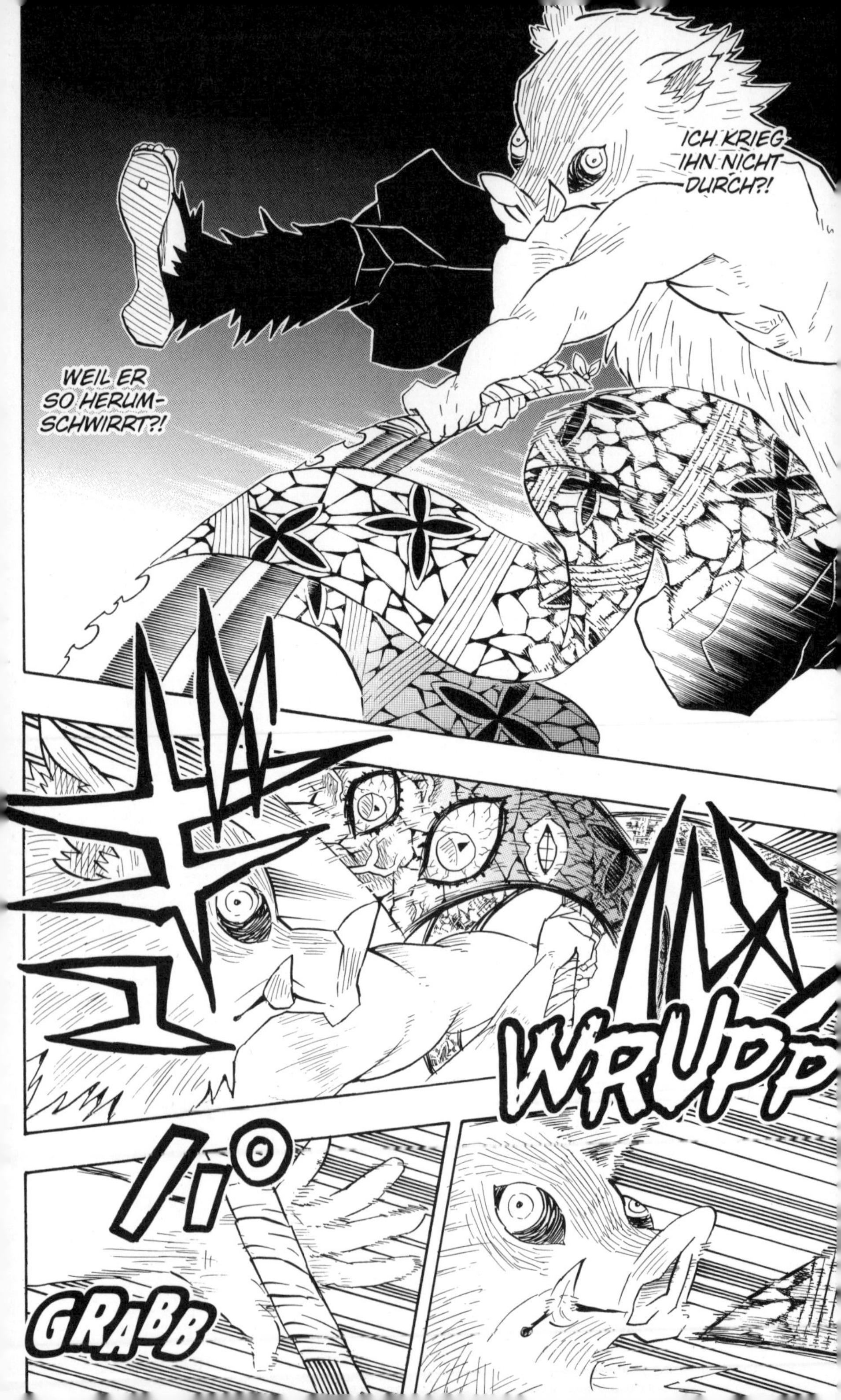
ICH KRIEG IHN NICHT DURCH?!
WEIL ER SO HERUM-SCHWIRRT?!
WRUPP
GRABB

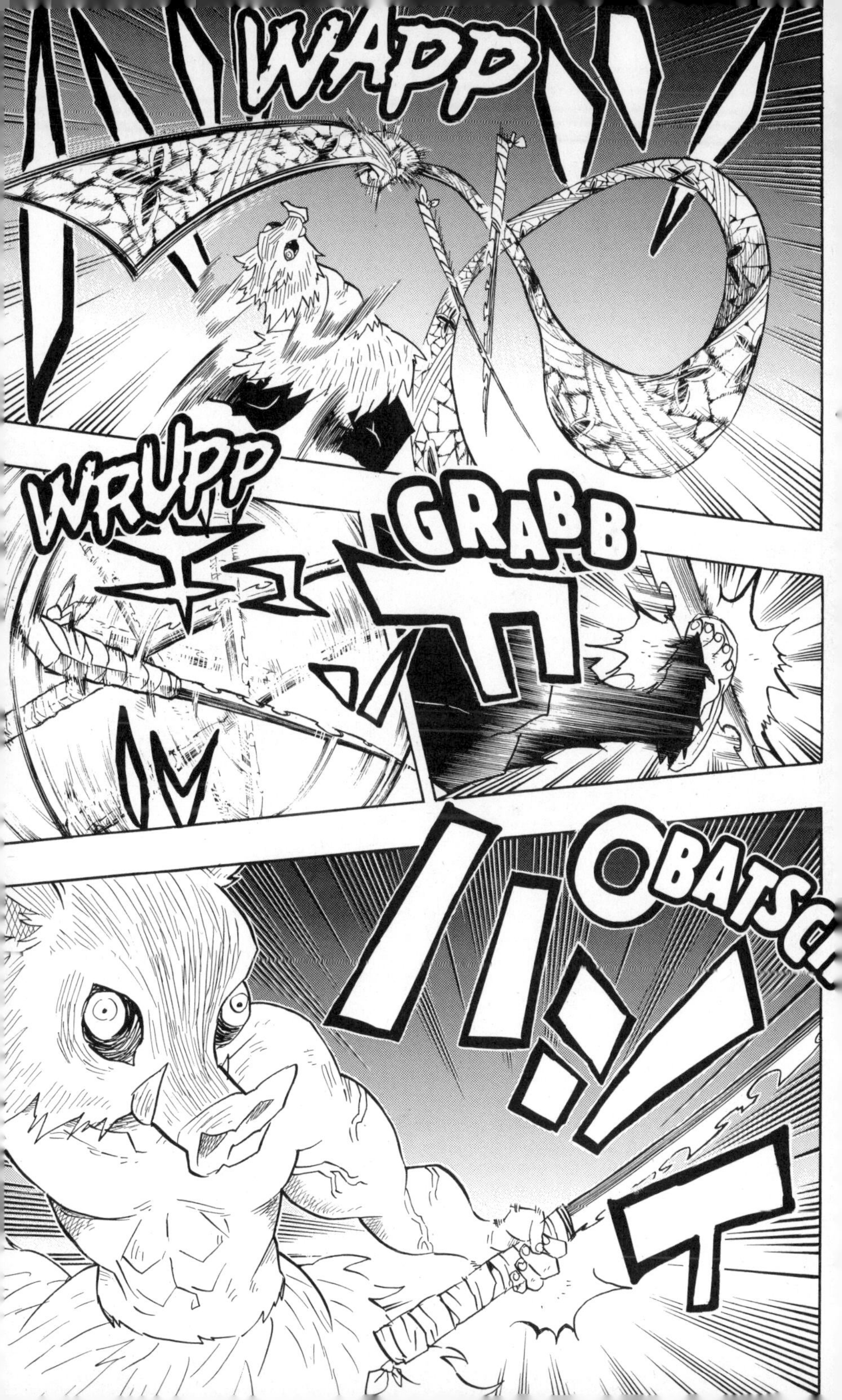
WAPP
WRUPP
GRABB
BATSCH

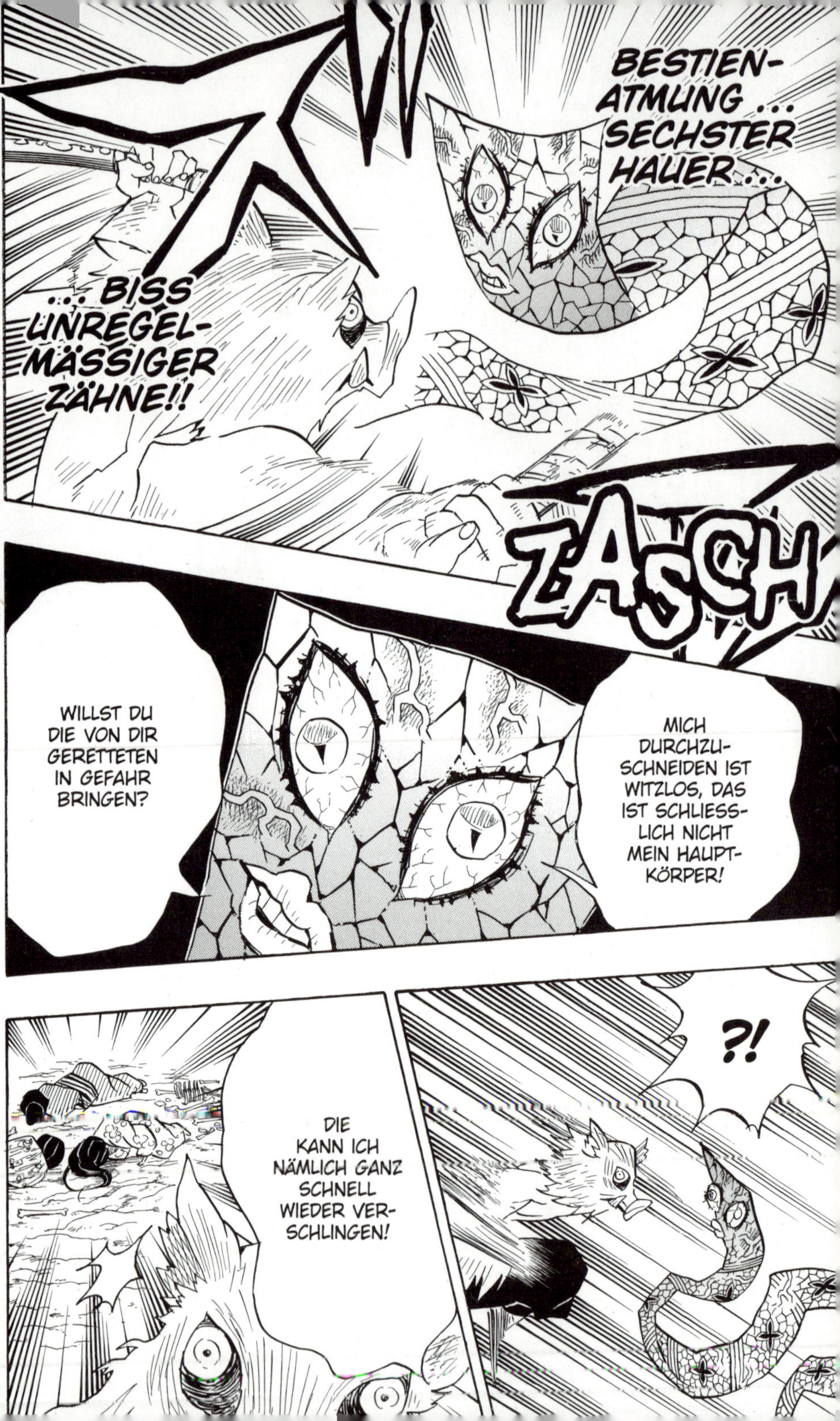
BESTIEN-
ATMUNG ...
SECHSTER
HAUER ...
... BISS
UNREGEL-
MÄSSIGER
ZÄHNE!!
ZASCH
MICH
DURCHZU-
SCHNEIDEN IST
WITZLOS, DAS
IST SCHLIESS-
LICH NICHT
MEIN HAUPT-
KÖRPER!
WILLST DU
DIE VON DIR
GERETTETEN
IN GEFAHR
BRINGEN?
?!
DIE
KANN ICH
NÄMLICH GANZ
SCHNELL
WIEDER VER-
SCHLINGEN!

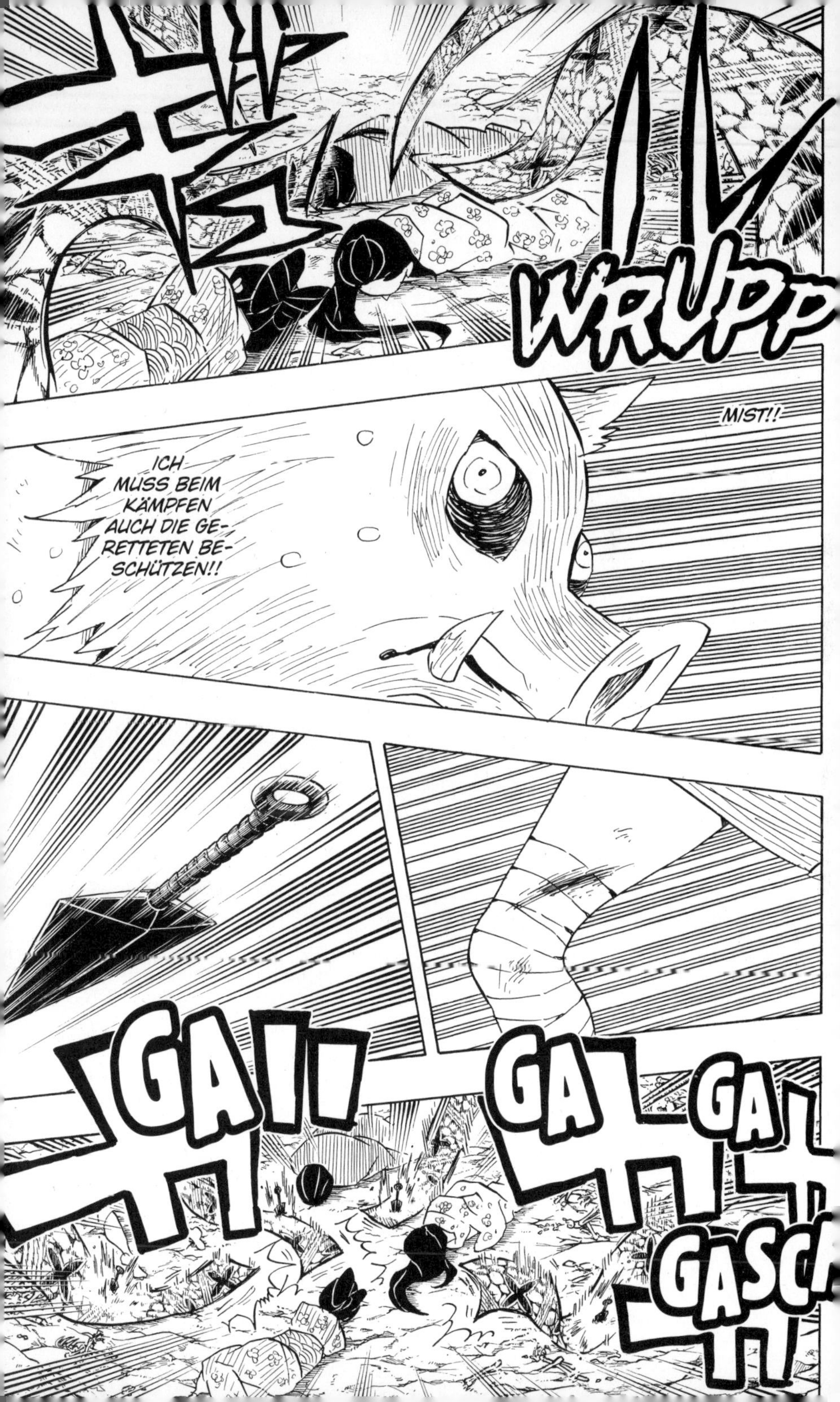
WRUPP
MIST!!
ICH MUSS BEIM KÄMPFEN AUCH DIE GE-RETTETEN BE-SCHÜTZEN!!
GAII
GA
GA
GASC

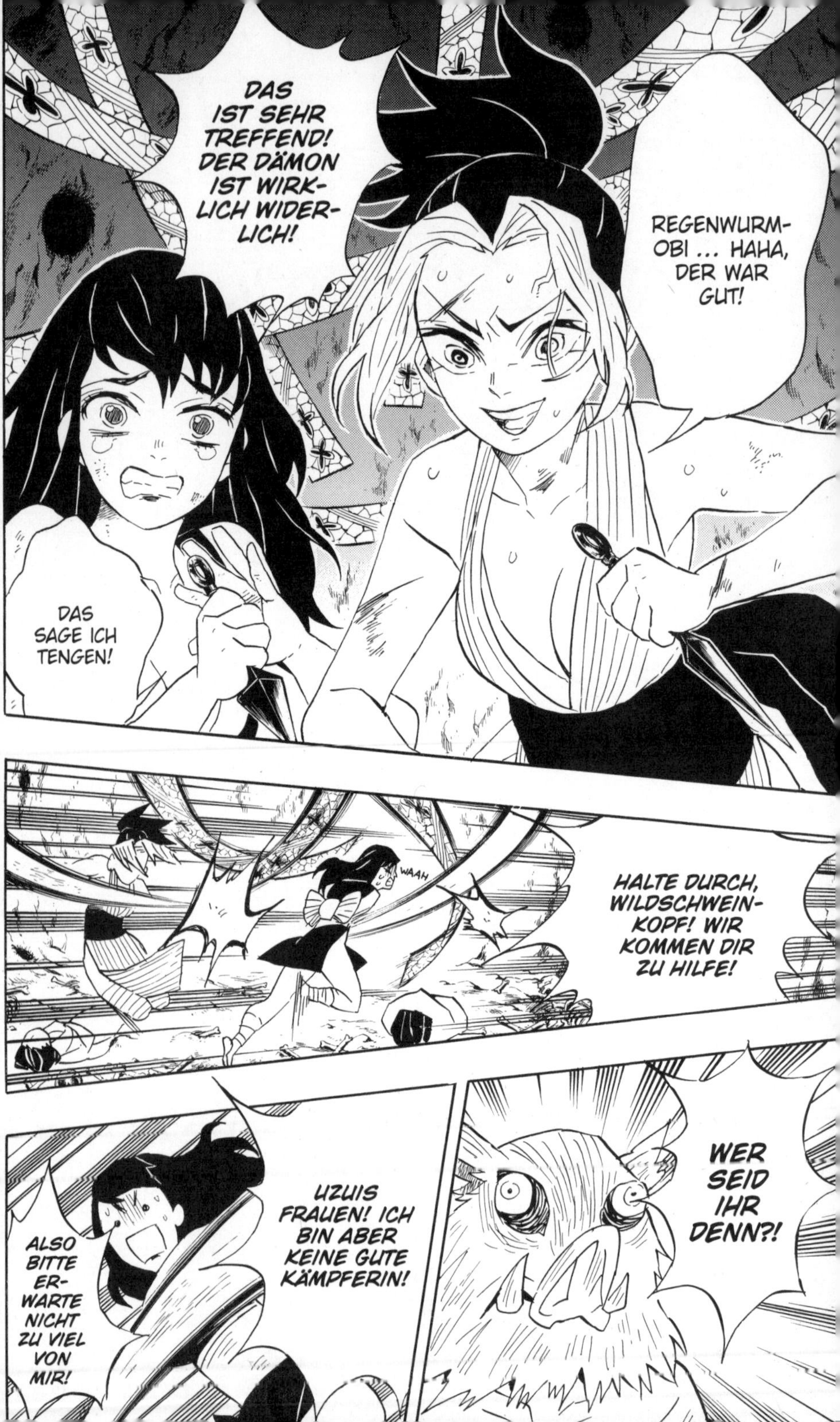
REGENWURM-OBI … HAHA, DER WAR GUT!
DAS IST SEHR TREFFEND! DER DÄMON IST WIRKLICH WIDERLICH!
DAS SAGE ICH TENGEN!
HALTE DURCH, WILDSCHWEINKOPF! WIR KOMMEN DIR ZU HILFE!
WAAH
WER SEID IHR DENN?!
UZUIS FRAUEN! ICH BIN ABER KEINE GUTE KÄMPFERIN!
ALSO BITTE ERWARTE NICHT ZU VIEL VON MIR!

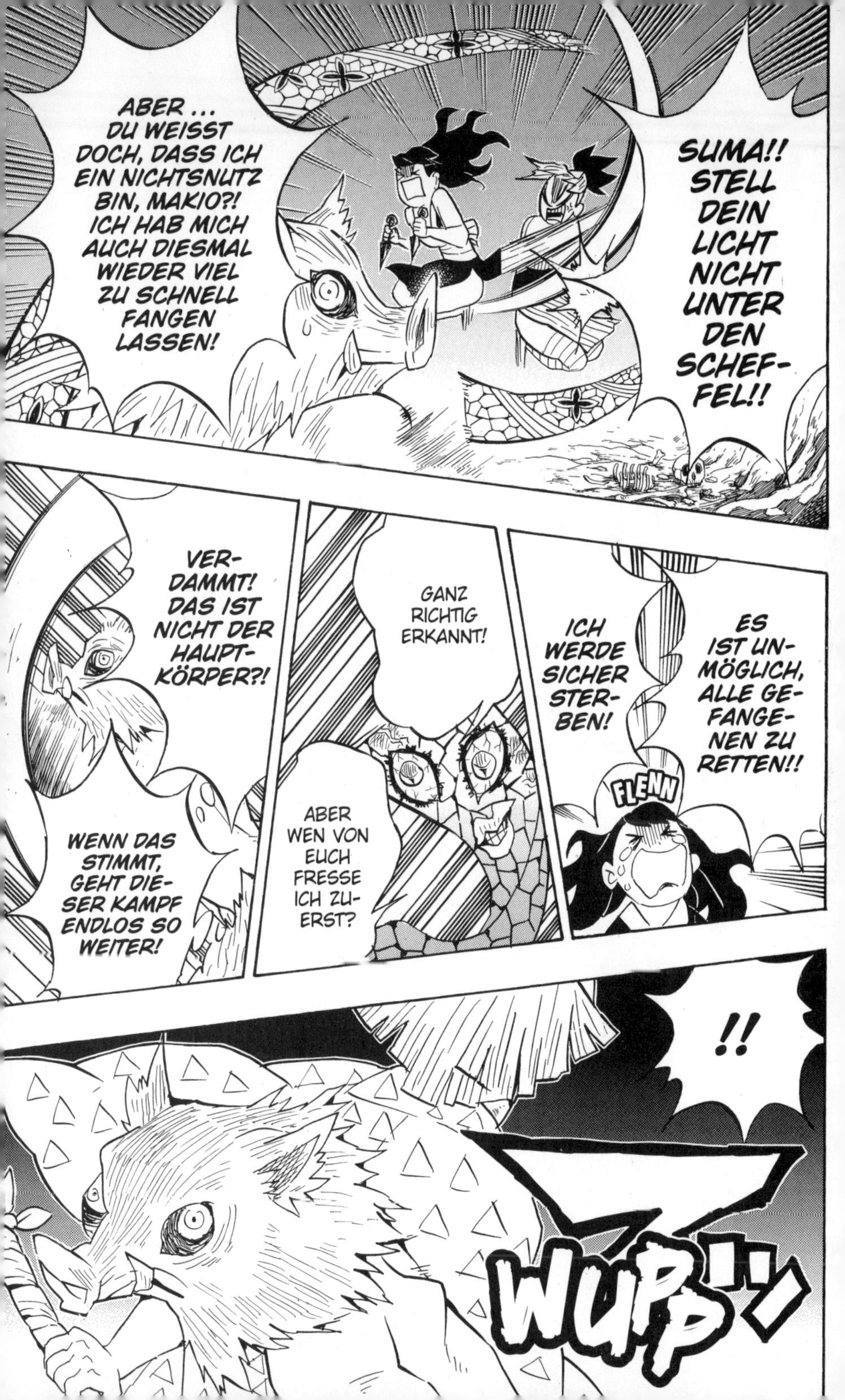
SUMA!! STELL DEIN LICHT NICHT UNTER DEN SCHEFFEL!!
ABER ... DU WEISST DOCH, DASS ICH EIN NICHTSNUTZ BIN, MAKIO?! ICH HAB MICH AUCH DIESMAL WIEDER VIEL ZU SCHNELL FANGEN LASSEN!
ES IST UNMÖGLICH, ALLE GEFANGENEN ZU RETTEN!!
ICH WERDE SICHER STERBEN!
FLENN
GANZ RICHTIG ERKANNT!
ABER WEN VON EUCH FRESSE ICH ZUERST?
VERDAMMT! DAS IST NICHT DER HAUPTKÖRPER?!
WENN DAS STIMMT, GEHT DIESER KAMPF ENDLOS SO WEITER!
!!
WUPP!!

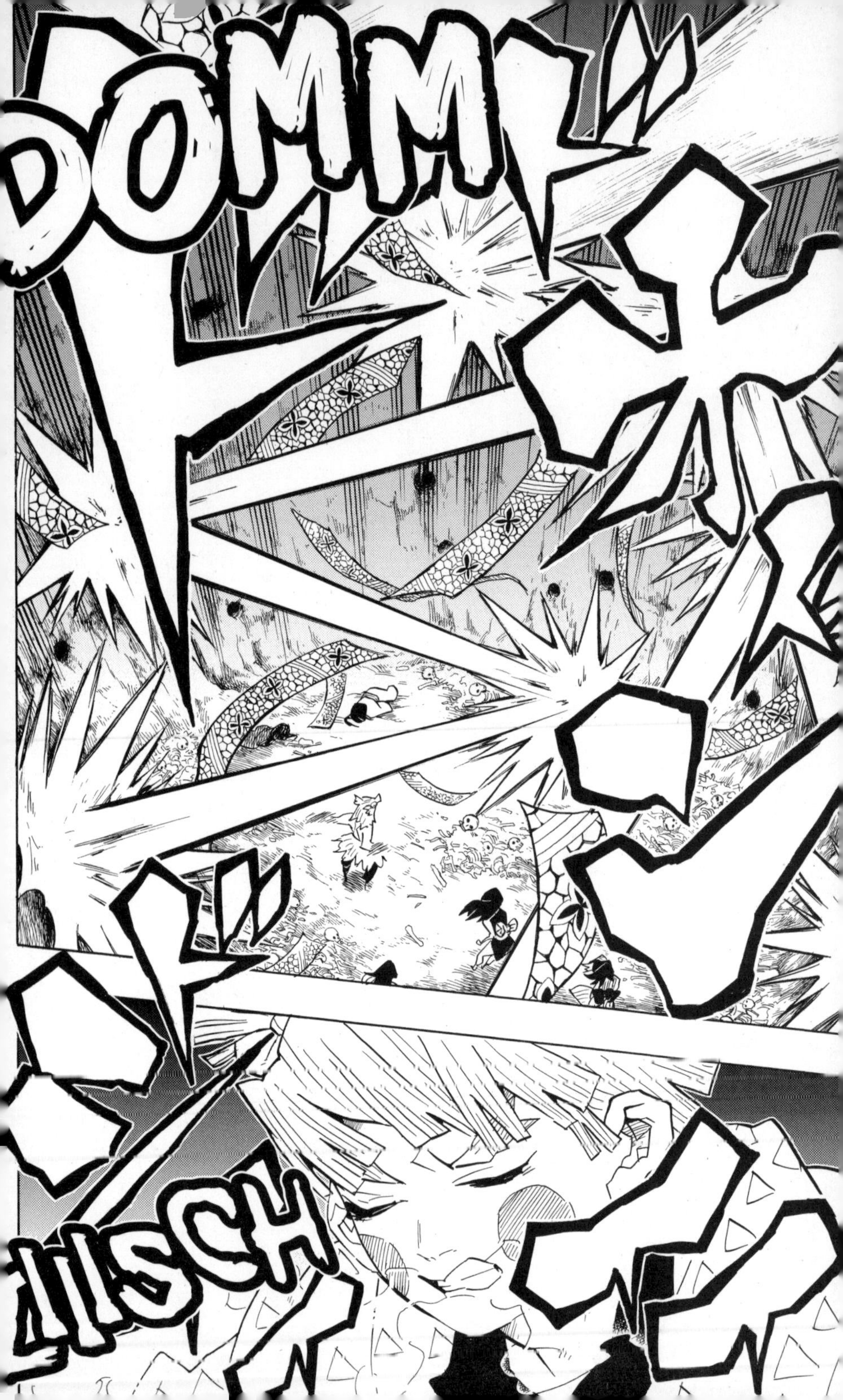
DOMM
ISCH

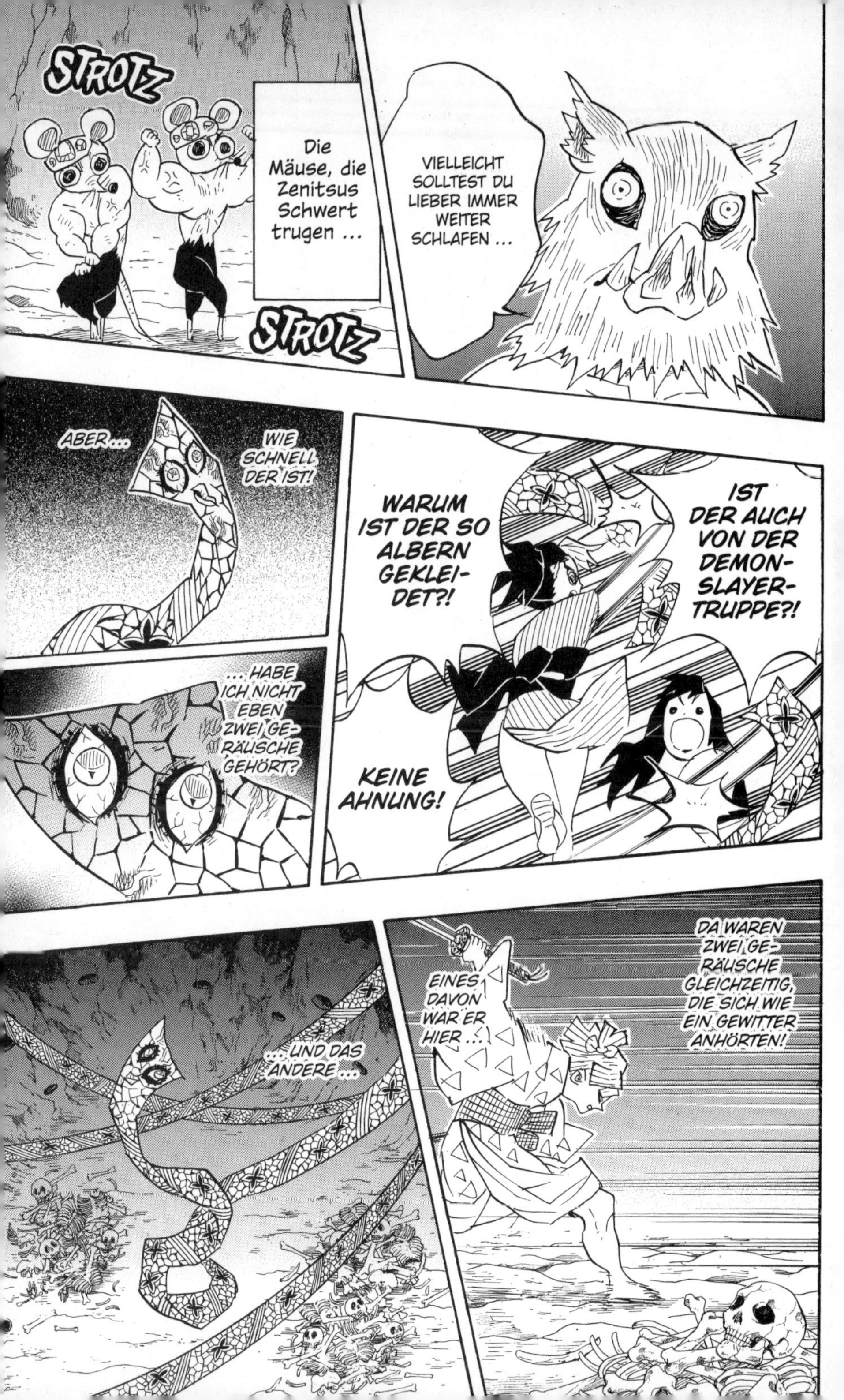
VIELLEICHT SOLLTEST DU LIEBER IMMER WEITER SCHLAFEN …
STROTZ
Die Mäuse, die Zenitsus Schwert trugen …
STROTZ
IST DER AUCH VON DER DEMON-SLAYER-TRUPPE?!
WARUM IST DER SO ALBERN GEKLEI-DET?!
KEINE AHNUNG!
WIE SCHNELL DER IST!
ABER …
… HABE ICH NICHT EBEN ZWEI GE-RÄUSCHE GEHÖRT?
DA WAREN ZWEI GE-RÄUSCHE GLEICHZEITIG, DIE SICH WIE EIN GEWITTER ANHÖRTEN!
EINES DAVON WAR ER HIER …
… UND DAS ANDERE …

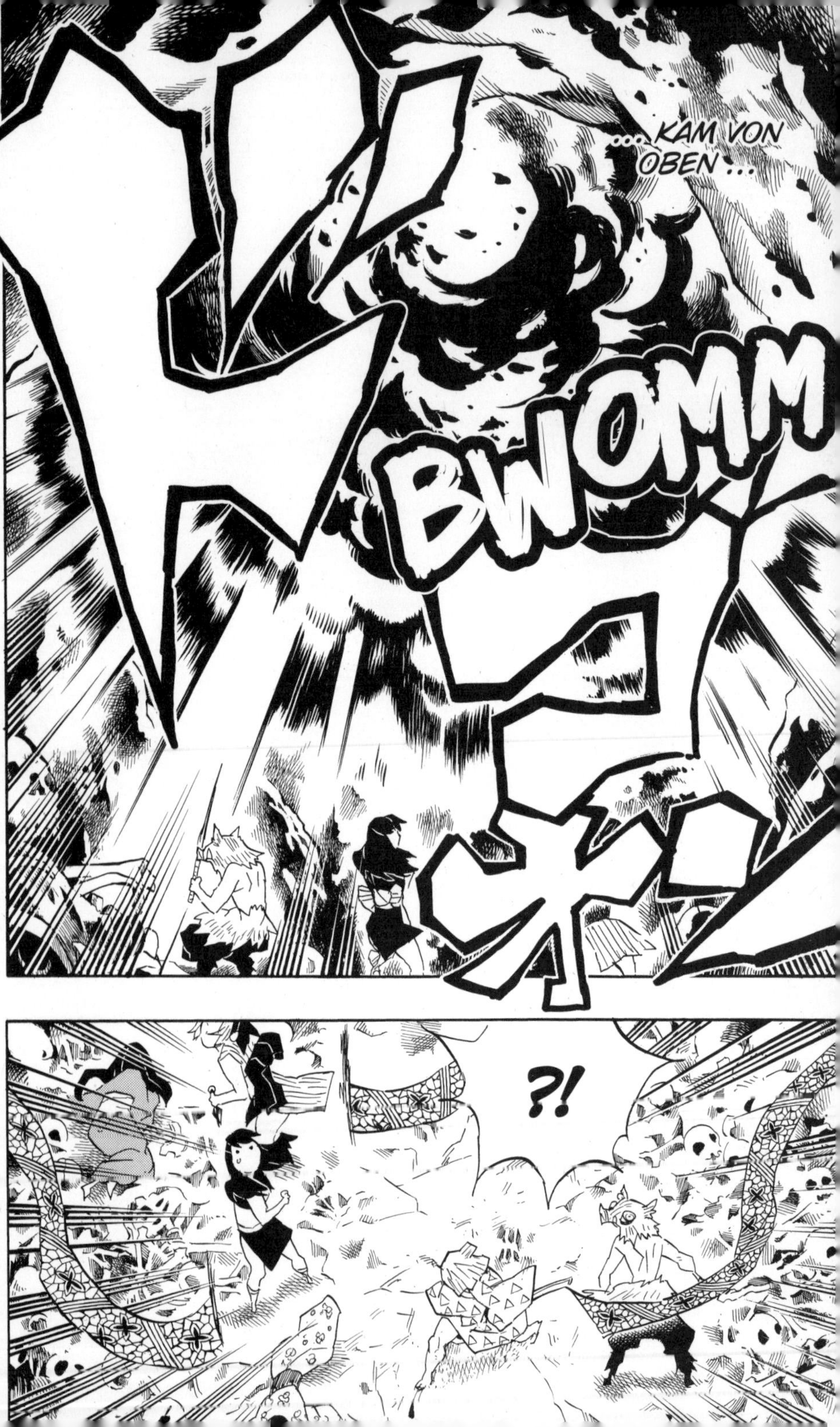
... KAM VON OBEN ...
BWOMM
?!

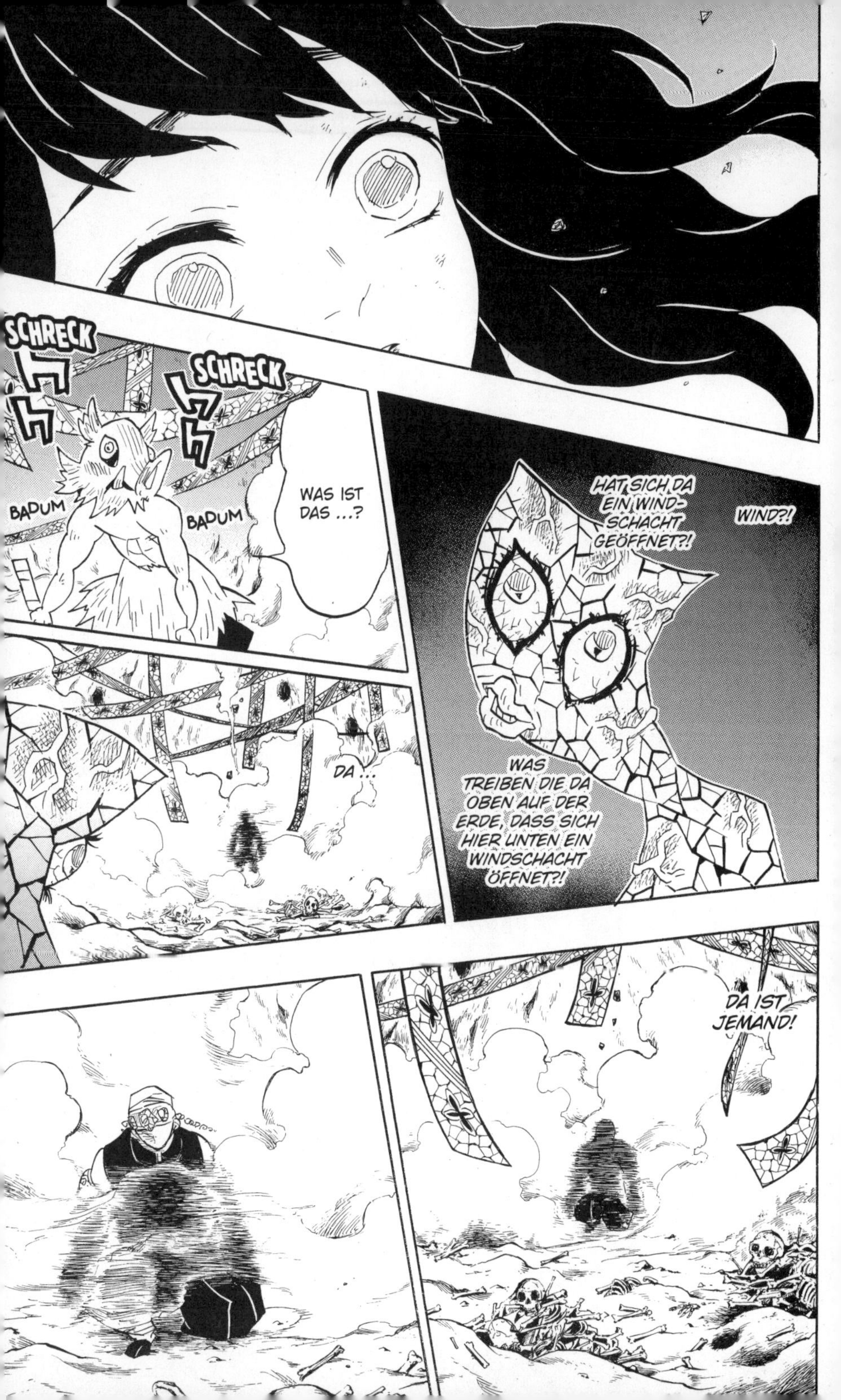
WIND?!
HAT SICH DA EIN WIND-SCHACHT GEÖFFNET?!
WAS TREIBEN DIE DA OBEN AUF DER ERDE, DASS SICH HIER UNTEN EIN WINDSCHACHT ÖFFNET?!
SCHRECK
SCHRECK
BADUM
BADUM
WAS IST DAS …?
DA …
DA IST JEMAND!

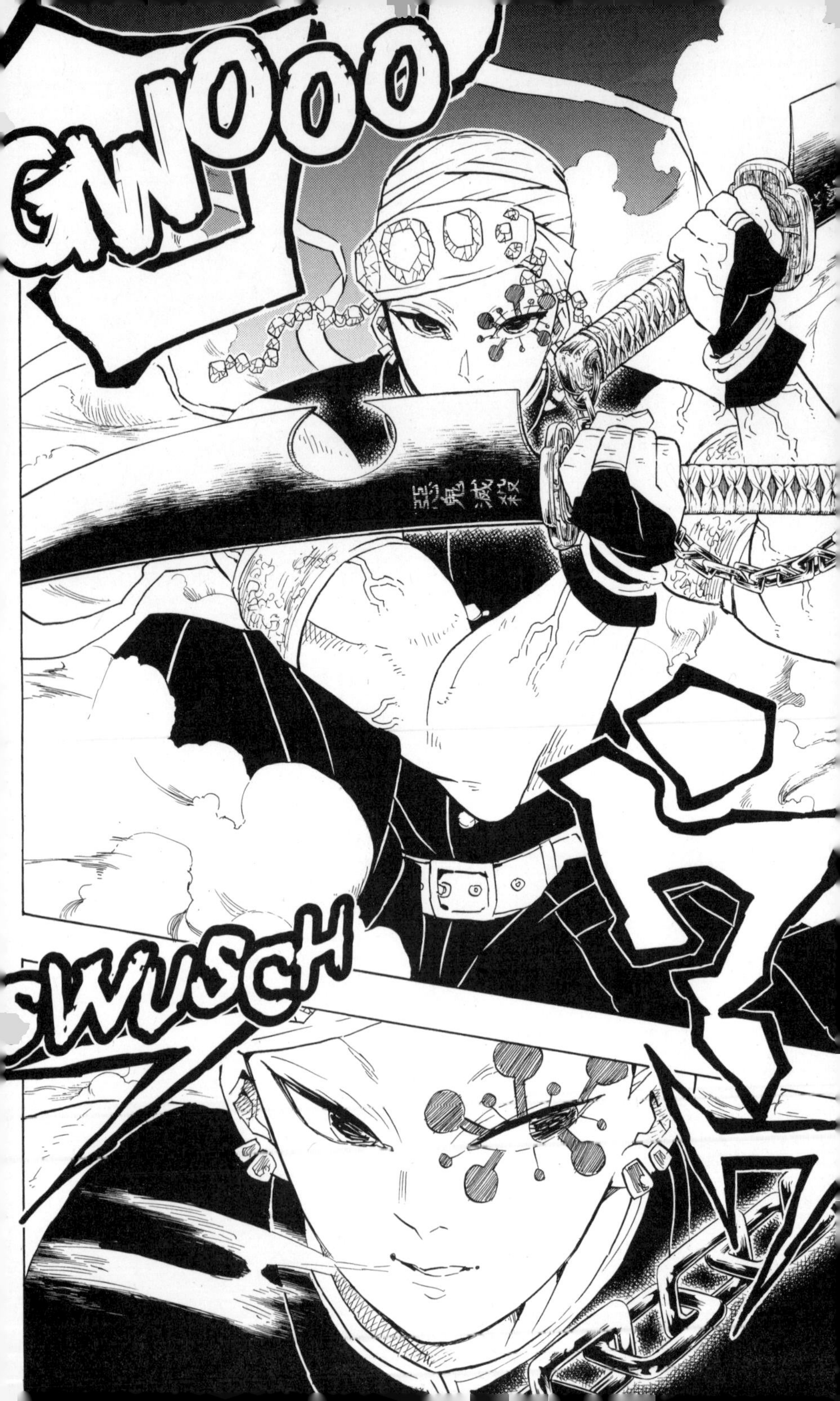
GWOOO
悪鬼滅殺
WUSCH

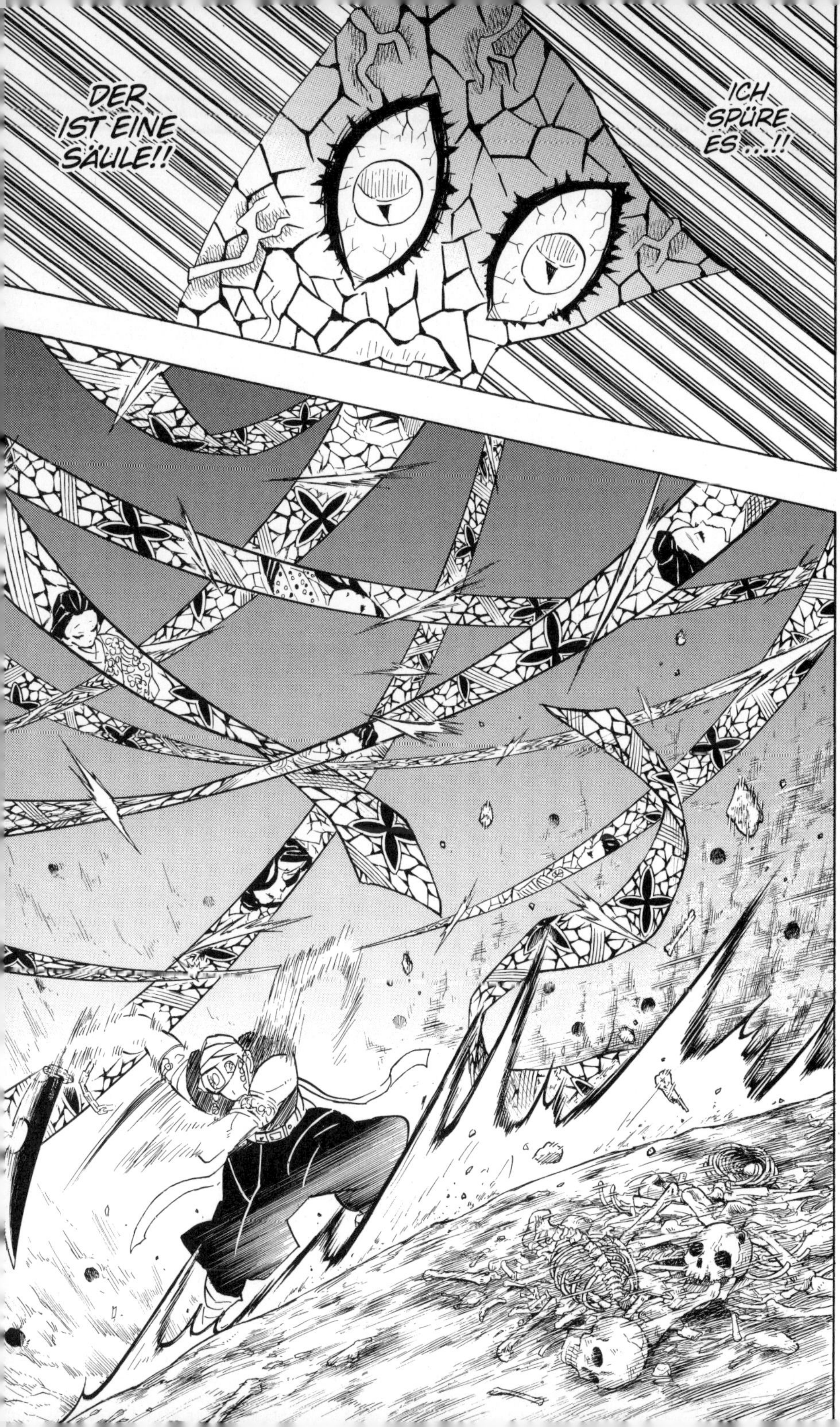
ICH SPÜRE ES ...!!
DER IST EINE SÄULE!!

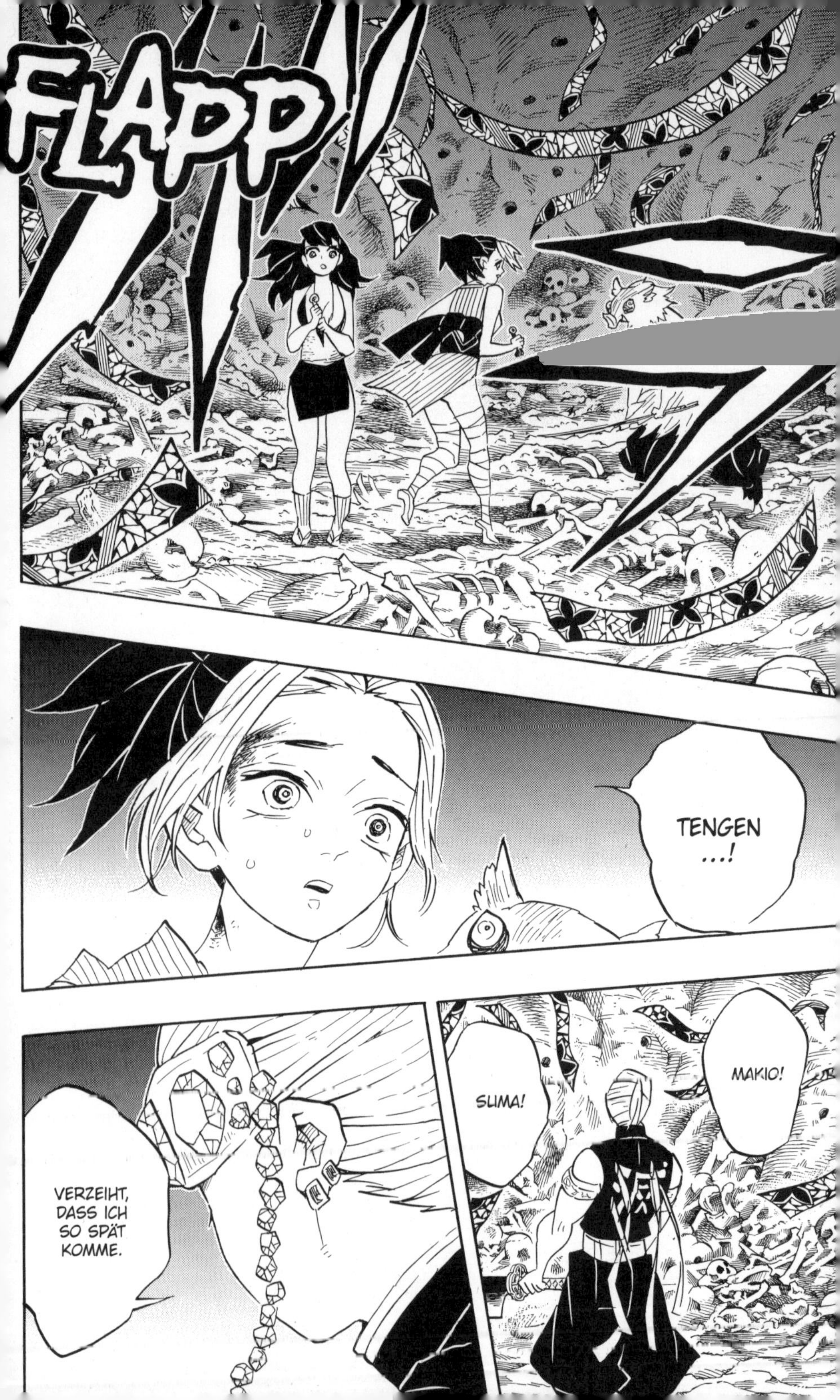
FLAPP
TENGEN ...!
MAKIO!
SUMA!
VERZEIHT, DASS ICH SO SPÄT KOMME.

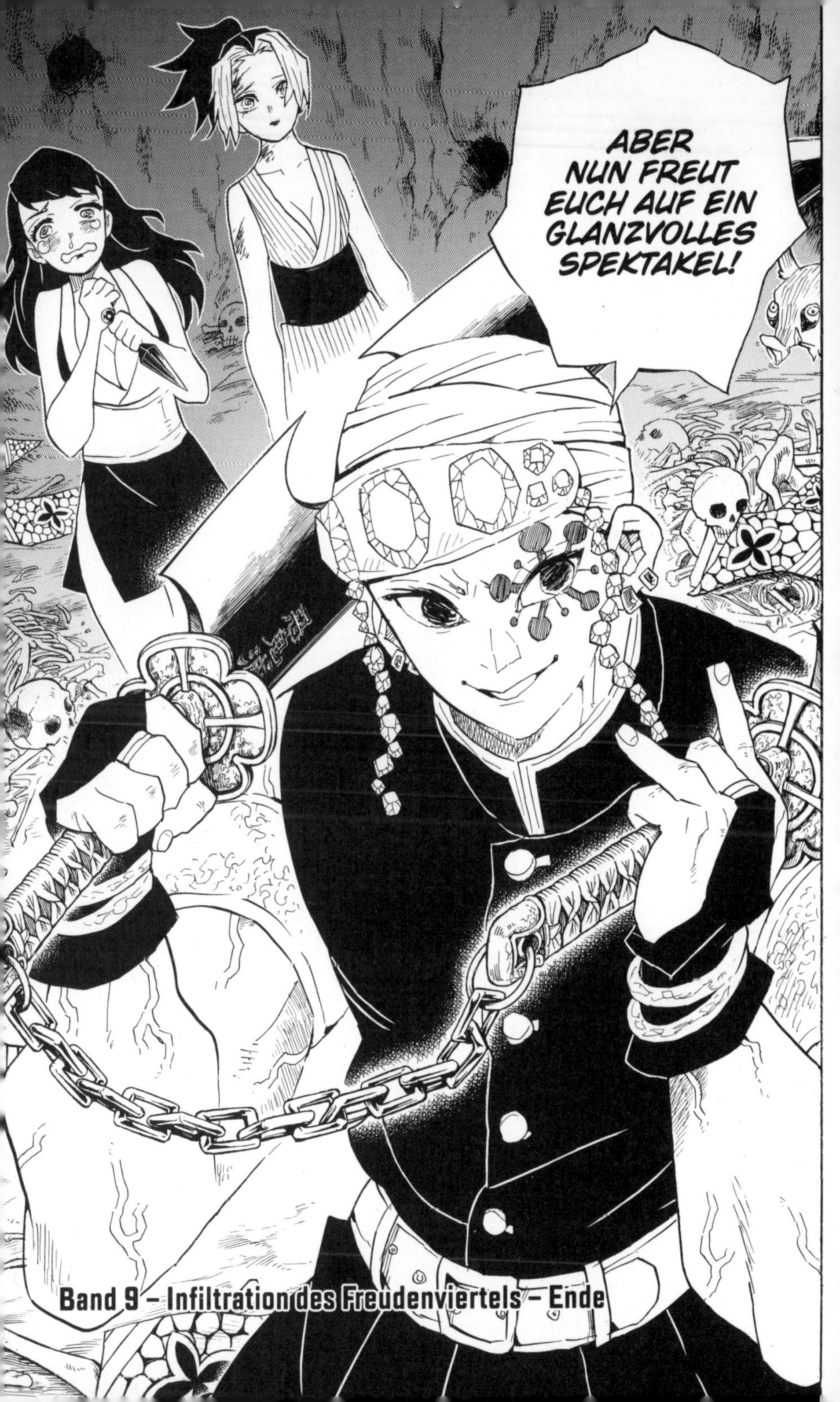
ABER NUN FREUT EUCH AUF EIN GLANZVOLLES SPEKTAKEL!
Band 9 – Infiltration des Freudenviertels – Ende

Mittel- und Oberschule in einem!!

☆ Die Geschichte von der Demon-Slayer-Schule

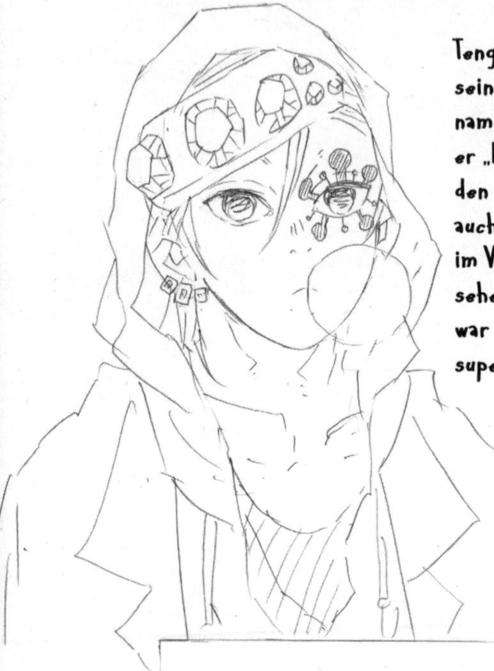

Tengen Uzui ist Kunstlehrer, und seine Schüler gaben ihm den Spitznamen „Herr Kumpel". Einmal schrie er „Kunst ist explosiv!" und zerstörte den Kunstraum mit Dynamit. Er soll auch schon mal bei einer Klopperei im Vergnügungsviertel Kabukicho gesehen worden sein. Als Oberschüler war er Boss einer Bande, er ist ein superstarker Kämpfer.

Drei reizende Kunoichi, gelandet in Kiosk und Mensa

Die männlichen Schüler nennen sie „Kunoichi".

Sumi (Kiosk) gibt oft falsch Wechselgeld heraus.

Hinatsuru (Mensa) kocht wahnsinnig gut, man sagt ihr eine göttliche Zunge nach.

Makio (Mensa) spricht laut und arbeitet schnell. Sie ist sehr reizbar.

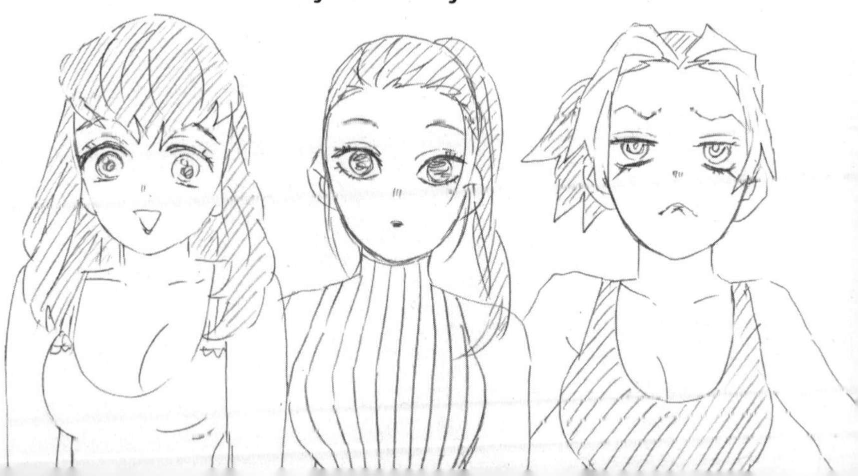

Der perverse Eisenbahnfan Tamio Enma ist schuld an den häufigen Zugverspätungen. Wegen seines abnormen Verhaltens auf den Bahngleisen ist er bereits sechsfach vorbestraft. Dass er damit Menschen belästigt, kümmert ihn nicht, deshalb ist er auch bei anderen Eisenbahnfans verhasst. Eigentlich ist er bei allen verhasst. Er hat auch keine Freundin.

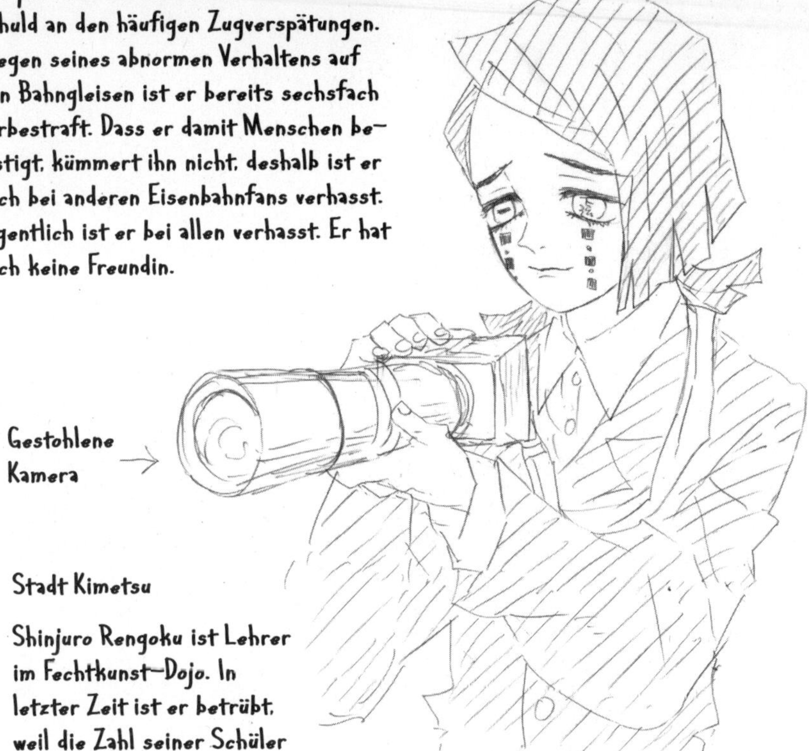

Stadt Kimetsu

Shinjuro Rengoku ist Lehrer im Fechtkunst-Dojo. In letzter Zeit ist er betrübt, weil die Zahl seiner Schüler immer weiter abnimmt.

Senjuro Rengoku

Ein in jeder Hinsicht normaler Junge. Er ist im ersten Jahr der Mittelstufe und liest gerne.

Ruka Rengoku

Die Kalligrafie-Lehrerin zeigt nur sehr wenige Gefühlsregungen, weswegen die Schüler anfangs oft Angst vor ihr haben.

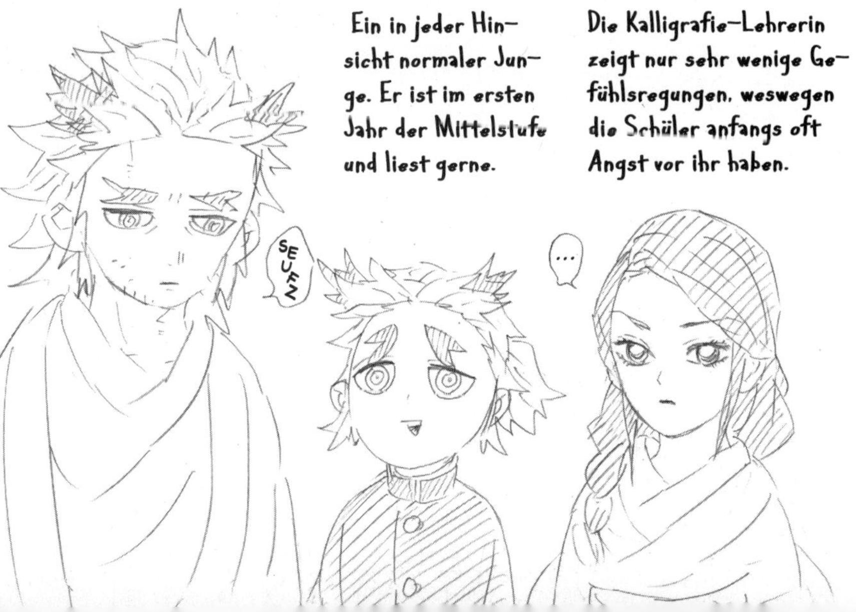

manga 漫画 Cult

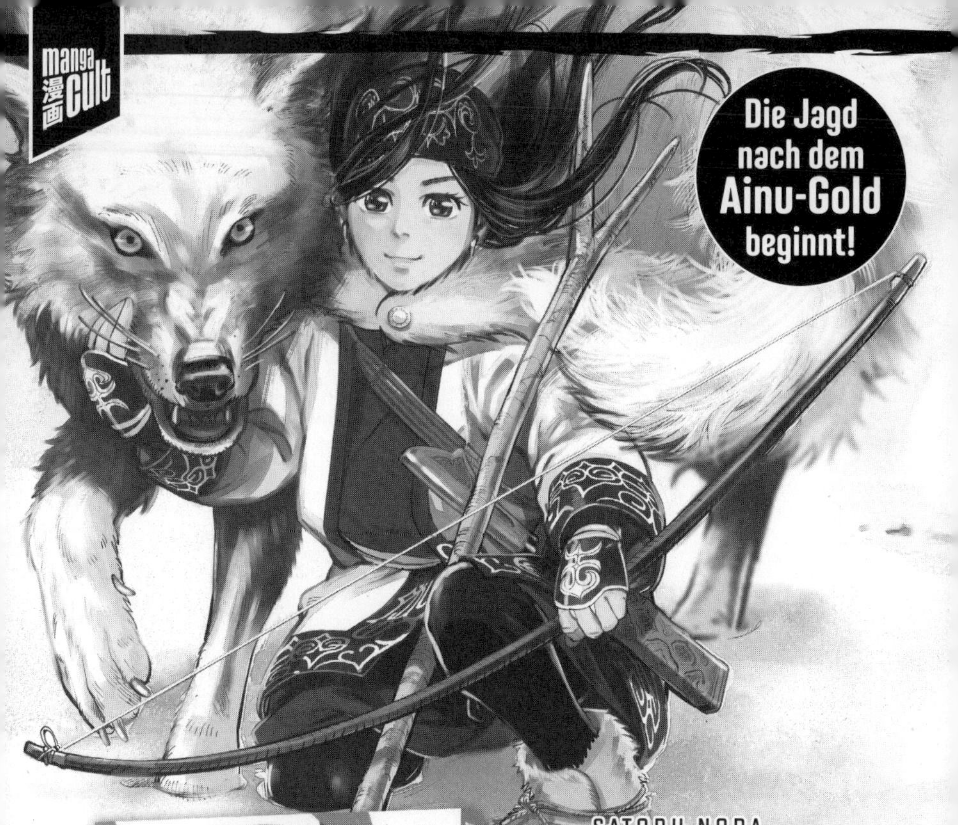

SATORU NODA

GOLDEN KAMUY

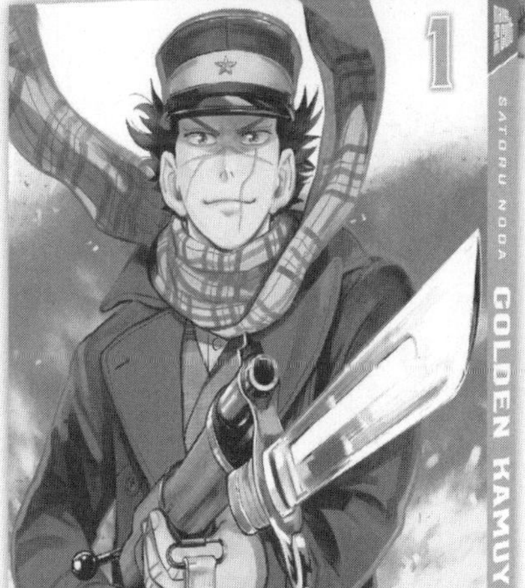

Wir schreiben das frühe 20. Jahrhundert. Hoch im Norden Japans, in der Wildnis von Hokkaido, versucht der Kriegsveteran Saichi Sugimoto erfolglos, seinen mageren Lebensunterhalt durch Goldschürferei aufzubessern. Als er von einem riesigen Goldschatz erfährt, der den Ainu gestohlen und von den Dieben versteckt wurde, bricht er mit Hilfe der jungen Ainu Asirpa auf die gefährlichste Schatzsuche der Geschichte auf. Denn zahlreiche tödliche Gegner sind ebenfalls hinter dem Schatz her! Doch Sugimoto wird ja nicht umsonst „der Unsterbliche" genannt ...

14x21 | SC | sw
196 Seiten | **€ 10,– (D)**

STOPP!

STOPP!

DIES IST DIE LETZTE SEITE!

Dies ist ein Manga, und einen japanischen Comic liest man von hinten nach vorne. Auch die Lesereihenfolge der Bilder und Sprechblasen auf den Seiten ist anders als gewohnt: von rechts oben nach links unten.

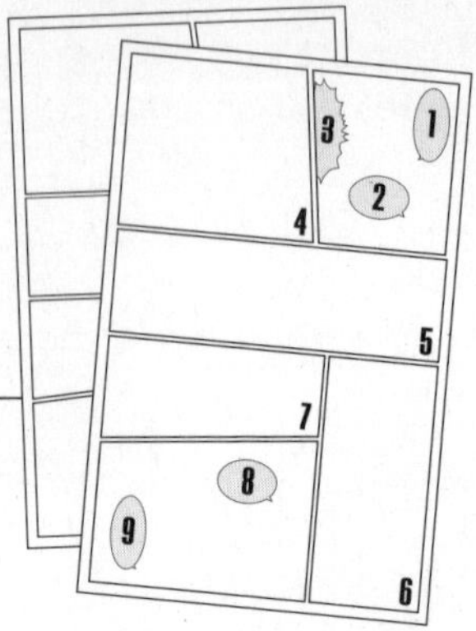

DEMON SLAYER 09
von Koyoharu Gotouge

10. Auflage, Dezember 2025
Deutsche Ausgabe/German Edition

CCE ist ein Unternehmen der Penguin Random House Verlagsgruppe
CCE-Verlagsleitung: Andreas Mergenthaler

Aus dem Japanischen von Burkhard Höfler

Redaktion: Alexandra Grimsehl
Lektorat: Andrea Bottlinger
Grafik/Produktionsleitung: Elke Epple
Layout und Lettering: Manga Cult
Herstellung: Gerald Schmitt
Druck: GGP Media GmbH, Pößneck, Deutschland

FSC www.fsc.org
MIX
Papier | Fördert gute Waldnutzung
FSC® C014496

produktsicherheit@cross-cult.de
(Vorstehende Angaben sind zugleich Pflichtinformationen nach GPSR)

Print-ISBN: 978-3-96433-409-1

www.manga-cult.de